新时代应急管理学科建设丛

公共安全风险治理

唐　钧 ◎ 编著

中国人民大学出版社
·北京·

前　言

　　公共安全风险治理任重而道远，面临着新形势和新挑战，需要承担新使命和新任务。

　　首先，公共安全的范畴扩大。对此，公共安全风险治理亟待以总体国家安全观①为指导，科学界定公共危机，全面提升国家应急能力。党的十九大报告指出："国内外形势正在发生深刻复杂变化，我国发展仍处于重要战略机遇期，前景十分光明，挑战也十分严峻。"2020年10月29日，党的十九届五中全会通过的《中共中央关于制定国民经济和社会发展第十四个五年规划和二〇三五年远景目标的建议》深入分析了我国发展环境面临的深刻复杂变化，认为当前和今后一个时期，我国发展仍然处于重要战略机遇期，但机遇和挑战都有新的发展变化。我国内部面临着经济转型和改革创新的环境，外部面临着全方位全球化及合作与竞争并存的环境，内部安全和外部安全、传统安全和非传统安全，都亟待纳入公共安全风险治理范畴。因此，我们应以科学界定公共安全为前提，重新确立危机标准，全面拓展风险范畴，构建集政治安全、国土安全、军事安全、经济安全、文化安全、社会安全、科技安全、信息安全、生态安全、资源安全、核安全等于一体的国家安全体系，

---

　　① 习近平总书记关于总体国家安全观的讲话要求我们"既重视外部安全，又重视内部安全；既重视国土安全，又重视国民安全；既重视传统安全，又重视非传统安全，构建集政治安全、国土安全、军事安全、经济安全、文化安全、社会安全、科技安全、信息安全、生态安全、资源安全、核安全等于一体的国家安全体系"。

并在此基础上，加强和优化国家应急能力建设，构建统一领导、权责一致、权威高效的国家应急能力体系。

其次，公共安全的风险激增。对此，公共安全风险治理亟待构建全流程风险防控机制，形成常态防控工作和危态应急处置工作的有机结合。习近平总书记指出，"要清醒认识面临的风险和挑战，把难点和复杂性估计得更充分一些，把各种风险想得更深入一些"①。风险社会已全面来临，风险新变化和新生风险不断出现，风险的"传导渗透""连锁反应""交互融合""次生演变"等特征日益凸显，给公共安全带来严峻挑战，也给公共安全风险治理带来巨大压力。我们应按照习近平总书记提出的要求，"既要高度警惕'黑天鹅'事件，也要防范'灰犀牛'事件；既要有防范风险的先手，也要有应对和化解风险挑战的高招；既要打好防范和抵御风险的有准备之战，也要打好化险为夷、转危为机的战略主动战"②。在公共安全风险治理中，坚持防抗救结合，在做好危机决策、危机预警、应急响应、危机公关等危态工作的同时，做实风险评估、应急准备、风险控制、风险沟通等常态工作。

再次，群众对安全的需求提高。对此，公共安全风险治理亟待坚持以人为本，把人民群众的安全感和满意度放在首位、落到实处。党的十九大报告指出，"坚持人民主体地位，坚持立党为公、执政为民，践行全心全意为人民服务的根本宗旨，把党的群众路线贯彻到治国理政全部活动之中"。公共安全风险治理应将群众的安全感和满意度作为标准，坚持以人为本的原则，做到：一是将人民群众的安全需求贯穿全流程和全方位的公共安全风险治理工作中；二是重视社会建设、发展、治理的安全理念，积极防范重特大安全责任事故等群众"不答应、不满意、不高兴"的问题；三是提高全民防灾减灾意识，推动公众安全知识普及和自救互救技能学习，切实减少人员伤亡和财产损失。

公共安全风险治理将迈向科学和专业。新时代的公共安全风险治理，应在总体国家安全观的指导下，在"党委领导、政府负责、社会协同、公众参与、法治保障"的机制框架内，通过防灾减灾、综合准备、预案管理、及时预警、

---

① 2015年5月27日，习近平总书记在浙江召开华东7省市党委主要负责同志座谈会，听取对"十三五"时期经济社会发展的意见和建议，其间习近平总书记发表讲话指出，谋划"十三五"时期发展，要清醒认识面临的风险和挑战，把难点和复杂性估计得更充分一些，把各种风险想得更深入一些，把各方面情况考虑得更周全一些，搞好统筹兼顾。

② 提高防控能力着力防范化解重大风险 保持经济持续健康发展社会大局稳定.(2019-01-22).http://finance.people.com.cn/n1/2019/0122/c1004-30583073.html.

科学响应、联动处突、信息发布、调查追责、危机公关、现场秩序管理、舆论场负面影响防范、过渡安置、灾后重建等一系列工作，有效防控社会风险、科学应对突发事件，控制、减轻和消除公共危机及其损害，保护人民群众的生命财产安全并满足其安全感需求，从而对包括政治安全、国土安全、军事安全、经济安全、文化安全、社会安全、科技安全、信息安全、生态安全、资源安全、核安全等 11 类安全在内的国家安全进行综合保障。公共安全风险治理是突发危机处置和社会风险防控的统一，根据国家应急能力建设和应急体系建构①的要求，应做好事前防灾减灾备灾、事中应急处突救援、事后恢复重建整改，做好上游的规划与决策、中游的执行与监督、下游的应急与救援，做好"常态减灾"和"非常态救灾"，努力实现从"灾时应对和灾后救助"向"灾前预防并力争无灾"转变，从"减少危机损失"向"减轻灾害风险"转变。

本书对当前国内外公共安全风险治理的理论成果和实践经验进行了全面梳理和系统总结，并结合本人在公共安全风险治理领域的多维度研究成果和多年心得体会，突出展现新媒体环境和风险社会的时代背景下，公共安全风险治理的要求和做法：第一，本书汇总了公共安全风险治理的国际理论研究成果，当前侧重于指导思路的全面革新、职能运作的优化调整、科学管理的充分应用和社会战略的全民动员等领域；第二，本书总结了公共危机的全球实践操作经验，尤其是危机管理法制体制机制建设、事前防灾减灾备灾应急、危机管理民主和科学决策、应急能力建设和评估、智能危机预警与应急响应、绩效评估和责任管理、联动合作和全民动员等领域的实操经验；第三，本书研究了美国、德国、澳大利亚、日本等多国公共安全风险治理的实际运作和案例操作，同时，联合国、世界卫生组织、国际标准化组织等对于公共安全风险治理的研究和实践，在本书中均有体现；第四，本书提炼了国内相关政府部门、社会组织、研究机构、学者专家的理论研究和实践操作成果，尤其是危机管理、应急处置、风险评估、风险防控、舆情管理、危机公关等领域的成果；第五，本书参照了近年来我国公共安全风险治理的法律法规和政策要求，对我国重特大公共危机事件进行了经验总结和问题反思。

本书的研究成果，基于过程中的一系列课题项目的研究积累，包括且不限

---

① 《应急管理部职能配置、内设机构和人员编制规定》（厅字〔2018〕60 号）要求，"应急管理部应加强、优化、统筹国家应急能力建设，构建统一领导、权责一致、权威高效的国家应急能力体系，推动形成统一指挥、专常兼备、反应灵敏、上下联动、平战结合的中国特色应急管理体制"。

于：应急管理部消防救援局课题项目"综合性应急救援的社会负面影响应对和危机公关研究"（项目编号：2019XFLR62），江苏安居应急技术股份有限公司"九小场所和沿街门店的综合监测预警研究"，四川百川四维信息技术有限公司"基于北斗＋三维 GIS 在应急管理领域的应用研究"，四川中水成勘院测绘工程有限责任公司"应急信息管理平台建设研究"等。本书在研究过程中还获得社科院蓝皮书《应急进步与安全发展》专家委员会技术层面的专业支持，包括且不限于：江苏安居应急技术股份有限公司"九小"场所公共安全专家方林、四川百川四维信息技术有限公司邓永安、四川中水成勘院测绘工程有限责任公司刘光庆等专家。

在写作本书的过程中，作者尽可能融汇国际国内的新知识、新趋势、新成果。撰写团队及分工为：唐钧教授对全书负责，从整体顶层设计、机理和要务等方面总体统筹把控；田雯负责国际经验和研究方法的板块；龚琬岚负责经典案例分析或最佳标杆研究板块以及全书的统稿；中国人民大学部分研究生负责具体案例的整理编写，主要有冯世腾撰写"泰国睡美人洞救援事件中的应急风险防控措施"等、安东元会撰写"响水'3·21'爆炸事故的风控疏漏和风险防范"等、王勇撰写"四川省成都市曹家巷自治拆迁改造的风险共治"等；另有应急管理部消防救援局高级工程师滕波撰写"加强综合性消防救援应急通信保障能力研究"，人民公安报社中国警察网关清撰写"公安新媒体在抗击疫情中的作用分析——以中国警察网为例"等文。

感谢中国人民大学出版社朱海燕、李国庆等同志为本书编校所做的工作。

本书适用面广、实用性强，适用于应急管理、风险管理、公共安全、行政管理、公共事务管理、社会治理、舆情管理等领域的本科生、研究生和专家学者的教学科研，也适用于应急、公安、法院、检察院、城管等从业人员的专业学习。

唐　钧

2021 年 4 月于中国人民大学

目　录

第一章
概述

第一节　公共安全风险治理的国内外前沿

一、公共安全风险治理是风险社会的必然选择

公共安全风险是公共事务管理活动中可能给公共利益带来损害的不确定性因素的总和，是首要的公共事务风险。从结果导向的视角看，公共事务风险来自公共事务管理的社会后果，包括公共利益受到侵害、人民群众的生命财产受到危害、社会秩序遭受破坏、公信力遭到削弱等。从过程导向的视角看，公共事务风险主要来自公共事务管理主体违法犯罪等、公共事务管理对象本身导致的破坏公共利益或社会秩序等、公共事务管理过程违背公共精神等三个方面。因此，公共事务风险治理是指根据公共事务风险的特性，将风险治理的流程、技术、制度等全面应用于公共事务管理，在过程和结果两个维度系统地治理公共事务风险的活动。

第一，在应对突发公共事件层面，风险社会必然要求政府引入公共事务风险治理，确保最低程度的生命和财产损失，主要表现为在应急管理中引入风险治理以追求科学应灾。传统的"灭火式"应急管理重事后应急响应，而轻事前风险防范，导致一些潜在的、可防性风险演变为恶性危机事件。而公共事务风险治理通过风险识别、风险分析、风险评价对风险进行全面评估，使风险防范关口前移，做好突发事件的预防与应急准备、监测与预警、应急处置与救援、事后恢复与重建、法律责任追究等工作，能最大限度地保护人民生命财产安全。以美国为例，2006 年 6 月，美国国土安全部发布《国家基础设施保护计划》，强调了工作的任务和职责、风险评估策略、协调责任、教育和训练、资源分配等方面，以预防、阻止、消除或减缓由恐怖袭击造成的破坏，同时增强国家应对自然灾害或其他突发事件的预防准备、及时应对和快速恢复能力。其风险治理框架将后果、脆弱性、威胁等信息整合到一起，从而创造出一种全面、系统及理性的用以评估国家或部门特定风险的流程，由此推动"关键基础设施与核心资源"的保护。

第二，在管理公共事务层面，风险社会必然要求政府通过公共事务风险治理，最大程度捍卫从过程到结果的公平正义，主要表现为在社会管理中引入风险治理以维系社会秩序。传统上针对社会问题进行管理的做法，既无法消除负

面社会影响，也难以根除社会顽疾。公共事务风险治理则在充分评估社会风险的基础上，力争决策的科学化和管理的规范化，以降低社会秩序遭受破坏或社会失范风险。公共事务风险治理可以贯穿于公共事务决策、执行、监督、反馈等各个环节，能实现全方位、全覆盖、全过程的风险防控和社会秩序保障。2012 年，党的十八大报告指出"建立健全重大决策社会稳定风险评估机制"，同年中共中央办公厅、国务院办公厅印发《关于建立健全重大决策社会稳定风险评估机制的指导意见（试行）》（中办发〔2012〕2 号）。2017 年 10 月，党的十九大报告再次指出"健全各方面风险防控机制"。2018 年制定的《国务院工作规则》（国发〔2018〕21 号）明确"涉及重大公共利益和公众权益、容易引发社会稳定问题的，要进行社会稳定风险评估"。2019 年制定的《重大行政决策程序暂行条例》（国务院令第 713 号）要求把"风险评估"作为重大行政决策草案形成程序的法定必需环节。《中华人民共和国土地管理法》规定"县级以上地方人民政府拟申请征收土地的，应当开展拟征收土地现状调查和社会稳定风险评估"。目前全国多个省市普遍建立评估机制，充分预测重大决策、重大项目的潜在风险，并采取相应的跟进措施，做到经济效益、政治效益和社会效益有机统一，有效预防了重大群体性事件的发生，政府公信力、群众满意度也进一步提高。

第三，在公共服务层面，风险社会必然要求政府进行公共事务风险治理，维护最广大人民群众的最大利益，获得最多数人民群众的最大满意度。传统的公共服务经常回应力不足、反应迟钝，滞后于群众的需求。而公共事务风险治理则可以定期评估不同利益群体的多方面需求，并保持动态滚动，形成既能满足最广大群众最迫切需求的公共服务，又能满足最弱势群体最大需求的公共服务。以英国政府为例，2000 年 8 月，英国审计署总审计长提交了《支持创新：管理政府部门中的风险》的报告，2001 年，公共账目委员会出版了《管理政府中的风险》的报告，2002 年 11 月，英国首相启动了为期 2 年的风险项目来促使相关部门制定规划并设计风险治理的框架，实现对公共事务开展风险治理。基于此，英国审计署总审计长于 2004 年提交了《管理风险以改善公共服务》的评估报告。实践表明：通过风险治理能尽早确认并应对潜在的危险，及时地按照合理的成本确保部门制定正确的公共服务目标并提供所需服务。风险治理能够帮助持续地改善服务，提高服务的适应性和回弹性。风险治理还能够通过改善效率、作出更有效的决策和支持创新帮助政府部门提高公共服务质量。

二、政府风险管理是公共安全风险治理的基础

政府风险管理，简言之就是政府应用风险管理的方式方法进行公共事务管理和公共服务供给。政府风险管理的驱动力来自内外两个维度：一是规避显著问题的内生需求，二是提高民众满意度的外生需求。因此，政府风险管理是政府的天然责任，自政府出现以来，不论是否以风险管理的名义出现，政府均在开展实际意义上的风险管理。政府风险管理实际上伴随着整个人类社会的产生和发展，西方国家在近现代明确提出了风险的定义和管理标准，而我国近年来的实践则提出了政府风险管理的新范畴[①]。

（一）政府风险管理的对象

政府风险管理的对象从广义而言是指所有可能对社会造成危害的不确定性，具体而言是指经由管理主体和社会各界确认的、需要进行风险管理的对象。在实践中，可划分为三大类。

1. 围绕社会发展，以社会生产为对象，对应于生产力水平

政府风险管理要服务于社会发展，就要针对社会生产过程中的风险进行管理，为生产保驾护航。此时的政府风险管理，直接对应于当时的社会生产力水平，具有鲜明的时代特色。在农业社会，自然灾难的风险、气象灾害的风险成为社会生产的重大风险，因此，根据自然规律和社会生产经验而形成了对应农业社会的风险管理。风险理念也应运而生。"凡事预则立，不预则废。"在工业社会，由安全事故而导致的工人伤亡逐渐成为重大风险，因此，实践中持续推进了劳动保障等安全生产的风险管理。围绕社会发展的政府风险管理，对应于当时的社会生产力水平，紧扣影响当时社会产生的重特大风险开展，一方面有利于保障生产，而另一方面又受制于当时的社会发展水平，具有时代的局限性。

2. 围绕政府职责，以部门职能为对象，具体化为预案建设

政府风险管理要在现实中得以执行，就需要具体的职能部门予以落实。因此，政府部门基于"三定"方案，以本部门的职能为风险管理对象，确保职能

范围内的公共事务尽量不发生主观过失或重大失误。政府以职能为对象开展风险管理，因而也就形成了军事安全风险、经济安全风险、生产安全风险等行业的宏观风险，甚至细化为粮食储备安全风险、石油进出口安全风险等具体操作的微观风险。围绕部门职能的政府风险管理，具体表现在预案建设方面。自《突发事件应急预案管理办法》（国办发〔2013〕101号）发布以来，全国已制订各级各类应急预案130多万件，涵盖了各类突发公共事件，并且"纵向到底、横向到边"，纵向贯通行政和各类组织层级，横向覆盖行政和社会层面。但从另一个方面，围绕政府职责的风险管理，也容易出现"长官意志""部门壁垒""底线思维"等管理风险。

3. 围绕公共服务，以公民生活为对象，体现群众满意度

政府风险管理要以"群众满意不满意、高兴不高兴、答应不答应"来检验成效，就要以公民生活为中心。风险管理要以生、老、病、死的生命周期和衣、食、住、行的生活轨迹为导向，紧扣群众的需求开展。以我国为例，近几年已陆续开展了群众反映强烈的食品安全风险监测、药品质量风险管理、环境影响评估、社会稳定风险评估等一系列的风险管理工作，甚至针对官员的廉政风险防控等进行了创新。在我国实践中，公民评议政府、居民满意度调查、电视问政等多种形式的群众满意度测评，反过来推动了政府风险管理的应用和创新。而以群众评价来推动的风险管理，又存在着主观性强和个体利益凸显等背景，以及如何达成社会风险"最大公约数"、如何把握风险管理"投入–产出"的比例原则等相应的现实问题。

（二）政府风险管理的目标

政府风险管理的目标，是指通过管理希望达到的成效。目标是引领政府风险管理改革创新的"指挥棒"。在实践中，工具导向的目标是死伤和损失的最小化，价值导向的目标是群众满意度的提升。目标本身又呈现出显著的阶段特征。

1. 目标的直接设定：死伤和财产损失的最小化

现场的成效是最为直观的检验。因此，政府风险管理必然以追求人员死伤和财产损失最小化为直接目标。在政府风险管理的实践中，该目标经常以"底线思维"的理念来呈现，以"负面清单"的方式进行落实。

2. 目标的最终导向：基于公共安全的服务满意度

政府风险管理往往以管制的形式出现，而并非以群众偏好的公共服务的形

式出现，因此在实践中容易出现两极的失误：一是因为担心服务满意度降低而轻视，甚至忽视政府风险管理，表现为迁就群众的需求，但极易酿成群死群伤的灾难；二是因为过于强化公共安全，而忽略了公共服务，导致了服务满意度的差评。因此，政府风险管理是基于公共安全的底线并且注重服务满意度的管理创新，要同时兼顾公共安全和服务满意度两个维度。

3. 目标的阶段特征：从粗放式向精细化和人性化提升

政府风险管理在达成目标的过程中，呈现出较为明显的，从粗放式阶段、规范化阶段、精细化阶段，向人性化阶段发展的阶段特征（见图1-1）。政府在风险管理中负有不可推卸的预防和救助责任。面对社会风险源的多元化和演变机理的复杂性，为了科学、高效、专业地应对风险，就必然要求对风险分类分级。

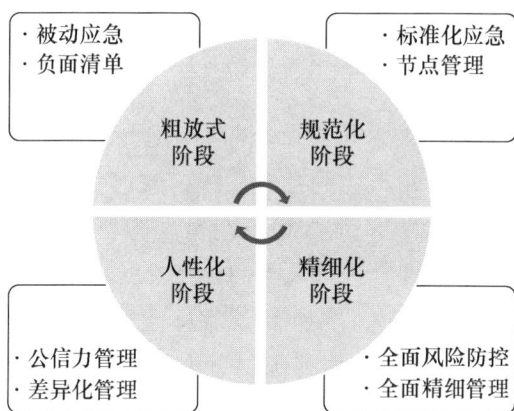

图1-1 政府风险管理发展的四个阶段

在初级阶段，粗放式的风险管理，其目标是集中有限资源，重点应对实在不能容忍的特大风险，通过列出"负面清单"，在重点行业或领域采取行动，集中解决重点社会问题。

在中级阶段，规范化的风险管理，其目标是形成初步的标准化风险管理，通过把已有的重点行业、领域的风险管理理念与经验拓展到社会管理的重要领域，或将重点风险管理环节的成熟做法推广至风险管理的整个流程，在节点处制定标准，努力实现规范化的运营。

在高级阶段，精细化的风险管理，其目标是实现全面的标准化风险管理，当风险管理已达到一定程度的标准与规范时，就开始追求各个管理环节的质量优化与水平提高，在每个管理环节落实全面风险防控与全面精细管理。

在理想阶段，人性化的风险管理，其目标是在精细化操作的基础上，关注个体性与差异化，在公共事务管理过程中围绕每位公民的需求，实施最大程度满足群众和最小程度遭遇反对的差异化服务。

政府风险管理的四个阶段不是绝对割裂的，而是一个不断演进与发展的过程。在实践中，政府风险管理的改革，允许一部分在合理范围内的跨阶段创新，但更多地应该顺应四个阶段递进的发展规律，否则政府风险管理改革的本身也会因不切实际的跨越式发展而产生风险。

（三）政府风险管理的责任

政府风险管理的责任，实质上是风险所有权的归属问题，是管理主体应承担的风险管理职责和义务。在实践中，具体表现为针对风险所有权归属的责任明确和管理设定。

1. 风险的复杂繁重，要求分类分级的精细化责任管理

对于危机的爆发和由此产生的社会后果，政府负有不可推卸的预防和救助责任。面对社会风险源的多元化和演变机理的复杂性，为了科学、高效、专业地应对风险，就必然要求进行风险的分类分级。在责任明确、制度规范、操作标准化分类分级的同时，要看到其实际上是风险所有权的静态切割，容易导致部门的"责任本位"与"部门壁垒"的弊端，不利于责任的整体承担。

2. 风险的难以切割，要求实施风险责任连带制度

政府风险管理的关联项极多，很难切割出责任归属明确的风险。第一，风险本身存在着长期积累、瞬间爆发、连锁反应的属性。政府管理活动风险往往存在着长期积压和持续积聚的状况，一旦有导火索则容易瞬间引爆。而风险源的广泛存在，也极易引发一系列的连锁反应，使其呈现出次生式、周期式、复合式的状况。第二，政府管理活动本身具有系统性，牵一发而动全身，各个领域的政府管理活动相互作用，政府管理活动的各个环节紧密相连，管理主体、管理对象多元，公共事务管理活动风险极易由"点"到"面"，迅速扩散。第三，社会转型期，新的社会问题层出不穷，新型风险随之而生，新旧风险相互交织，使得风险之间的关联性增强。虚拟社会的蓬勃兴起，

使得政府管理活动必须面对两个舆论场、两个风险爆发平台，现实社会和虚拟社会的风险关联性日益显著，虚拟社会的风险极易引发现实社会的危机。

因此，在实践中应配套实施风险责任连带制度，争取在动态的风险管理过程中实现风险责任的"无遗漏"和风险运营的"无缝隙"，实现相关部门在完成"风险存量"的基础上，主动承担"风险增量"。

风险责任连带制度，一般采取三种方式来建构：方式一是重整体，在分类分责的基础上，进行整体责任的捆绑，同上同下，整体奖罚；方式二是精确切割，绘制"整体责任的静态切割和动态运行图"，把相关部门的责任在整体责任中标注出来，并指明责任的上下游关系和演变过程，明晰动态中的责任归属；方式三是责任倒查，一旦风险兑现后，自下而上，由点及面，逐级逐层地追究责任并进行处罚。

3. 风险的无边界性，要求政府恪守维护公信力的责任

政府风险管理的风险是无限和无边界的，政府对所有社会风险负有不可推卸的责任。既然存在已知风险和未知风险，政府风险管理也就必然分为有准备和无准备两类，也必然存在着被动和失误。在此情况下，风险社会中的政府风险管理的检验标准，就是公信力的增或减。因此，政府风险管理在内部要恪守"公信力底线"原则，政策制定、决策执行、项目立项、官员任免等所有公共事务都要在保持公信力的基础上开展；在外部要遵循"公信力递增"原则，保障公众的安全、维护社会的安定团结、救援受灾受困的群众、建设受灾地区等，从根本上都是为了提升公信力。

公信力既是抵御社会风险的基础，也是群众参与风险共治和对政府满意度提升的前提。检验政府风险管理工作的好坏，从社会态度的视角，就是公信力的增减。在实践中，终身责任制是维护公信力的典型，通过对责任归属与问责的严格规定，实行严格的问责和追责，建立主要领导和负责人的终身责任制，无论年限长短，有关责任人都要受到追究。

（四）政府风险管理的流程

政府风险管理的流程，是主体管理对象用以达成目标的运行机制。通过风险管理流程，要达到三方面的成效：一是风险识别，客观评估，确定风险所有权；二是风险内部控制，通过标准化运维等方式实现损失最小化；

三是风险外部公关，培育风险文化，全社会共同治理，争取群众的满意度最大化。

1. 风险的全面评估：评估风险，定所有权

风险评估是风险管理的前提和基础，在实践中包括全面评估风险和确定风险所有权两项关键。

复杂环境中的社会风险评估，需科学识别风险和设定容忍度。风险评估是管理流程的首要步骤，现阶段的风险评估具有一定普适性。例如，政府风险管理所面临的国家层面风险源主要包括自然灾害、事故灾难、重要基础设施和关键资源受损、国内犯罪和国外恐怖袭击。在明确容忍度的基础上，更加细化的风险评估，普遍应用"可能性"和"影响"两个维度来操作，通常用 P（possibility 或 likelihood）R（risk 或 consequence）矩阵予以可视化的评估定级。在实践中，风险评估的要务是设定风险容忍度，它是主体愿意承担、可以容忍的风险数量和类型。风险容忍度的确定和改变受到文化、社会、政治、法律、技术、经济、自然环境等外部环境以及主体的目标、资源、实际风险管理能力等内部环境的影响，一旦环境发生变化，主体的风险容忍度也将随之变化，从而风险管理的识别、分析、评价及应对等的标准及策略也将改变。因此，政府应根据社会心态，科学设定风险容忍度，并与时俱进，及时调整。

确定风险所有权，构建风险责任体系。从国际经验来看，政府风险管理的风险所有权明确是通过风险责任的合理分配来实现的，使得各级各类主体既各担其责，又能统筹协调，全面做好风险管理。首先，针对管理项庞杂、边界模糊、责任递增的特征，政府风险管理通常的做法为：一是明确风险管理的总体职责及各部门的角色和职责；二是积极开展协作，通过风险管理组织化实现风险责任共担。其次，针对管理主体条块分割的特征，政府风险管理的主要做法为：一是确立风险管理主导机构，二是设置相应机构进行分类管理和分级管理。我国在应急管理中的实践，采取的也是在明确风险责任的基础上，确定风险责任承担主体，采取分类管理、分级负责和属地管理相结合，并依靠统一领导、综合协调，从而构建责任体系。

2. 风险的内部控制：标准运维，法治固化

政府风险管理的风险内控，是管理主体在内部运行过程中，开展风险最小化的运行设计，主要依靠的是标准化的运维和制定法律法规予以固化。制定风险管理标准，规范化开展风险内控。制定管理标准，有利于规避常见风险和规

范组织行为，是风险内控的典型做法。实施系统的风险内控，通过法治予以固化。系统内控是关键，只有构建起统一领导、各司其职、运转高效的政府风险管理网络，才能最大程度地实现风险内控的价值。法治建设是保障，政府风险内控必须以法治予以固化，才能规范化和可持续。

3. 风险的外部公关：培育文化，社会共治

政府风险管理之所以需要外部公关，一方面是群众作为外部评委，有权评价政府风险管理的绩效；另一方面，只有社会各界的共同参与，国家才能长治久安。

培育风险文化，促进政府风险管理的可持续发展。政府风险管理的可持续发展，要求政府培育风险管理的文化；用风险文化促进政府风险管理良性环境的形成，有利于改革的动员、管理的落实和执行、措施的创新等等。在实践中，加拿大和英国等的政府在改革过程中，开展了风险文化的培育和应用，提出建立学习型和弹性化的风险管理文化，促使公务员形成对风险的正确理解和认知，提高其风险意识和责任感，培育有利于规避和处理风险的组织环境，支持能够有效承担风险和变革的组织文化发展。

倡导社会协同、全员参与的风险治理。政府开展风险管理是主角和主力，但风险社会的风险治理需全社会形成合力。群众既是社会风险的治理主体之一，同时也可能是最直接的社会风险源。因此，政府风险管理需要社会协同和全员参与，这既是为了全方位治理风险，同时也有利于将风险最小化。一是政府积极形成风险社会的社会秩序，倡导群众自觉抵制社会风险，不从事或参与可能导致公共安全问题的活动；二是引导群众鉴于自身利益的相关性，自觉开展风险排查和隐患清理；三是用好群众的数量优势，组织群众和社会组织开展有序的社会监督，及时预警和处置；四是培养群众当好"第一响应人"，在技能合格的前提下，开展自救和互助工作，增加社会安全的广泛保障；五是组织协调，鼓励群众开展邻里互助，形成有利于公共安全的社会氛围。在我国近几年的实践中，上述创新已取得了良好的社会成效。

（五）政府风险管理的绩效

政府风险管理的绩效即风险管理的实际效果，绩效考核是必要的管理环节。对于管理主体而言，绩效考核应该客观和全面；对于社会而言，绩效考核是督促政府创新和优化风险管理的措施。

1. 风险管理的客观绩效：基于国情的务实考核

政府风险管理应基于现阶段国情开展客观和全面的绩效考核，在实践中可采取"负面清单式"或"风险月历式"两种考核方式。一是基于"风险底数"，进行"负面清单式"考核。政府风险管理的客观绩效，首先是"情况清、底数明"，要基于"风险底数"，总结风险规律，提出高中危风险，应用"负面清单式"进行绩效考核。基于"风险底数"意味着政府风险管理中的"负面清单"要基于"底线思维"，禁止开展"清单"中可能导致严重后果的行为，从而规避高危风险。在我国的实践中，"负面清单"虽然是粗放式风险管理阶段的典型措施，但实施的成效普遍良好。二是基于风险规律，进行"风险月历式"考核。在"风险底数"和"负面清单"的基础上，社会风险具有特定的自然规律或社会规律，因此可以通过风险规律提炼形成类似以年和月为周期的"风险月历"，一方面用于事先预警风险，另一方面用于事后追查事故责任。

2. 风险管理的全程绩效：上中下游的责任连带考核

实践中的风险管理绩效考核经常出现两种情况：第一，"社会倒逼"下的被动考核——等到酿成恶劣后果或大闹之后，才予以查处。第二，"倒查式考核"只查到责任"下游"即止——仅仅处理最末端的部门或人员，可能不惩处"放火的"、不查处"煽风的"，却严惩了"救火不力的"，不利于从根源上治理风险。因此，政府风险管理急需全程的绩效考核。要防住"风险上游"，管好"风险中游"，严控"风险下游"，形成风险责任倒查的"上中下游"，真正一查到底，并尽力推动责任连带、在"风险上中游"细化处置风险的制度建设。在实践中，有三种方式来实现上中下游的全程考核：第一种，程序设定——首问负责制，首问者在程序上负责到底；第二种，权责匹配——首长负责制，例如最高领导负总责、党委对党风廉政建设负主体责任等；第三种，制度设计——连带责任制，例如联席会议和共同负责制等。在我国的实践中，三种方式均有尝试并产生了良好成效。

3. 风险管理的整体绩效：社会风险治理的全面考核

政府风险管理不能仅针对特定行业或地域，甚至细致到具体时间段、具体窗口的风险考核，而更要从全社会风险治理的整体上进行绩效考核。政府风险管理的初始思路是全面应对不确定性。为此，政府风险管理的改革均以全面风险为研究范围，开展广泛的分析。以加拿大为例，其管理发展中心提出的政府风险范围，已经全面覆盖了政治、经济、文化等政治运作、政府管理和社会环境等多方面，这就上升到政府风险环境的层次。风险环境包括的不仅是突发公共事件的风险，更深入社会环境等方面。在实践中，政府风险管理的考核要遵循社会治理的"木桶"原理，也即风险管理整体水平的最薄弱的管理节点或最致命的社会风险。基于此，公共安全、公共服务、社会秩序、社会保障等多方面的"最短板"，都可能是政府风险管理的整体水准。因此，政府风险管理不能仅考核人防、物防、技防某一方面或某一项的最高水平，而是要全面考核公共安全保卫程度、社会秩序有序程度、公共服务满意程度、社会保障覆盖程度等社会综合方面的整体水平。

综上，风险社会亟待政府风险管理，而政府风险管理在实践中已有更广泛的新范畴：既是社会损失最小化的公共安全升级，还是群众反对最小化的社会治理转型，更是各界满意度最大化的公共服务优化。

三、全球风险治理的前沿研究——以《全球风险报告》为例

从 2006 年开始，世界经济论坛（World Economic Forum）持续发布《全球风险报告》（Global Risks Report），至今已有 16 年。科技的"两面性"凸显，全球经济、地缘政治等传统风险呈现新样式，环境和社会领域的风险更具全球性，推动了人类在文明进程中对于风险的反思、批判和治理探索，《全球风险报告》顺应需求而生，为人们认知全球风险的全面性、系统性、关联性以及风险治理学习提供了观点、知识和方法。

（一）全球风险治理研究的典型成果

2021 年 1 月 25 日，国家主席习近平在北京以视频方式出席世界经济论坛"达沃斯议程"对话会，并发表题为《让多边主义的火炬照亮人类前行之路》的特别致辞，强调解决时代课题，必须维护和践行多边主义，推动构建人类命运共同体。当月 19 日，世界经济论坛发布 2021 年《全球风险报告》（简称《报告》），全面表述了新冠肺炎疫情肆虐、世界经济衰退、地缘政治恶化、社会生活极化、科技两面性凸显、人类挑战空前的风险状况和解决路径。

2021 年《报告》认为公共卫生事件风险问题日益突出，新冠肺炎疫情展现了忽视大流行病等长期风险的灾难性后果，加剧了全球贫富差距和社会分化，预计将在未来 3 年至 5 年内阻碍全球经济发展，未来 5 年至 10 年内加剧地缘政治紧张局势。从未来 10 年发生的可能性来看，前 5 大风险为：极端天气事件

（如洪水、风暴等）、气候应对行动失败、人为环境破坏、传染病、生物多样性丧失；从未来10年对全球造成的影响的严重程度来看，前5大风险为：传染病、气候应对行动失败、大规模杀伤性武器、生物多样性丧失、自然资源危机。此外，根据受访者统计得出风险在不同期限（短期、中期、长期）表现的类型，如表1-1所示。

表1-1 世界经济论坛对于多国未来风险预测的结论（2021年）

风险类别 / 目标类型	第一类	第二类	第三类	第四类	第五类
0～2年 短期目标	传染病	生存危机	极端天气	网络安全措施	数字不平等
3～5年 中期目标	资产泡沫	信息技术基础设施故障	物价不稳	大宗商品冲击	债务危机
5～10年 长期目标	大规模杀伤性武器	地域关系破裂	生物多样性丧失	不利的技术进步	自然资源危机

资料来源：2021年《全球风险报告》。

对比近4年的《报告》可以发现，以极端天气事件、气候应对行动失败、自然灾害为代表的环境风险位居按发生概率排序的全球风险榜首，科技问题次之。从未来10年的风险发生概率和影响来看，环境风险仍是首要问题，而且世界需要警惕长期风险，如表1-2、表1-3所示。

表1-2 按发生概率排序的全球风险（2018—2021年）

序号	2018年	2019年	2020年	2021年
1	极端天气事件	极端天气事件	极端天气事件	极端天气事件
2	自然灾害	气候应对行动失败	气候应对行动失败	气候应对行动失败
3	网络攻击	自然灾害	自然灾害	人为环境破坏
4	数据欺诈或数据被窃	数据欺诈或数据被窃	生物多样性丧失	传染病
5	气候应对行动失败	网络攻击	人为环境破坏	生物多样性丧失
6	大规模非自愿移民	人为环境破坏	数据欺诈或数据被窃	数字能力集中
7	人为环境破坏	大规模非自愿移民	网络攻击	数字不平等
8	恐怖袭击	生物多样性丧失	水资源危机	国家间关系破裂
9	非法交易	水资源危机	全球治理失败	网络安全故障
10	资产泡沫	资产泡沫	资产泡沫	生存危机

资料来源：2018年《全球风险报告》、2019年《全球风险报告》、2020年《全球风险报告》、2021年《全球风险报告》。

表 1-3　按影响力排序的全球风险（2018—2021 年）

序号	2018 年	2019 年	2020 年	2021 年
1	大规模杀伤性武器	大规模杀伤性武器	气候应对行动失败	传染病
2	极端天气事件	气候应对行动失败	大规模杀伤性武器	气候应对行动失败
3	自然灾害	极端天气事件	生物多样性丧失	大规模杀伤性武器
4	气候应对行动失败	水资源危机	极端天气事件	生物多样性丧失
5	水资源危机	自然灾害	水资源危机	自然资源危机
6	网络攻击	生物多样性丧失	信息系统宕机	人为环境破坏
7	粮食危机	网络攻击	自然灾害	生存危机
8	生物多样性丧失	信息技术基础设施故障	网络攻击	极端天气事件
9	大规模非自愿移民	人为环境破坏	人为环境破坏	债务危机
10	传染病	传染病	传染病	信息技术基础设施故障

资料来源：2018 年《全球风险报告》、2019 年《全球风险报告》、2020 年《全球风险报告》、2021 年《全球风险报告》。

（二）全球风险治理的研究领域和背景

世界经济论坛从 21 世纪初开始每年发布的《报告》，有着当代风险发展的历史背景。从 20 世纪下半叶开始，在世界各领域频发的全球性、长期性、系统性重大风险和特别重大事件，为人类社会风险状况敲响了警钟，也开始让人类社会认识、评估重大风险，并思考治理思路。1971 年，克劳斯·施瓦布创建了"欧洲管理论坛"，1987 年更名为"世界经济论坛"，成为全球最大的探讨世界经济问题的非官方全球性平台，重大风险也成为历年关注的热点话题。从 2006 年开始至今，世界经济论坛以专题报告形式，对未来 10 年的全球风险状况进行了全面探讨，主要基于全球经济、地缘政治、环境、社会和科技 5 大领域发展背景。

第一，在历次工业革命中，为人类带来显著福祉的科学技术，在近几十年来开始日益显现其"双刃剑"效应。例如：1984 年的印度博帕尔毒气泄漏事件，造成 2.5 万人直接死亡、55 万人间接死亡、20 多万人永久残废；1985 年疯牛病在英国首次被发现，并迅速蔓延到世界各国，对养牛业、饮食业和人类生命健康构成巨大的威胁，造成重大的经济损失和社会恐慌；1986 年发生的切尔诺贝利核事故再次显示核技术的巨大风险性，这一事故造成 31 人当场死亡，9 万人直接受影响，辐射尘埃遍及大部分欧洲国家。乌尔里希·贝克、安东尼·吉登斯和查尔斯·佩罗等学者，也是在 20 世纪 80 年代从应对现代科学技术风险出发，开始建构风险理论体系。

第二，近几十年来的全球经济、地缘政治等传统风险也日益呈现全新的表现形式。20 世纪 90 年代初，苏联解体，第二次世界大战后的国际力量对比发生较大变化，新的地缘政治格局对国际关系体系重新建构形成全面性风险挑战，在 1990 年海湾战争、1992 年波黑战争、1999 年科索沃危机等冲突中得到全面体现。2001 年美国"9·11"恐怖袭击事件、"9·18"炭疽病毒事件以及 2004 年俄罗斯北奥塞梯人质事件，表明恐怖主义不再局限于极少数热点国家和地区，触角甚至直接深入美俄两个大国国内。在全球经济风险方面，随着全球化推动各国经济联系的日益密切，无论是发展中国家还是发达国家，在世界经济系统中都前所未有地成为系统性风险的关键节点。1997 年亚洲金融危机首先发端于发展中国家的泰国，之后迅速波及其他亚洲国家，甚至全球货币、股票市场和其他资产价值估值发生了巨大震荡，再次显示了风险的全球性。2008 年全球金融危机则首先起源于金融制度体系健全的发达国家美国，而且危机是由传统房地产业融资引发，源自所谓的金融创新"次级贷"，所以这场危机又被称为"次贷危机"，其"涟漪效应"对世界各国经济影响至今尚未消散。

第三，传统社会中相对忽略的环境领域，以及传统社会领域的风险，在近几十年来更具全球性风险特征。伴随人类社会各类活动的加剧和积累，环境风险逐渐开始显现。2020 年《报告》显示，从 1970 年以来，全球生物多样性减少了 70%，预计随着地球二氧化碳含量的增加，到 2050 年，人类赖以生存的小麦、玉米、大米等主食的营养构成将悄悄改变，造成全球数以亿计的人缺铁、缺锌，蛋白质不足。在 2019 年《报告》中，发生概率和影响力两个维度的前 5 大风险中，环境风险分别占据 3 个和 4 个，2020 年、2021 年《报告》中则有增无减。极端天气、气候行动失败、重大自然灾害、臭氧层空洞、水污染、大气污染、生物多样性降低等风险，或以隐蔽的形式存在，或"破坏者先得"或"集体不负责"的"公地悲剧"渐次积累，对人类未来生存产生巨大的风险。面对传统自然灾害，无论国家强弱，都不能幸免。2004 年印度洋大地震引起印度洋海啸，发生在相对落后的东南亚地区，显示了现代社会的传统型灾害如何迅速形成区域性乃至世界性影响。2005 年卡特里娜飓风事件发生在世界最发达的美国，损害后果、救援效率、灾区秩序、响应能力等让人震惊，揭示了现代社会的传统型灾害如何成为强国的软肋。

全球经济、地缘政治、环境、社会和科技等领域的重大灾害背景，推动了人类发展中对风险的反思。世界经济论坛历年的《报告》反映了人类社会的这种需要，每年聚焦 5 个领域的几十种全球性风险类型。

（三）全球风险治理的主要理念和特征

在全球风险背景下，人类社会开始对现代风险的全球性、系统性、不确定性、复杂性和非线性关系进行研究与反思。在 20 世纪 80 年代，贝克、吉登斯等人反思现代性，发展了风险社会理论。也有学者从价值视角认识风险，发展了风险文化理论，并各自提出治理主张。各国政府也在政策分析、政治议程和组织设置上充分考量风险因素，如英国的年度国家风险报告及风险矩阵图，俄罗斯、美国的相关组织机构设置及演化等。世界经济论坛历年的《报告》，充分反映了当代风险理论成果和治理实践，并呈现出自身特色。

第一，全球风险的全面性。风险的全面性是历年《报告》的基础，其内涵主要体现在风险的全领域、主客观统一、综合举措方面。一是风险涵盖全球各领域及其人员。历年《报告》的数据分析是基于全球风险认知调查（GRPS），这个调查涵盖全球经济、地缘政治、环境、社会和科技等，被调查人员包括政府、企业、研究人员、风险从业人员等。二是风险是主客观性认识的统一。风险社会理论认为，风险产生在制度建构的现代社会，是风险客观上的增加；风险文化理论认为，风险被感知、被察觉、被意识到的渠道增多，是风险主观上的增加。2006—2011 年 GRPS 的调查问卷既包括主观分析，也包括客观分析。如早期全球各类风险判断主要基于伤亡人数、经济损失定量指标，后来按五等分的主客观结合方法，进行更加全面的判断。三是风险治理实施综合举措。从风险的客观视角，主张进行全面的制度建设，积极完善规则，制定标准规范，增强风险主体的合作；从风险的主观视角，主张强化主体风险意识，增强风险被感知的可能性，提倡对流程的怀疑文化，并在决策中注重权衡不同价值观的风险取舍问题，这样就比较全面地反映了各种治理主张和措施。

第二，全球风险的系统性。系统性风险是现代系统与生俱来的特点，不仅局限于经济领域和金融业。2019 年《报告》引述了社会学家查尔斯·佩罗的理论，指出现代风险系统性表现为复杂性、紧密耦合特征。复杂性就是系统各个部分相互关联、相互影响的特征；紧密耦合是系统因追求效率等原因，设计没有冗余，缺乏缓冲区，容错率低的特征。2009 年《报告》以 2008 年全球金融危机为例，重点描述了风险的系统性特征，即在过去 18 个月里，资产价值和经济增速急剧下滑，超预期的流动性枯竭，揭示人类管理系统性失灵的后果。基于风险系统性认识，历年《报告》都提出了创建更具韧性体系的策略和措施。2019 年《报告》提出，要持续关注系统中微小但可能导致事件发生的细节；系统设计上要留有余地，提高容错率；前期要主动设想顺利、不利、失败甚至崩溃状态的情景，在此基础上设想应对方法、解决方案等。

第三，全球风险的关联性。历年《报告》中所列的影响风险的趋势，表示全球风险不会单独出现，实际上都暗含风险关联性的基本假设。每年的《报告》都要通过可能性、影响力关系矩阵图来直观演示全球风险格局；还从风险、趋势联系视角，作出全球风险图，演示影响风险的十大趋势。风险趋势主要是指当下发生的、可能放大全球风险或改变风险间关系的长期变化，比如很多年度都会提到的气候变化、人口老龄化、环境退化、全球治理弱化、收入差距扩大等变动趋势。2008 年全球金融危机增强了人们对风险关联性的认识，人们意识到要利用网络化体系识别并应对全球性风险，建立新世纪的全球风险治理体系，防止局部风险演变为全球性危机。2020 年《报告》中以昆虫锐减趋势为例，说明生物多样性与各类风险间的关联性。世界上 115 种主要作物中，75% 靠昆虫传粉，包括水果、蔬菜、坚果和种子等营养丰富的作物。昆虫数量锐减将迫使人们转向不依赖传粉者的水稻、玉米、小麦、大豆和土豆等主食作物。但这些作物往往热量较高，过度消费将助长肥胖症等与饮食相关的疾病，加剧全球健康危机。

第二节　公共安全风险治理所面临的环境和挑战

一、环境艰险：公共安全风险治理的挑战严峻

2020 年 10 月 29 日，中国共产党第十九届中央委员会第五次全体会议通过的《中共中央关于制定国民经济和社会发展第十四个五年规划和二〇三五年远景目标的建议》提出，"我国发展环境面临深刻复杂变化"，这是我国公共安全所面临的总体性、系统性的严峻挑战。具体而言：当前和今后一个时期，我国发展仍然处于重要战略机遇期，但机遇和挑战都有新的发展变化。当今世界正经历百年未有之大变局，新一轮科技革命和产业变革深入发展，国际力量对比深刻调整，和平与发展仍然是时代主题，人类命运共同体理念深入人心，

同时国际环境日趋复杂，不稳定性不确定性明显增加，新冠肺炎疫情影响广泛深远，经济全球化遭遇逆流，世界进入动荡变革期，单边主义、保护主义、霸权主义对世界和平与发展构成威胁。我国已转向高质量发展阶段，制度优势显著，治理效能提升，经济长期向好，物质基础雄厚，人力资源丰富，市场空间广阔，发展韧性强劲，社会大局稳定，继续发展具有多方面优势和条件。同时我国发展不平衡不充分问题仍然突出，重点领域关键环节改革任务仍然艰巨，创新能力不适应高质量发展要求，农业基础还不稳固，城乡区域发展和收入分配差距较大，生态环保任重道远，民生保障存在短板，社会治理还有弱项。

总体而言，当前公共安全形势严峻复杂，深入推进应急体系建设面临风险隐患增多、诸多矛盾叠加的挑战。

从突发事件发生态势看，突发事件仍处于易发多发期。地震、地质灾害、洪涝、干旱、极端天气事件、海洋灾害、森林草原火灾等重特大自然灾害分布地域广、造成损失重、救灾难度大；生产安全事故总量仍然偏大，道路交通、煤矿等矿产开采、危险化学品等重点行业领域重大事故频发，部分城市建筑、生命线工程、地下管网等基础设施随着使用年限增长，事故隐患逐步显现，由于生产安全事故、污染物排放或者自然灾害等因素导致的突发环境污染事件多发，危及公众生命、健康和财产安全，威胁生态环境，造成重大社会影响；鼠疫、霍乱等法定报告传染病时有发生，突发急性传染病在全球不断出现，境外输入传染病以及生物技术误用滥用谬用风险不断增大，食品药品安全基础依然薄弱，公共卫生事件防控难度增大；社会利益关系错综复杂，诱发群体性事件因素较多，涉外安全风险日益增加，社会安全面临新的挑战。

从突发事件的复杂程度看，各种风险相互交织，呈现出自然和人为致灾因素相互联系、传统安全与非传统安全因素相互作用、既有社会矛盾与新生社会矛盾相互交织等特点。在工业化、城镇化、国际化、信息化推进过程中，突发事件的关联性、衍生性、复合性和非常规性不断增强，跨区域和国际化趋势日益明显，危害性越来越大；随着网络新媒体快速发展，突发事件线上线下呼应，信息快速传播，加大了应急处置难度。同时，在推进全面建成小康社会进程中，公众对政府及时处置突发事件、保障公共安全提出了更高的要求。

从安全发展和安全生产的角度看，还存在一些亟待解决的突出问题。一是安全生产的管理体系有待完善，应急管理法规及配套制度、标准和政策不够完善，应急管理执法依据不完备、执法能力不足、执法力度不够，区域、企地应急协同联动机制运转不畅，政府引导企业、社会积极参与安全生产应急管理工作的政策和制度有待完善。二是安全发展的基层基础相对薄弱，仍有部分市、县尚未建立健全安全生产应急管理机构，已设立机构的地区还存在专职人员缺乏和职能发挥不到位等问题。部分基层应急预案的实用性、可操作性不强，风险评估不到位，企业预案与政府预案衔接不紧密，应急演练面向基层、贴近实战不够，效果有待提升。三是救援能力仍有不足，应急救援队伍对重点行业领域、重点地区的覆盖不全面，救援装备种类不全、数量不够，专业化实训演练条件不足，部分队伍大型装备运行维护困难。应急平台数据信息缺乏稳定来源，平台功能没有得到充分发挥，事故现场信息难以第一时间全面准确获取、快速报送，尚未建立全国协调统一的应急物资储备体系。四是基层基础的应急意识尚待提高，应急培训的系统性、层次性、专业性、实战性有待提高，部分企业一线作业人员缺乏应急意识和先期处置技能，全社会共同参与的安全生产应急文化氛围仍未形成，宣传教育内容实效性不强，缺乏创新手段，公众风险防范意识和自救互救能力较为薄弱。

从我国应急体系发展现状看，应急体系与严峻复杂的公共安全形势还不相适应。主要表现在：重事后处置、轻事前准备，风险隐患排查治理不到位，法规标准体系不健全，信息资源共享不充分，政策保障措施不完善，应急管理基础能力亟待加强；应急队伍救援装备和核心能力不足，专业和区域分布结构不均衡；应急物资储备结构不合理、快速调运配送效率不高，资源共享和应急征用补偿机制有待健全；应急信息发布和传播能力不足；公共安全科技创新基础薄弱、成果转化率不高，应急产业市场潜力远未转化为实际需求，应急保障能力需进一步提升；我国城市发展已经进入新的时期，与城市安全保障相适应的应急管理体系建设压力加大；基层应急能力薄弱，公众参与应急管理的社会化组织程度较低，公共安全意识和自救互救能力总体薄弱，社会协同应对机制有待健全；随着"一带一路"倡议的实施和全方位开放新格局的构建，保护我境外公民和机构安全的需求不断增长，参与国际应急的能力亟须提高。

二、内在局限：公共事务风险治理的客观短板

西方发达国家的实践表明，相比于私人部门的风险管理，以公共安全为重

点的公共事务风险治理的特征更加复杂。

第一，以公共利益最大化为目标，但存在"风险孤岛"等问题。相比于私人部门的利益相对小且涉及面窄而言，公共事务风险治理的核心则是公共利益最大化，具有三大特征：一是涉及面广，利益相关群体的规模大。公共事务不仅涉及经济调节、市场监管、社会管理、公共服务等方方面面的业务，而且涉及政府、企业、公众、媒体、社区、其他社会组织、专家等多元利益主体，这就导致了公共事务风险治理的统筹协调难度极大。二是事件重大，影响深远。公共安全涉及国家、社会、公众的整体利益，公共安全风险不仅可能造成人员死伤和经济损失，还有可能引发难以消除的社会负面影响和社会恐慌，甚至导致信任危机。三是系统性强，连锁反应明显。公共事务风险治理是一个系统工程，牵一发而动全身，公共事务风险极易由"点"到"面"，导致整体治理的失灵和社会的失序。公共事务风险治理在追求公共利益最大化的同时，也遭遇到了主客观多方面的障碍，最为严重的是"风险孤岛"问题，根源在于：其一是由公共事务风险治理部门的条块分割所导致，存在着风险管理主体根据自己的职能界定风险和管理风险的客观情况，若横向和纵向的职责与权限划分不明确或交叉重叠，则风险管理职能也相应出现缺位或越位；其二是由公共事务风险治理标准的设置习惯导致，存在漠视风险或者过度反应两种极端的情况，传统上以死伤人数和经济损失为准的习惯，虽然保证了"抓大放小"的管理效率，但频繁出现无死伤或经济损失很小，但是社会负面影响极大甚至严重伤害公信力的危害，更容易出现风险评估不足问题，表现为有对显性风险的评估而无对隐性风险的评估，有对重大风险的评估而无对整体风险的评估。

第二，以风险所有权的科学运营为导向，但存在"工具理性"等问题。相比于私人部门风险管理的明确边界和有限责任而言，公共事务风险治理则存在着事项庞杂、边界模糊、责任递增的特征：一是公共事务风险治理范畴内的事务本身就纷繁复杂，并经常互为因果和相互关联；二是私人领域的事务有可能瞬间演变为公共事务；三是低等级的公共事务风险可能由量变到质变，升级为中高等级的风险。因此，公共事务风险所有权也更为复杂，导致风险责任归属混乱，尤其是在风险责任共担和联动应对风险方面问题更加突出。公共事务风险治理在以风险所有权的科学运营为导向的同时，也承受着相应的风险，最严峻的挑战是风险管理的"工具理性"，表现为：注重风险管理的工具和手段，把风险静态化、简单化；忽略风险的关联和变异，忽略管理主体引发风险的问题，忽略管理对象参与风险过程和影响风险进程的问题。而在更深层次，公共事务风险治理的"工具理性"产生了严峻的挑战：一是现实操作中的公共事务风险治理经常违背注重预防预警的全流程初衷，"头轻脚重"，集中于"末端风险"，过度聚焦于事后处置阶段的风险管理，甚至不择手段地消除危机爆发后的负面影响，这客观导致了充分关注容易产生群死群伤的应急管理，而忽略可能导致社会恐慌和公信力受损的社会管理和公共服务问题；二是公共事务风险治理往往实行责任倒查，应用倒推的方式以灾害为中心开展局部的和表浅的风险防范，而忽视事先的责任划分和关口前移，忽视常态的、动态的风险排查和隐患排除等工作；三是公共事务风险治理受到渐进式改良和路径依赖的影响，标准化的风险应对指南往往滞后于风险兑现为危机的速度和变异的程度，导致管理部门联而不动、反应迟钝、行为僵化等一系列问题。

第三，以回应绩效考核的多元评判为标准，但存在"短板效应"等问题。相比于私人部门风险管理的对象权责一致且利益清晰而言，公共事务风险治理的对象则具有复杂性，既是被管理的群体，又是参与风险过程的群体，还是评价管理主体的评委。这导致公共事务风险治理的绩效考核和评判机理更为复杂。公共事务风险治理的评委是指可能评价其绩效优劣的人员。内部评委是上级管理者，考核时要求下级管理者按标准开展规范化的风险管理，并维护权威和公信力。而外部评委在新媒体应用的背景下，包括了公共事务风险治理的直接利益群体、间接利益群体、潜在利益群体等多种类型，几乎所有群众都可能成为外部评委。因此，内外评委们对公共事务风险治理进行考评时往往具有多元的评判标准。公共事务风险治理的实践往往难以回应绩效考核的多元评判，在实践中客观存在着"短板效应"等问题，具体表现为：一是上级和社会各界往往将公共事务风险治理最差的某一方面视为整体的表现，无视风险管理的客观难度，也无视作出的其他努力；二是极少数给予最差评价的评委，很可能影响其他大多数评委，导致整体评价的降低，甚至使评价出现偏差；三是极少数给予最差评价的评委，本身可能是社会的"最短板"，急需社会救济救助，甚至还可能扰乱社会秩序，导致局面的恶化。

三、案例分析：响水"3·21"爆炸事故的风控疏漏和风险防范

2019年3月21日14时48分许，位于江苏省盐城市响水县生态化工园区的天嘉宜化工有限公司发生特别重大爆炸事故，造成78人死亡，76人重伤，640

人住院治疗，22 046 户房屋受损，直接经济损失 19.86 亿元。从公共安全风险治理的视角深入剖析，响水"3·21"爆炸事故的发生与前期风控疏漏直接相关，主要体现为企业长期违法违规生产、政府监管不到位和中介机构弄虚作假。通过分析此次事故发生的原因，从强化企业主体责任落实、提高政府危废监管能力、推动化工行业转型升级三个方面提出改进措施，有利于减少同类事故，提高化工企业安全管理水平和风险防范能力，促进企业安全发展。

（一）风控疏漏：风险隐患的识别不力

1. 企业安全生产主体责任不落实，违法违规组织生产

天嘉宜化工有限公司成立于 2007 年 4 月 5 日，主要负责人由其控股公司倪家巷集团委派，重大管理决策需倪家巷集团批准。国务院调查组公布的调查报告显示，响水爆炸事故发生前，天嘉宜公司旧固废仓库内共贮存硝化废料约600 吨袋（1 吨袋可装约 1 吨货物），硝化废料是应当及时处置的危险废物，一旦失水干燥极易引发燃爆。天嘉宜公司为了节省每月 100 万元的处理费用，在明知其危险性的情况下，长达 7 年里陆续将大量硝化废料违法贮存，仅于 2018年底请固体废物处置公司处置了两批约 480 吨硝化废料和污泥，且假冒"萃取物"在环保部门登记备案。企业焚烧炉在 2016 年 8 月建成后未经验收，长期违法运行。2019 年 3 月 21 日，这些长期违法贮存的硝化废料持续积热升温导致自燃，燃烧引发爆炸。爆炸区域附近有多处住宅区和学校，其中一所幼儿园直线距离事发现场仅 1.1 公里。综上，天嘉宜公司无视国家环境保护和安全生产法律法规，长期违法违规贮存、处置硝化废料，企业管理混乱，成为引发事故的主要原因。

2. 相关监管部门未认真履行职责，监管不力

第一，应急管理部门未认真履行监督管理职责，监管执法不严不实：（1）未认真履行监督管理职责；（2）日常监管执法不严不实；（3）督促企业排查消除重大事故隐患不力；（4）复产验收把关不严。

第二，生态环境部门未认真履行危险废物监管职责，执法检查不认真不严格：（1）未认真履行危险废物监管职责；（2）执法检查不认真不严格；（3）复产验收把关不严；（4）督促整改不力。

第三，工业和信息化部门未建成智慧管理平台，评估审查不到位：（1）未建成生态化工园区综合智慧管理平台；（2）评估审查、规范化管理不到位。

第四，市场监管部门复产验收不严格、督促整改不到位。

第五，规划部门审批把关不严，违反相关规划。

3. 中介机构弄虚作假，导致事故隐患未能及时暴露

第一，环境影响评价机构未按要求进行查验，转包环评工作：（1）未按要求进行查验，出具报告与实际不符；（2）将环评工作转包给其他公司，弄虚作假。

第二，安全评价机构复产检查不严格，出具虚假报告。

第三，设计、施工、监理、设施检测维保等机构无专业资质，提供虚假报告：（1）不具备相关资质，专业性不足；（2）提供与实际不符的图纸、鉴定报告，影响工厂安全性。

4. 地方党委政府安全生产责任落实不到位，风险排查管控不力

第一，招商引资安全环保把关不严，停产整治工作不落实。

第二，未设立安全生产工作指标和考核权重，风险隐患排查治理不力。

（二）现场应急管理：遏制危机和阻止风险升级

1. 消防救援部门迅速赶往现场，有序展开危化品清理工作

响水事故发生后，事故现场严重受损区域面积（建筑结构受损）约为14平方千米，中度受损区域面积（建筑外墙及门窗受损）约为48平方千米。受爆炸冲击波的影响，建筑物门窗玻璃受损，向东最远达14.7千米，向西最远达11.4千米，向南最远达10.5千米，向北最远达8.8千米。响水县、灌南县133家生产企业、2 700多家商户受到波及，约4.4万户居民房屋门窗、玻璃等不同程度地受损。事故发生后，江苏省消防救援总队立即启动重特大灾害跨区域作战预案，第一时间调集13个支队级单位、930名指战员、192辆消防车、20台重型机械全速向现场集结。消防救援力量到达现场后，一边开展火灾扑救，一边进行人员疏散搜救，于3月22日凌晨5时，将现场明火全部扑灭。消防救援指战员经过82小时的反复搜寻，截至3月25日零时，共搜救出164人，其中86人生还。第一阶段处置任务结束后，消防救援队迅速组织力量对核心区及半径2千米范围的化工企业进行风险排摸，逐一甄别辨识、统计核查危险品的种类、现状和储量，评估安全风险，分级分类防控，精准制订方案，先急后缓、有力有序做好危化品输转、倒罐、清理等工作。

2. 生态环境部门立即启动突发性环境事故应急预案，开展环境监测工作

事故发生后，生态环境部门立即启动突发性环境事故应急预案，组织相关人

员赶赴现场，迅速开展环境监测和应急处置工作。对事故现场上风向、下风向以及灌河下游、园区内河布点进行采样，并对有机物进行监测。事故产生的浓烟对空气质量产生较大影响，主要集中在园区及周边 500 米左右的上空，现场风速较大，扩散条件较好。同时，该区域为化工企业生产区，没有居民居住，周边群众也已经基本疏散。事故地点下游没有饮用水源，群众饮水安全不受影响。

（三）风险防范：同类情况的"亡羊补牢"

1. 强化企业主体责任落实，加强风险分级管控和隐患排查双重体系建设

各地区要提高危险化学品企业准入门槛，严格考核主要负责人资质和能力，明确专业管理技术团队能力和安全环保业绩要求。加强风险辨识，严格落实隐患排查治理制度和安全环保"三同时"制度。企业要制定安全规章制度，建立安全生产责任制，配备专业的安全工程师，为项目、生产和维护维修等部门提供安全技术专业支持。大力推进安全生产标准化建设，依靠科技进步提升企业本质安全水平。加大事前追责力度，对于故意隐瞒重大安全环保隐患等严重违法行为，依法追究责任。对重特大事故负有责任，或因未履行安全生产职责受刑事处罚或撤职处分的，终身不得担任本行业企业的主要负责人。完善落实职工及家属和社会公众对安全和环保隐患举报奖励制度。安全生产监督部门要加快制定有关的国家标准或者行业标准，发挥行业协会的作用，在行业中推广具有行业特点的风险管控的良好实践。建立激励机制，发挥企业主观能动性，企业要转变"走过场"的思想，运用系统化管理的工具提供自身安全生产管理水平和技术能力，将双体系建设与企业自身的安全管理体系有机融合起来，在自身能力或者资源不足的情况下，委托有能力的第三方咨询机构，借助第三方资源，完善并落实"双体系"的相关工作，建议按照《化工园区安全风险排查治理导则（试行）》和《危险化学品企业安全风险隐患排查治理导则》组织全面开展安全风险评估和隐患排查，切实把所有风险隐患逐一查清查实，实行红橙黄蓝分级分类管控和"一园一策""一企一策"治理整顿，扶持做强一批、整改提升一批、淘汰退出一批，整体提升安全水平。

2. 完善与安全相关的法律法规和标准，提升政府危废监管能力

政府应当梳理已有的与安全相关的法规，明确细则，使之更加完善和系统化，充分调动社会和专家的力量完善相关法律法规，为企业发展和政府监管提供参考和依据，推进依法治理。加快修改《刑法》有关条款，将生产经营过程中极易导致重大生产安全事故的主观故意违法行为列入《刑法》调整范围。推进制定化学品安全法，修订安全生产法、安全生产许可证条例，提高处罚标准，强化法治措施。修订安全生产违法行为行政处罚办法，严格执行执法公示制度、执法全过程记录制度和重大执法决定法制审核制度。制定化工园区建设标准、认定条件和管理办法。整合化工、石化安全生产标准，建立健全危险化学品安全生产标准体系。加快制定废弃危险化学品等危险废物贮存安全技术和环境保护标准、化工过程安全管理导则和精细化工反应安全风险评估等技术规范，强制实施。生态环境主管部门要高度重视对危废监管能力的提升，针对所管辖区域的产业、行业和企业的特点，加强对生态环境监管和执法人员危废相关专业知识的培训，以及相关法律、法规、标准和规范的培训，加强专业监管力量建设，健全省、市、县三级安全生产执法体系，建立专职执法队伍。在开发区、工业园区等功能区设置或派驻安全生产和环保执法队伍。明确并严格限定高危事项审批权限，防止监管执法放松失控。生态环境主管部门要尽快对辖区内企业产生危废的种类、产生量、流向、贮存、处置等信息开展摸底调查，制定危废监管清单，建立监管信息共享平台，综合利用电子标签、大数据、人工智能等高新技术，对危险化学品各环节进行全过程信息化管理和监控。

3. 推动化工行业转型升级，提高危废利用和处置能力

修订发布国家产业结构调整指导目录和淘汰落后安全技术装备目录，详细制定化工行业技术规范，对不符合要求的产能坚决关闭退出，并实行全国"一盘棋"管理，严防落后产能异地落户、风险转移。加强资金、土地、科技等要素保障，加大政策支持和统筹协调力度，建立完善激励机制，充分发挥政府和市场的作用，推进化工产业转型升级。加快推进城镇人口密集区危险化学品生产企业搬迁工作，实行化工、危险化学品装置设计安全终身负责制。加快全国危险货物道路运输监控平台建设，强化运输企业储存、停车场管理和隧道、港区风险管控。生态环境主管部门对于危废，既要严监管，也要勤疏导。在严厉打击危废相关违法行为的同时，继续补足危废利用和处置能力建设的短板。提升危废利用和处置能力，使之跟得上危废产生的规模和速度，是从源头上堵住危废非法倾倒、填埋和处置的重要举措。生态环境主管部门要加强危废产生、利用处置能力和设施运行情况评估，科学制定并实施危废集中处置设施建设规划，实现危废利用处置能力与实际需求基本匹配，与实际需要总体平衡。例如，长三角、珠三角、京津冀和长江经济带其他地区等，可以开展危废集中处置区

域合作、跨省域协同规划，共享危废集中处置能力。开展区域合作的省份之间，要优化危废跨省转移审批手续，明确审批时限，运行电子联单，为危废跨区域转移利用提供便利；还可以探索建立危废跨区域转移处置的生态环境保护补偿机制等，实现危废问题标本兼治，从而守护好绿水青山。图 1-2 为全面加强风险防范体系的示意图。

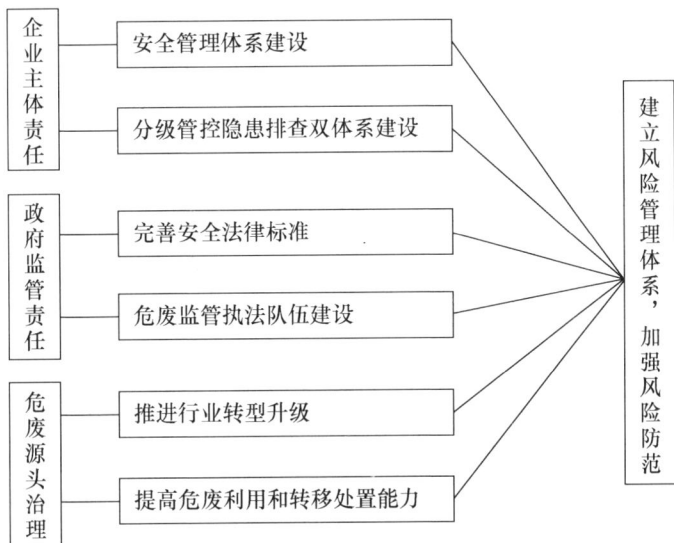

图 1-2　全面加强风险防范体系的示意图

第三节　公共安全风险治理的全流程和全要素

一、公共安全风险治理的内涵和界定

公共安全是保护群众生命财产安全、维护社会秩序、保卫国家安全的统称，涵盖自然灾害、事故灾难、公共卫生事件和社会安全事件四类突发公共事件，包括国家总体安全观中的政治安全、经济安全、文化安全、社会安全、科技安全、信息安全、生态安全、资源安全等全方位的安全。公共安全体系是保护公共安全的一系列制度、保障、活动、机制等的集成。

公共安全风险是损害群众生命财产安全、侵害社会稳定、危害国家总体安全风险的统称。公共安全风险治理是各相关主体，在特定环境中，针对公共安全风险开展的风险识别、分析定级、内部控制、共担应对等一系列的活动。

公共安全风险治理的出发点是保护人民群众的安全，评价标准也是人民群众的安全程度。公共安全风险治理是践行安全发展理念的重要举措，是实现安全风险防控的迫切需要，是实现城市长治久安的根本保障。

二、公共安全风险治理的基本流程

我们综合理论研究和实际操作，结合全球经验和中国实践，针对公共安全风险治理进行了全流程的描述，如图 1-3 所示。

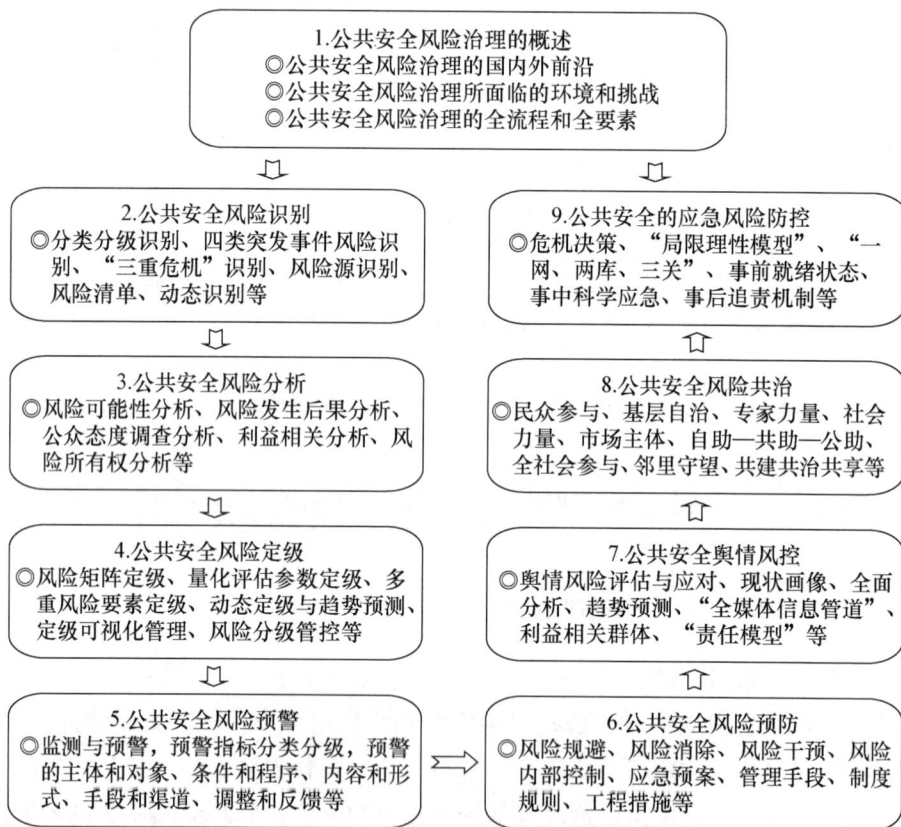

图 1-3 公共安全风险治理的基本流程（全书拓扑图）

三、公共安全风险治理的核心要素

贯穿公共安全风险治理全流程和各环节的，是公共安全风险治理的核心要素，主要包括风险源、风险规律、风险准则、风险容忍度、风险承受力、风险所有权。

（一）风险源

风险源是指可能产生危害的源头，可能导致危机的风险项。风险源的存在是产生公共安全风险、发生公共安全事件的先决条件。公共安全风险的风险等级与风险源的强弱相关。

风险源的复杂性要求风险分类管理。公共安全风险源的识别需要把握公共安全风险的特征，以保证风险识别的科学性与全面性。公共安全，既与自然灾害、事故灾难、公共卫生事件、社会安全事件等突发事件相关，也涉及经济调节、市场监管、社会管理、公共服务等多方面公共事务；公共安全管理活动受到组织内外部环境的共同作用，既有来自管理人员的风险，又有来自管理流程和管理对象的风险。因此，公共安全风险源众多且繁杂，导致政府管理部门面临的不确定性增加，面临的风险类型多样。从时间上看，有长期风险、中期风险和短期风险；从层级上看，有国家风险、地方风险和部门风险；从管理环节上看，有决策风险和执行风险；从社会领域看，有政治风险、经济风险、文化风险等。随着风险源趋于多元，风险的影响范围、风险兑现、加剧和演变的机理、风险的潜在后果等一系列问题也随之复杂化。这就必然要求先精确识别风险，进行风险分类，然后才能厘清风险所有权并进行专业应对。

风险源的关联性要求风险联动治理。公共安全风险源的关联项极多，极易产生"蝴蝶效应"，具体表现为：一是风险本身具有长期积累、瞬间爆发、连锁反应的属性，公共安全风险往往存在长期积压和持续积聚的状况，一旦有导火索则容易瞬间引爆，而风险源的广泛存在，也极易引发一系列的连锁反应，使其呈现出次生性、周期性、复合性的特征；二是公共安全风险治理活动本身具有系统性，牵一发而动全身，各个领域相互作用，政府管理活动的各个环节紧密相连，管理主体、管理对象多元，风险极易由点到面，迅速扩散；三是在社会转型期，新的社会问题层出不穷，新型风险随之而来，新旧风险相互交织，风险之间的关联性日益增强。虚拟社会的蓬勃兴起，使得政府管理活动必须面对两个舆论场、两个风险爆发平台，现实社会和虚拟社会的风险关联性日益显著，虚拟社会的风险极易引发现实社会的危机。总之，公共安全风险的触发和演变具有连锁反应和次生效应，即单个风险爆发后因自身发展或应对不当往往会引发其他关联风险爆发，引发次生性和复合性危机，导致危害的蔓延。风险之间的极强关联性要求进行风险分类来形成风险管理部门之间的联动，及时有效处理连带风险与次生风险。

在国家层面，政府管理面临的风险源主要包括自然灾害、事故灾难、重要基础设施和关键资源受损、国内犯罪和国外恐怖袭击。在我国，政府风险管理的主要对象是四类突发公共事件，即自然灾害、事故灾难、公共卫生事件和社会安全事件。在美国，政府风险管理的重点是国土安全风险管理，主要风险源是18类重要基础设施和关键资源受损。在加拿大，国家所面临的全部危险源被分为蓄意性危险和非蓄意性危险两类，蓄意性危险包括恐怖主义行为、极端行为、个人犯罪行为及有组织犯罪行为等国内犯罪和外国赞助的恐怖主义、间谍活动以及战争等国外行为，非蓄意性危险包括社会事件、技术事件、突发事件、健康危险、新型现象和技术危险、自然危险等风险类别。在澳大利亚，国家风险涉及国家机构内外两方面共17个风险领域。在德国，国家风险被分为自然灾害、技术故障/人为错误、基础设施受损和恐怖主义四类。在英国，国家风险被分为自然事件、主要事故和恶意袭击三大类：一是自然事件类，包括恶劣天气、恶劣空间环境、洪涝、火山灾害、火灾（野火导致）、人类疾病以及动物疾病；二是主要事故类，包括主要工业事故、主要交通事故、中断的工业行动以及公众骚乱；三是恶意袭击类，包括袭击密集地区、袭击重要基础设施、袭击交通系统、非常规袭击以及袭击网络。

（二）风险规律

公共安全风险规律是指公共安全风险产生、演变、发展、升级、兑现等一系列活动中的特征、机理、规律。总体而言，公共安全风险规律突出表现为以下方面：

第一，风险范畴无边界，亟待全面落实风险防范。传统上的公共安全保卫工作有"围墙"边界，但当前各类常见的公共安全风险逐步呈现出无边界的特征，既有各类安全管辖物理范围扩大化（例如传统的学校安全是指在学校的围墙范围内保护师生的人身和财产安全、维护学校教学管理正常秩序，而在当前学校安全的新形势下，学校管辖的物理范围超越了学校围墙的界限，即无论学校内外，课堂或课外，所有涉及学校教师或学生的突发事件都属于学校危机的范畴），也有各类安全管理事务扩大化（例如当前学校安全管理事务不仅仅是学生的教学教育，而且已拓展至从入校到毕业全过程中学生的学习、安全、健康成长和快乐成才等一系列事务）。

第二，危机爆发有规律性，需提升风险预警能力。公共安全风险兑现为危机爆发，因季节、地域、管理事务等因素具有类似性，呈现出一定的规律性。危机爆发的规律性特征，既有时间、地理环境等自然因素的客观影响，也有主观模仿的作用。常有因新闻报道或者小说电影中的描述而导致的一连串同类危机事件的爆发。模仿效应具有负面性，即人为危机事件经新闻报道后可能产生负面示范作用，例如维特自杀效应、"模仿犯罪"效应等。模仿效应也具有国际化，即国外一些人为危机事件经报道和传播后，也可能在国内出现模仿者，导致国内同类危机事件的发生。

第三，风险演变具有连锁反应特点，要求应急处置科学决策。风险演变的连锁反应，是指公共安全风险自身发展或应对不当引起风险的蔓延和危害的扩大，即单一风险兑现或危机爆发往往引发连带性、次生性、复合性的危机或灾难。一方面，公共安全事件本身的发展可能引发连锁反应，如工厂周边突发安全生产事件时，会在物理范围内产生自然扩散，可能危及周边社区、街道、基础设施等；另一方面，突发事件应对不当可能引发连锁反应，如处置不及时或应对不科学，容易导致事件升级和危害扩大。

第四，风险责任界限具有模糊化特征，需构建安全绩效考评机制。传统视角的安全保卫工作只需对法定职责范围内的管辖事务负责，但当前公共安全责任界限呈现模糊化的特征，一切涉及人民群众生命安全、影响安全稳定的公共安全风险事件都可能使相关主体承担直接或间接的责任，尤其是跨区域、跨部门、跨单位的公共安全事件，其安全责任界限存在模糊化、难界定等特征，例如，学校安全风险治理中，校方、家长与其他基层政府、公安、消防、交警、应急、卫生等职能部门有共同维护学校及周边的治安、交通、卫生等领域的安全稳定的职责。

第五，管理对象呈开放性特点，要求风险治理实施全面保障。传统的公共安全是在相对封闭的环境和既定的框架下开展安全保卫工作，但当前社会各行业、各领域、各单位、各主体存在日益频繁的人员交流、物资交换、信息沟通等活动，任何公共安全单元并非封闭的实体，公共安全管理对象呈现出开放性、多样性、不确定性等特点。例如，随着学校与外部交流的日益频繁，学校安全稳定工作的对象已从传统意义上的在校师生扩展到家长、教师亲属、周边社区居民、媒体甚至社会公众。随着社会透明度的提高，公众对公共安全相关事务的期望增高，公共安全成为舆论关注的热点词汇，表现为公众对公共安全热点事件进行深度挖掘，追踪报道。这源于社会大众的"知情权"与"免被害"的社会心态，客观上对公共安全风险治理提出兼顾"现场"和"舆论场"的双重保障要求。

（三）风险准则

风险准则，也即风险方针，是决定公共安全风险治理决策方向的"指挥棒"。风险准则的确定需要综合考虑公共安全风险治理的目标、价值观、风险偏好，需要结合主体对公共安全风险的容忍度、承受力来决定，是在有限时间和条件内作出最符合当下应急需要的选择与判断。风险准则的本质是选择和取舍，这决定了决策时哪些问题和保护的利益应最优先考虑。

确定风险准则时要考虑以下因素：风险可能发生的后果的性质、类型以及后果的度量，可能性的度量，可能性和后果的时限，风险的度量方法，风险等级的确定，利益相关者可接受的风险或可容许的风险等级，多种风险的组合的影响。

公共安全风险治理的风险准则因人而异、因时而异、因事而异，对于不同国家、不同部门、不同危机事件，决策准则可能不一。一般而言，危机决策准则包括四对关系的选择：（1）生命第一还是财产第一；（2）公共利益（普通公众利益）还是个体利益（局部精英）；（3）短期止损（损失最小化）还是长期受益（效益最大化）；（4）经济利益为先还是社会效益为先。

根据国际标准化组织制定的国际标准 ISO31000《风险管理指南》2018 年版，为有效管理风险，组织在实施风险治理时，可遵循下列原则：

（1）控制损失，创造价值：以控制损失、创造价值为目标的风险治理，有助于组织实现目标，取得具体可见的成绩，改善各方面的业绩，包括人员健康和安全、合规经营、信用程度、社会认可、环境保护、财务绩效、产品质量、运营效率和公司治理等方面。（2）融入组织管理过程：风险治理不是独立于组织主要活动和各项管理过程的单独的活动，而是组织管理过程不可缺少的重要组成部分。（3）支持决策过程：组织的所有决策都应考虑风险和风险治理。

风险治理旨在将风险控制在组织可接受的范围内，有助于判断风险应对是否充分、有效，有助于决定行动优先顺序并选择可行的行动方案，从而帮助决策者作出合理的决策。（4）应用系统的、结构化的方法：系统的、结构化的方法有助于风险治理效率的提升，并产生一致、可比、可靠的结果。（5）以信息为基础：风险治理过程要以有效的信息为基础。这些信息可通过经验、反馈、观察、预测和专家判断等多种渠道获取，但使用时要考虑数据、模型和专家意见的局限性。（6）环境依赖：风险治理取决于组织所处的内部和外部环境以及组织所承担的风险。需要特别指出的是，风险治理受人文因素的影响。（7）广泛参与、充分沟通：组织的利益相关者之间的沟通，尤其是决策者在风险治理中适当、及时的参与，有助于保证风险治理的针对性和有效性；利益相关者的广泛参与有助于其观点在风险治理过程中得到体现，其利益诉求在决定组织的风险偏好时得到充分考虑；利益相关者的广泛参与要建立在对其权利和责任明确认可的基础上；利益相关者之间需要进行持续、双向和及时的沟通，尤其是在重大风险事件和风险治理有效性等方面需要及时沟通。（8）持续改进：风险治理是适应环境变化的动态过程，其各步骤之间形成一个信息反馈的闭环。随着内部和外部事件的发生、组织环境和知识的改变以及监督和检查的执行，有些风险可能会发生变化，一些新的风险可能会出现，另一些风险则可能消失。因此，组织应持续不断地对各种变化保持敏感并作出恰当反应。组织通过绩效测量、检查和调整等手段，使风险治理得到持续改进。

（四）风险容忍度

风险容忍度是指各主体对风险的接受程度，是主体愿意承担、可以容忍的风险数量和类型。风险容忍度的识别，主要针对不能容忍风险，进行排查并评估其状况。例如，一般而言，社会的风险容忍度主要包括：（1）法律法规的禁止；（2）普遍的民意厌恶；（3）民族习惯、村规乡约的禁忌等。

风险容忍度，在很大程度上决定了风险识别、风险分析、风险定级、风险预防等一系列风险治理措施的针对性、执行力和效果。风险容忍度的确定和改变受到文化、社会、政治、法律、技术、经济、自然环境等外部环境以及主体的目标、资源、实际风险管理能力等内部环境的影响。一旦环境发生变化，主体的风险容忍度也将随之变化，而风险管理的识别、分析、评价和应对等的标准及策略也将发生变化。因此，不同层级的政府部门，需要通过风险分级来承担相应的风险容忍度，并快速上交其不能处置的风险，确保整体的风险管理成效。

风险容忍度是公共安全风险定级的重要控制点。风险的社会容忍度理论表明，社会容忍度的研判由公信力与社会风险文化两方面因素交互影响而成，如图1-4所示。根据公信力的高低和社会风险文化的强弱两大量化指标，可将社会容忍度定为三个级别：第一个级别是高社会容忍度，在高公信力与强风险文化的社会中，社会容忍度的水平较高；第二个级别是中社会容忍度，在公信力不高但风险文化强的社会，或在风险文化较弱但公信力高的社会，社会容忍度的水平适中；第三个级别是低社会容忍度，在公信力低且风险文化弱的社会中，社会容忍度呈低水平。风险的社会容忍度理论给出了公共安全风险治理的责任管理指南，政府需采取相应措施，提升公信力与增强风险文化并举。

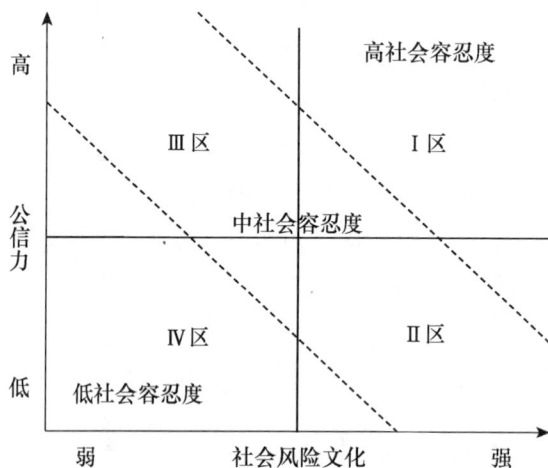

图1-4 风险的社会容忍度理论

资料来源：唐钧. 政府风险管理. 北京：中国人民大学出版社，2015.

在现代风险管理视角下，公共安全风险治理中的社会容忍度设定，是人性化的容忍度。无论是危机态下的应急管理还是正常态下的社会治理，风险容忍度都需要考量三个层面的风险：一是个体层面的生命财产损失与心理伤害，二是社会层面的恐慌，三是政府层面的公信力危机。人性化阶段的政府风险分级所遵循的容忍度，应从个体、社会、政府三个层面与主体的角度进行设定，同时包含三个层面的风险，任何一个层面的重大风险均不可容忍，如图1-5所示。

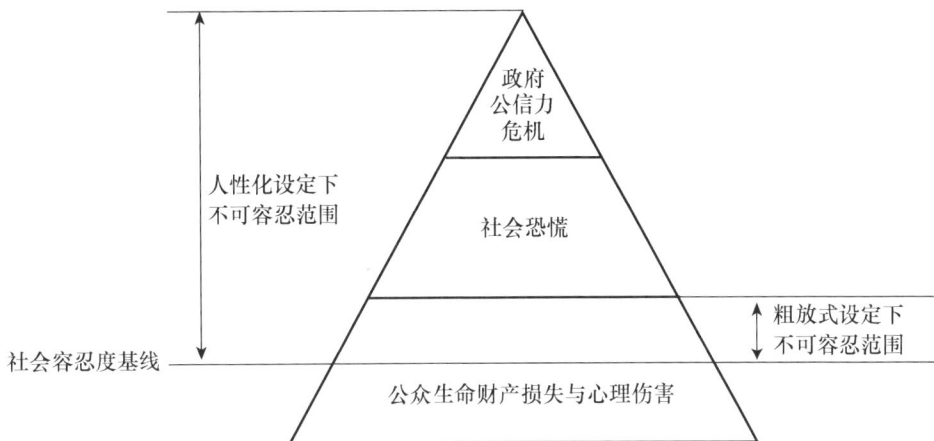

图 1－5　公共安全风险治理的社会容忍度设定

资料来源：唐钧. 政府风险管理. 北京：中国人民大学出版社，2015.

（五）风险承受力

风险承受力是指主体对于风险的承受能力。公共安全风险治理的最终目标，在于提升主体的风险"承受力"，也即对于突发事件、安全风险、公共危机的承受能力，具体包括防范力、应急力、公关力、恢复力、承受力的综合状况，在实际操作中，可以细化为具体的评估项，如表 1－4 所示。

表 1－4　风险承受力的具体研判项

类别	描述	主要评估和提升项
防范力	排查化解事故隐患，评估并整改风险的能力	（1）风险识别和隐患排查， （2）风险评估和高危定级， （3）风险整改和隐患治理等。
应急力	应急响应和处突救援的能力以及相应的社会配合状况	（1）官方应急能力（"一案三制"、应急处突、紧急救援、综治维稳等）， （2）社会应急能力（社会力量、民众在公共安全等方面的意识和技能）等。
公关力	以民众为中心开展公共关系，并争取民众认可、理解、满意的能力	（1）由内而外地做好群众工作， （2）由外而内地吸收"最大公约数"， （3）能够获得社会各界信任， （4）民众愿意配合社会矛盾调解等。

续表

类别	描述	主要评估和提升项
恢复力	灾后迅速恢复至灾前状态的能力	(1) 社会秩序的恢复, (2) 基础设施的恢复, (3) 群众生产生活的恢复, (4) 灾区发展的恢复等。
承受力	对综合社会风险的承受能力	上述四个评估项的综合 承担社会责任的能力

资料来源:唐钧. 社会稳定风险评估与管理. 北京:北京大学出版社,2015;郭济. 中央和大城市政府应急机制建设. 北京:中国人民大学出版社,2005.

风险承受力即受灾主体耐受灾害的"韧性"。"韧性"[①] 是指个体、系统、社区、城市、国家或社会等主体能够承受公共危机造成的损害并从其影响中迅速恢复的能力,公共安全风险治理旨在提升相关主体的韧性,使主体能更好地承受住公共危机带来的破坏性后果和毁灭性损害并得以迅速恢复,提高相关系统的迅速恢复到正常状态并维持常态运转的能力,进而从整体层面提升从灾害中恢复并提升抵御未来更严重灾害的能力。联合国人居署的"城市韧性概述方案"提出在防灾管理的框架下提升城市层面的韧性,具体包括:(1) 通过公民团体和社会组织的参与以促进民众了解风险;(2) 支持和保障个体、社区、企业和公共部门的防灾投资;(3) 将灾害风险评估作为城市发展规划和决策的基础;(4) 投资维护减少风险的关键基础设施;(5) 开展教育和卫生设施的安全评估与整改;(6) 建筑建设规范和土地使用规划应符合防灾减灾原则;(7) 落实学校和社区的防灾减灾教育培训;(8) 保护生态系统和自然缓冲区;(9) 强化城市风险预警系统建设,提升应急管理能力和公众防灾能力;(10) 灾后重建以幸存者的需求为中心。

(六)风险所有权

风险所有权是指主体的风险责任归属,是风险治理中各相关部门、单位、人员应尽的职责。从风险所有权的角度来说,公共安全风险治理的相关组织和单位应强化责任管理,保证风险治理各项措施和工作的责任认定和所有权明晰,

---

[①] "韧性"最早用于生态学领域,20世纪90年代有学者将其拓展至工程学、社会学与经济学等领域,其内涵不断得到丰富。21世纪以来"韧性"在公共危机管理中的应用不断扩展。2005年国际减灾会议确认了"韧性"在防灾减灾工作中的重要性,并提出"灾害响应"的理念。"韧性"作为一个核心概念,已经被应用到城市环境、乡村环境、气候变化、可持续发展等多个领域。

从而确保有效执行。

明确风险所有权是公共安全风险治理的前提。全球的实践表明，需克服两大误区：一是"所有权越位"，往往表现为政府部门过多、过度承担了责任，不仅易出现安全失误，还易导致群众问责；二是"所有权缺位"，针对新生风险与风险新变化，由于决策、部署等的失误，政府部门未能尽职尽责，易受到群众指责与舆论批评。

对此，公共安全风险所有权明确到位是风险控制的重要基石。例如，欧美"邻里守望"（neighborhood watch）将社区的居民联合起来、互相帮助，共同预防犯罪，改进当地治安状况，形成居民主动参与、与执法者积极合作的安全社区模式。通过"邻里守望"，社区安全风险所有人各自负责、全员参与，落实社区安全风险防控责任。

公共安全风险治理可分为内部和外部两方面：一是内部风险控制，以相关部门自身履行其风险所有权为基础，旨在实现减少内部操作失误、实现责任事故最小化；二是外部风险共治，以相关部门和社会公众共同履行风险所有权为基础，旨在减少外部配合失误、实现负面影响最小化。

第二章
公共安全风险识别

第一节　公共安全风险识别的机理和要务

一、公共安全风险识别的基本原理

公共安全风险识别，是指采用适当的方法和工具，通过识别可能影响公共事务管理组织目标的风险源、影响范围、事件及其原因和潜在的后果等，最终生成公共安全风险清单，全面、系统和准确地描述公共事务活动中风险的状况。

进行公共安全风险识别时需要掌握相关的和最新的信息，特别是法律法规的变化情况、近期发生的风险事件案例以及利益相关者的信息。公共事务管理组织或人员应当选择适合于其目标、能力及其所处环境的风险识别工具和技术。

（一）公共安全风险识别的范围

公共安全风险识别，需要考虑但不限于以下方面：

（1）公共安全相关的管理对象。公共安全的管理对象状况或行为的不确定性，会对公共事务管理组织的目标产生影响，可能引发公共安全风险。

（2）公共安全相关的管理流程。在履行公共安全的管理职责或提供公共服务的过程中，由于存在法定依据不足、制度缺陷、程序不合理、执行不力等管理流程中的风险因素，可能引发公共安全风险。

（3）公共安全相关的管理人员。由于从事公共安全的人员在道德品质、职业素养、履职能力等方面存在风险因素，可能引发公共安全风险。

需要注意的是，不同领域间的风险不是孤立的，各类风险之间通常相互联系、相互影响，需要关注风险之间的这种关联性。

（二）公共安全风险识别的框架建构

为保证公共安全风险识别的全面性、准确性和系统性，可构建符合自身需求的风险识别框架。公共安全风险识别框架提供了一些便于识别风险的角度，包括但不限于以下方面：

（1）根据法律法规识别，即通过对与公共安全相关的法律法规、部门规章等约束机制进行梳理，发现可能存在的风险。出台重大事项必须严格依法，审查事项是否符合法律法规和政策要求，是否履行了相关的法定程序，是否遵循了公开、公平、公正的原则，等等。

（2）根据管理目标识别，即通过对与公共安全相关的管理目标进行分析，发现可能影响各类目标实现的风险因素。

（3）根据以往发生的案例识别，即通过对国内外发生的与公共安全相关的案例进行梳理，发现可能存在的风险。

（4）根据利益相关者识别，即通过对利益相关者（如政府、社区、行业、企业、公众、新闻媒体等）进行梳理，考察利益相关者的目标、利益诉求与监督实施机制，发现与每一利益相关者相关的公共安全风险。考虑是否兼顾了现实利益和长远利益，是否为绝大多数利益相关者接受和支持。

（5）根据外界关注热点识别，即通过对近期与公共安全相关的舆论报道和利益相关者的态度意向进行分析，判断是否有引发影响安全隐患或社会稳定的事件等，发现可能存在的风险。

（6）根据组织机构设置识别，即通过对公共事务管理组织各职能部门/岗位的业务管理范围和工作职责进行梳理，发现可能产生风险的组织层级及岗位，以识别出风险。

（7）根据工作流程分析，即通过对全过程中各个流程进行公共安全分析，发现和识别公共安全各个阶段存在的风险及其起因和影响。

（8）根据环境识别，即通过对相关的政治、经济、文化、社会等环境及其变化情况进行分析，判断其是否符合经济社会发展的总体水平，是否符合生态环境可持续发展的要求，发现可能存在的风险。

根据现实需要，选择以上不同的角度或不同角度的组合，构建风险识别框架。

（三）公共安全风险的识别方法

根据构建的风险识别框架，可参考《风险管理 风险评估技术》（GB/T 27921—2011）中的相关方法，查找和识别公共安全风险，包括但不限于：

（1）安全检查表法：将可能面临的潜在公共安全风险列于一个表上，供风险识别人员进行检查核对，用来判别目前是否存在表中所列的类似的风险。

（2）案例分析法：对给定的案例材料进行分析，掌握风险事件发展规律和关键控制点，并应用于本部门、本事务的风险识别。

（3）问卷调查法：依据公共安全的目标，确定相应的风险因素，按照类别形成表格向内部外部相关人员发放，获得有关风险的重要信息。

（4）头脑风暴法：邀请利益相关者和专家代表，营造自由的讨论环境，使与会者畅所欲言，充分交流对相关风险的看法，将其作为进一步分析的基础。

（5）德尔菲法：根据调查得到的情况，凭借专家的知识和经验，直接或经过简单推算，对与公共安全相关的问题进行综合分析研究，寻求其特性和发展规律，并进行预测。

（6）标杆分析法：关注并跟踪外部环境，将与公共安全相关的各项活动和具有良好绩效的其他组织、活动或相关法律法规及监管制度等进行对比、分析，识别出潜在风险。

（7）情景分析法：对与公共安全相关的环境及未来可能出现的情景及其风险状况进行推断、预测，识别出潜在风险。

（8）故障树法：从要分析的特定风险事件或问题开始层层分析其发生的原因，将风险事件形象、直观地反映出来。

（四）公共安全风险清单的绘制

对查找出的公共安全风险事件进行归类并进行适当描述，必要时对每个风险设置相应的代码和名称。然后，将这些风险事件统一列表，列示每一风险发生的概率、可能发生的时间、可能产生的后果、涉及部门/岗位及责任人员、涉及的利益相关方、适用管理依据等信息，形成风险清单。表2-1为公共安全风险清单的示例；考虑到内外环境的不断变化，有必要对风险清单进行定期更新和持续升级。

表 2-1　公共安全风险清单

风险代码	风险名称	发生的概率	可能发生的时间	可能产生的后果	涉及部门和责任人	涉及利益相关方	适用管理依据

二、公共安全风险的分类识别

（一）公共安全的风险分类

公共安全风险的数量大、类型多。根据不同的标准，可对公共安全进行不同的分类，从而实现精细化的公共安全风险管理，提升风险管理实际操作的可行性和科学性。

根据《突发事件应对法》等，按照发生过程、性质和机理，突发事件主要分为自然灾害、事故灾难、公共卫生事件、社会安全事件等四类。基于此，公共安全风险可分为自然灾害风险、事故灾难风险、公共卫生风险、社会安全风险等四类。

1. 自然灾害风险

自然灾害风险是指由自然异常变化造成人员死伤、财产损失、社会失序、资源被破坏等一系列后果的突发事件风险。我国是全球自然灾害最严重的国家之一，灾害种类多、发生频率高、灾变强度大、影响范围广。自然灾害风险主要包括水旱灾害、气象灾害、地震灾害、地质灾害、海洋灾害、生物灾害和森林草原火灾等风险，具有三个特征：

第一，不可抗力。自然灾害在本质上属于自然现象，灾害爆发不以人的意志为转移；对此人类能动性的作用有限，通常难以消除或规避灾害，只能在一定范围内减少灾害损失。

第二，破坏程度大。自然灾害的强破坏性主要表现为人财损失，通常情况下，经济欠发达的国家或地区的人员伤亡程度相对更高，经济发达的国家或地区的财产损失程度相对更高。

第三，恢复难度大。自然灾害易对人类造成不可逆转的毁灭性破坏，灾后工农业基础设施、生产生活环境等的恢复重建工作面临涉及面广、制约因素多、资源需求量大、时效性要求高等困难。

2. 事故灾难风险

事故灾难风险是指，在人类生产生活过程中发生的，直接由人类活动引发，并且造成人员伤亡、经济损失或环境污染的突发事件风险。我国常发的事故灾难风险主要包括工矿商贸等企业的各类安全事故、火灾事故、交通运输事故、公共设施和设备事故、环境污染和生态破坏事件等风险，一般呈现出三个特征：

第一，事故灾难的环境较复杂。事故灾害多发于生活生产区域，诱发衍生灾害的因素多，人员大量集聚、危险品存放不当、生产与生活区界限不明等均可能导致事故灾难并引发衍生事故和连锁反应。

第二，事故灾难的救助难度较大。事故灾难的现场往往面临人员密集、伤员多、伤情重、救援设施设备简陋、疏散空间有限等困难，救援难度大。

第三，事故灾难的救助专业性要求高。事故灾难往往对救助提出多学科、多领域的专业要求，救助人员需要具备专业知识、技能、设备；事故灾难现场的客观障碍对专业设备正常发挥功能和救助人员熟练操作专业设备提出了更高的要求。

3. 公共卫生风险

公共卫生风险是指，突然发生、造成或者可能造成社会公众身心健康严重损害的突发事件的风险。我国常见的公共卫生风险主要包括传染病疫情、群体性不明原因疾病、食品安全和职业危害、动物疫情以及其他严重影响公众健康和生命安全的事件等风险，呈现出以下四个特征：

第一，诱因复杂。公共卫生事件诱因复杂，人类改变生活习惯和生产方式、探索性干预自然等活动或行为均有可能引发公共卫生事件。

第二，影响面广。公共卫生事件逐渐呈现区域性乃至全球性蔓延的趋势，流行性疾病传播或有毒有害食品扩散，易从一地一国向多地多国蔓延。

第三，控制难度大。公共卫生事件发生初期一般具有较强隐蔽性，其危害性易被忽视，难以有效把握遏制事态的有利时机，传染性疾病具有辐射性暴发和几何性扩散的特点，食品卫生事故具有集中性爆发和群体性危害的特点。

第四，应对专业性强。公共卫生事件应对需采取划定控制区域、有效控制疫情、病人接诊收治转运、现场控制和隔离防护、应急疫苗接种和预防服药、流动人口管理、交通卫生检疫等公益系列工作，并要采取边调查、边处理、边抢救、边核实的方式，需要专业措施以控制事态发展。

4. 社会安全风险

社会安全风险是指，因人为因素引起，由极端敌对分子制造或人民群众参与，有一定组织性和目的性，对社会公共秩序、群众人财安全、政府公共管理造成负面影响的突发性公共事件。社会安全风险主要包括社会治安事件、社会矛盾纠纷、极端个体事件、恐怖袭击事件、民族宗教事件、经济安全事件、涉外突发事件、群体性事件、社会恐慌致秩序失控、社会负面影响极其恶劣事件等风险，呈现出三个特征：

第一，后果严重，影响恶劣。社会公共安全事件的后果复杂恶劣，轻则导致人财损失，重则妨碍公共秩序、危害公共安全，甚至威胁到较大区域内的经济发展和社会稳定，且事发后易引发全球范围的高度关注，造成长期的恶劣影响。

第二，成因复杂，急剧暴发。社会安全事件的诱发因素较多，既有敌我矛盾直接导致的恶性事件，也有人民内部矛盾疏导不畅引发的治安类事件，还包括自然灾害、事故灾难、公共卫生事件连带产生的安全事件，还可能掺杂着民族问题、历史传统、宗教影响等复杂因素。

第三，处置不当易导致恶性衍生灾害。处置不当的社会安全事件易触发恶性衍生灾害。一方面来源于处置社会安全事件不当导致的社会矛盾升级和事件性质转变，另一方面来源于处置应急事件时可能触发的其他诱发因素并引发的其他安全事件。

公共安全风险识别，在实际操作中，除了上述四类风险的分类识别外，还会根据各相关部门的评估对象、要求以及特定时间、空间特点来确定。例如：城市安全风险评估范围应含盖城市工业企业风险、城市人员密集场所风险、城市公共设施风险和其他城市风险，详细分类如表 2-2 所示。

表 2-2　城市安全风险的分类标准

分类	详细分类示例
城市工业企业风险	包括各类具有有毒有害、易燃易爆的物质和能量，易发生火灾爆炸等事故的工业企业。主要涵盖重大风险源企业，危险化学品生产企业，危险化学品经营企业，使用、储存危险化学品达到一定数量的工矿商贸企业，危险化学品运输企业，民爆企业和烟花爆竹仓库，涉氨、涉氯企业，LPG、LNG 加气站/储配站，加油站，港口码头/铁路货运站/机场货运危化品堆场，粉尘涉爆企业，锂离子电池生产、加工及储存企业，电镀企业，气瓶充装企业，新能源充电设施，再生资源回收站，汽车/铁路/船舶/航空航天和其他运输设备制造及维修企业，钢铁冶金有色企业，建筑施工企业，劳动密集型企业，矿山，等等。
城市人员密集场所风险	包括人群高度集中、流动性大，易发生群死群伤事故的场所及大型活动。人群密集场所主要涵盖城中村，超高层建筑，大型商场（含地下商城）、专业市场、城市综合体，宾馆、酒店、饭店，地铁枢纽站、客运车站、口岸、客运码头、民用机场，学校及托幼机构，福利院、养老机构及救助站，人流量大的医院，公共娱乐场所、图书馆、体育场馆、博物馆、旅游景区（景点）、宗教场所。大型群众性集会活动主要涵盖体育赛事、户外运动、文艺演出、演唱会、游园、灯会、庙会、花会、焰火晚会等。

续表

分类	详细分类示例
城市公共设施风险	包括影响城市正常生产生活的各类重要设备及城市生命线工程设施。主要涵盖城市轨道交通设施（地铁、轻轨列车）、公路交通（客运班车、旅游包车、重型货车和汽车、建设施工单位散装物料车、校车、教练车等重点交通运输设备设施）、水上交通（商船、游船、渡船、渔业船舶）、水利工程、电力工程、隧道桥梁（含高架桥、立交桥）、管线管廊（燃气、石油、天然气、水、电等）、老旧电梯及大型游乐设施、玻璃幕墙、户外广告牌、危险边坡（余泥渣土受纳场、垃圾填埋场和焚烧站等重点设备设施）。
其他城市风险	不属于以上三类的城市风险，如可能造成坍塌、滑坡等因自然灾害因素引发的各类地质灾害部位。主要涵盖易受台风、暴雨影响而引发事故的设备设施和重点地质灾害点，城市低洼区，暗渠化河道，河道上盖建筑，老旧建筑（含历史违法建筑），交通事故易发多发路段以及易发生滑坡、泥石流、塌陷、沉降、地裂缝等地质灾害和内涝灾害等重点区域和部位等。

资料来源：河南省《城市安全生产风险评估规范》DB 41/T 1940—2020。

（二）自然灾害风险识别

自然灾害的风险识别，往往涉及自然灾害的致灾因子、承灾体、孕灾环境等一系列因素。现以我国第一次全国自然灾害综合风险普查为例，说明自然灾害风险识别的主要内容。我国第一次全国自然灾害综合风险普查的内容包括：地震灾害、地质灾害、气象灾害、水旱灾害、海洋灾害、森林和草原火灾等。普查内容包括主要自然灾害致灾调查与评估，人口、房屋、基础设施、公共服务系统、三次产业、资源和环境等承灾体调查与评估，历史灾害调查与评估，综合减灾资源（能力）调查与评估，重点隐患排查，主要灾害风险评估与区划以及灾害综合风险评估与区划，具体如下：

1. 主要自然灾害致灾调查与评估

（1）开展地震灾害致灾调查与评估。开展断层活动性鉴定、1∶50 000 活动断层填图、隐伏区活动断层探测、重点地震带区域三维地震构造精细探测等工作，获得主要活动断层的空间展布和活动性定量参数，评定活动断层的发震能力，编制 1∶50 000 活动断层分布图。获得地震工程地质条件及其场地类别基本参数，评定不同地震动参数的场地影响，编制场地类别分区图；编制完成 1∶50 000 地震危险性图。

（2）开展地质灾害致灾调查与评估。开展地质灾害遥感普查，中高易发区

1∶50 000、1∶10 000 及更大比例尺的地质灾害调查和精细化的调（勘）查工作，获得地质灾害点空间分布、基本灾害特征信息、稳定性现状、孕灾地质背景条件属性等信息，建立地质灾害数据库。编制 1∶50 000 地质灾害危险性评价图系。

（3）开展气象灾害致灾调查与评估。开展气象灾害的特征调查和致灾孕灾要素分析，针对主要气象灾害引发的人口死亡、农作物受灾、直接经济损失、房屋倒塌、基础设施破坏等影响，全面获取主要气象灾害的致灾因子信息、孕灾环境信息和特定承灾体致灾阈值，评估主要气象灾害的致灾因子危险性等级，建立主要气象灾害危险性数据库，编制 1∶50 000 主要气象灾害危险性区划等专业图件。

（4）开展水旱灾害致灾调查与评估。进行暴雨洪水特征调查、暴雨洪水致灾孕灾要素分析，完成暴雨洪水易发区调查分析、水文（位）站特征值计算复核、流域产汇流查算图表；完成水文站网功能评价、统一水文测站高程基准；开展暴雨、洪水频率分析，更新暴雨频率图，编制中小流域洪水频率图。收集整理旱情资料，历次旱灾资料，蓄、引、提、调等抗旱水源工程能力资料，监测、预警、预报、预案、服务保障等非工程措施能力等相关基础资料，建立干旱灾害危险性调查数据库。

（5）开展森林火灾致灾调查与评估。开展森林可燃物调查、野外火源调查和气象条件调查（2000 年以来），建设森林火灾危险性调查与评估数据库，综合森林可燃物、燃烧性因子、立地类型、野外火源以及气象条件等情况，结合已有资源数据、调查数据、多源遥感数据，进行森林火灾危险性综合研判与分析，开展森林火灾危险性评估，编制 1∶50 000 的森林火灾危险性分级分布图。

2. 承灾体调查与评估

统筹利用各类承灾体已有基础数据，开展承灾体单体信息和区域性特征调查，重点对区域经济社会重要统计数据、人口数据，以及房屋、基础设施（交通运输设施、通信设施、能源设施、市政设施、水利设施）、公共服务系统、三次产业、资源和环境等重要承灾体的空间位置信息和灾害属性信息进行调查。

（1）人口与经济调查。充分利用最新人口普查、农业普查、经济普查等各类资料，以乡镇为单元获取人口统计数据，结合房屋建筑调查开展人口空间分布信息调查；以乡镇为单元获取区域经济社会统计数据，主要包括三次产业地区生产总值、固定资产投资、农作物种植业面积和产量等。

（2）房屋建筑调查。内业提取城镇和农村住宅、非住宅房屋建筑单体轮廓，掌握房屋建筑的地理位置、占地面积信息；在房屋建筑单体轮廓底图基础上，外业实地调查并使用 APP 终端录入单栋房屋建筑的建筑面积、结构、建筑年代、用途、层数、使用状况、设防水平等信息。

（3）基础设施调查。针对交通、通信、能源、市政、水利等重要基础设施，共享整合各类基础设施分布和部分属性数据库，通过外业补充性调查设施的空间分布和属性数据。设施基础和灾害属性信息主要包括设施类型、数量、价值、服务能力和设防水平等内容。

（4）公共服务系统调查。针对教育、卫生、社会福利等重点公共服务系统，结合房屋建筑调查，详查学校、医院和福利院的人口、服务能力、设防水平等信息。

（5）三次产业要素调查。共享利用农业普查、经济普查、地理国情普查等相关成果，掌握主要农作物、设施农业等的地理分布、产量等信息，第二产业规模以上企业、危化品企业、非煤矿山生产企业空间位置和设防水平等信息，第三产业中大型城市综合体、大型商场和超市等对象的空间位置、人员流动、服务能力等信息。

（6）资源与环境要素调查。共享第三次国土调查根据《土地利用现状分类》（GB/T21010—2017）形成的土地利用现状分布资料，共享最新森林、草地、湿地等资源清查、调查等形成的地理信息系统信息成果。开展 3A 级以上等级旅游景区的位置、等级、设计日游客接待量等信息的整理、核查和补充调查。

3. 历史灾害调查与评估

全面调查、整理、汇总 1978 年以来年度自然灾害、历史自然灾害事件以及 1949 年以来重大自然灾害事件，建立要素完整、内容翔实、数据规范的长时间序列历史灾害数据集。

（1）年度历史灾害调查。调查 1978—2020 年年度地震发生水平、气象要素、水文要素、灾害发生频次、人员受灾、农业受灾、森林和草地受灾、房屋倒损、基础设施损毁、因灾直接经济损失、应对工作情况等。

（2）历史灾害事件调查。调查 1978—2020 年灾害事件的发生时间、灾害影响范围、致灾因子、人员受灾、农业受灾、森林和草地受灾、房屋倒损、基础设施损毁、因灾直接经济损失、应对工作情况等。

（3）重大灾害事件灾情专项调查。调查 1949—2020 年重大灾害事件的发生时间、灾害影响范围、致灾因子、人员受灾、农业受灾、房屋倒损、工业损失、基础设施损毁、因灾直接经济损失情况以及预防准备工作、监测预警工作、处置救援工作、恢复重建工作情况等。

4. 综合减灾资源（能力）调查与评估

在县域范围内全面调查与评估政府、社会力量和企业、基层在减灾备灾、应急救援、转移安置和恢复重建过程中各种资源或能力的现状水平。

（1）政府综合减灾资源（能力）调查。主要调查县级用于防灾减灾救灾的灾害管理队伍、各类专业救援救助队伍和灾害信息员队伍等人力资源，救灾物资储备基地、灾害避难场所、灾害监测预警系统与装备、生命线应急保障系统等物资资源，日常防灾投入、灾害储备资金等财力资源，以及灾害防治工程的工程防灾能力。

（2）社会力量和企业参与资源（能力）调查。主要调查各类社会力量应急救援队伍，涉灾的其他各类社会团体、民办非企业组织、基金会、志愿者组织、社工组织等社会力量，以及大型物流公司、大型救灾装备生产制造企业、大型工程建设企业和保险与再保险等企业参与减灾备灾、应急救援、转移安置、救助和恢复重建的资源（能力）。

（3）基层综合减灾资源（能力）调查。主要调查乡镇和行政村（社区）救援队伍资源、应急救灾装备和物资储备情况、应急预案、应急处置方案建设情况、风险隐患掌握情况、预警信息获知能力、信息报送能力、防灾减灾救灾和应急救援技能知识宣传普及情况等内容，以及家庭居民的风险和灾害识别能力、自救和互救能力等。

（4）综合减灾资源（能力）评估与制图。主要开展县级行政单位综合减灾资源（能力）评估，社会力量和企业参与资源（能力）评估，乡镇和抽样行政村（社区）与家庭三个层面的基层综合减灾资源（能力）评估，编制综合减灾资源分布图与综合减灾能力图，建立综合减灾资源（能力）数据库。

5. 重点隐患排查

开展地震灾害、地质灾害、洪水灾害、森林火灾等灾种的致灾孕灾重点隐患排查；开展自然灾害次生危化事故重点隐患排查、自然灾害次生非煤矿山安全生产事故重点隐患排查等，形成隐患清单；综合隐患排查要素，形成重点隐患清单，分类分级排查。

（1）地震灾害。重点排查可能引发重大人员伤亡、严重次生灾害或阻碍社会运行的承灾体，按照可能造成的影响（损失）水平建立地震灾害隐患分级标准，确定主要承灾体的隐患等级。

（2）地质灾害。基于致灾孕灾普查成果，分析地质灾害点的类型、规模和影响范围，确定承灾体隐患等级。重点开展河边、水库边、沟边、溪边、山边的村屯及高切坡建房户等地质灾害隐患排查。

（3）洪水灾害。重点排查主要河流堤防、重点中小型水库工程、重点蓄滞洪区的现状防洪能力、防洪工程达标情况、安全运行状态，排查中小流域山丘区重点村屯山洪灾害重点隐患。

（4）森林火灾。围绕林区范围内的居民地、风景名胜区、工矿企业、垃圾堆放点等重要设施周边，公墓、坟场、烟花燃放点，在建工程施工现场等重点部位，针对森林杂乱物、按规定未及时清除的林下可燃物、违规用火、违规建设、重要火源点离林区的距离等情况开展隐患排查。

（5）自然灾害次生事故隐患排查。次生危化事故，围绕地震、雷电、洪水、泥石流等灾害，排查"自然灾害–生产事故灾害"链隐患对象和影响范围。次生非煤矿山生产安全事故，核查非煤矿山的抗震设防标准、洪水设防标准等主要灾害设防标准要求执行情况，针对非煤矿山开展设防不达标或病险隐患排查。汇总排查数据，形成自然灾害–危化品、自然灾害–非煤矿山等生产安全重点隐患清单，建设数据库，编制隐患分布图。

（6）重点隐患分区分类分级综合排查。汇总隐患单项排查数据，根据隐患类型，开展隐患类型组合特征分析。构建多灾种多承灾体重点隐患综合评价指标体系，根据定量、半定量定性指标的特点，基于指标权重专家打分及层次分析等方法，对不同指标的综合权重进行赋值，对重点隐患分类分级综合评判。

6. 主要灾害风险评估与区划

（1）地震灾害。建立分区分类的建筑结构、生命线工程（公路）及生命地震易损性数据库，评估地震灾害工程结构直接经济损失与人员伤亡风险，给出不同时间尺度地震灾害风险概率评估和确定性评估结果。编制不同时间尺度、不同概率水平、不同范围的概率性和确定性地震灾害风险区划图，编制地震灾害防治系列区划图。

（2）地质灾害。针对崩塌、滑坡、泥石流等灾害，开展中、高易发区地质灾害风险评价，判定风险区划级别，编制地质灾害风险区划图件，根据地质灾害类型规模、稳定性程度、灾害风险等级等因素，编制地质灾害防治区划方案。

(3) 气象灾害。针对干旱、暴雨、高温、低温冷冻、风雹、雪灾和雷电灾害，评估气象灾害人口、经济产值、居民建筑、基础设施等主要承灾体的脆弱性，评估不同重现期危险性水平下各类承灾体遭受主要气象灾害的风险水平，编制各类气象灾害的风险区划方案。

(4) 水旱灾害。针对重点防洪区和山丘区小流域，评估不同重现期洪水淹没范围内人口、GDP、耕地、资产、道路等基础设施暴露情况和直接经济损失风险。编制不同尺度流域、行政区的洪水风险区划方案。编制主要河流防洪区、山洪灾害威胁区和局地洪水威胁区的宏观洪水灾害防治区划方案。分析干旱频率和旱灾损失，绘制旱灾危险性分布图和风险图。建立三级旱灾分区体系，编制旱灾风险区划方案。评估抗旱减灾能力，编制干旱灾害防治区划方案。

(5) 森林火灾。建立森林火灾风险评估方法体系和标准，评估森林火灾影响人口、直接经济损失、自然资源与环境损失的风险。建立森林火险区划指标体系，编制森林火险区划方案。融合承灾体空间分布特征与经济社会发展总体布局，确定森林火灾防治区划等级标准，完成森林火灾防治区划。

7. 灾害综合风险评估与区划

(1) 灾害综合风险评估。基于主要灾害风险调查、评估与区划以及承灾体调查成果，采用风险等级和定量风险结合的方法，评估地震、地质、气象、水旱、森林火灾等主要灾种影响下的主要承灾体（人口、农业、房屋、交通基础设施和经济）的多灾种综合风险；基于1公里网格的多灾种的人口和经济期望损失评估，评估县级行政区划以及重点区域的多灾种人口损失风险和直接经济损失风险；基于多重现期的主要灾种危险性分析，评估主要情景下的主要承灾体多灾种暴露度。

(2) 灾害综合风险防治区划。基于多灾种综合风险评估成果，综合考虑孕灾环境、致灾因子和承灾体的差异性，通过定量区划方法进行区域划分，形成以灾害综合风险为载体的具有区域特征的县级和重点区域综合风险区划；依据减灾能力评估、风险评估和单灾种防治区划结果特征值，综合考虑不同致灾因子对不同承灾体影响的预防和治理特色，认识区域灾害防治分异特征，进行综合防治区域划分，制定综合防治区划方案。

(3) 灾害综合风险评估与区划成果库建设。以数据、文字、表格和图形等形式对县级相应行政单位的自然灾害综合风险评估和区划成果汇总整编，建设县级 1∶50 000 和重点区域灾害综合风险图、综合风险区划图、综合防治区划图和综合防治对策报告成果库。

（三）事故灾难风险识别

1. 事故灾难风险的分类识别路径

从宏观上看，根据突发事件应急管理和风险治理工作的需要，事故灾难风险识别从不同的路径入手，根据具体行业领域、具体管理主体和对象而呈现不同维度的分类对象或识别方法。

第一，按照导致事故灾难的直接原因分类识别。《生产过程危险和有害因素分类与代码》（GB/T 13861—2009）分为 4 个大类、15 个中类。其中的 4 个大类分别为：（1）人的因素，是指与生产各环节有关的，来自人员自身或人为性质的危险和有害因素；（2）物的因素，是指机械、设备、设施、材料等方面存在的危险和有害因素；（3）环境因素，是指生产作业环境中的危险和有害因素；（4）管理因素，是指管理上的失误、缺陷和管理责任所导致的危险和有害因素。

第二，按照最终的事故危害后果类型分类识别。《企业职工伤亡事故分类标准》（GB 6441—1986），根据导致事故的原因、致伤物和伤害方式等，将危险因素分为 20 类，分别为 01 物体打击、02 车辆伤害、03 机械伤害、04 起重伤害、05 触电、06 淹溺、07 灼烫、08 火灾、09 高处坠落、010 坍塌、011 冒顶片帮、012 透水、013 放炮、014 火药爆炸、015 瓦斯爆炸、016 锅炉爆炸、017 容器爆炸、018 其他爆炸、019 中毒和窒息、020 其他伤害。

第三，按照影响人的职业健康分类识别。根据卫生和计划生育委员会颁发的《职业病危害因素分类目录》（2015 年修订），职业病危害因素是指职业活动中存在的各种有害的化学、物理、生物因素以及在作业过程中产生的其他职业有害因素。按照职业病危害因素的性质进行分类，可分为 6 大类，分别为粉尘（52 小类）、化学因素（375 小类）、物理因素（15 小类）、放射性因素（8 小类）、生物因素（6 小类）、其他因素（3 小类）。

2. 事故灾难风险的精细识别方案

针对生产经营单位等微观个体，精细化的事故灾难风险识别方案（尤其是安全生产风险）是开展有效风险识别的基本要求。对此，相应的行业标准或地方标准给出相应规范，以河南省地方标准《企业安全风险评估规范》（DB 41/T 1646—2018）为例，事故灾难风险识别一般应做到：

第一，企业应针对所属行业特点、工艺特点和风险特点，按《生产过程危险和有害因素分类与代码》（GB/T 13861—2009）和《企业职工伤亡事故分类标准》（GB 6441—1986）规定，从生产（工艺）系统、装置（设备）设施、厂区内及周边环境、作业活动与过程、劳动组织、管理体系等方面，综合考虑起因物、引起事故的诱导性原因、致害物、伤害方式等，确定企业的安全风险类别。

第二，风险识别的对象应包括所有风险点内的第一类、第二类危险源，并突出人的因素和关键岗位或危险场所。包括但不限于以下范围：（1）所有进入工作场所的人员；（2）所有活动，包括"三种状态"和"三种时态"下的生产活动；（3）所有设备设施，包括（自有、租用）建构筑物、机械设备、物资材料等；（4）企业生产场所与周边环境的相互影响；（5）作业场所所产生的风险对相邻岗位及人员的影响。

第三，企业宜按车间、班组、岗位所管辖的区域、场所，以区域、场所内的操作及作业活动、过程及所包含的装置（设备）设施、部位为内容，识别企业需要管控的所有风险点，并划分成相对独立的评估单元，也可根据需要，按以下原则划分子单元：（1）区域、场所等风险点的划分应遵循大小适中、功能独立、范围清晰的原则；（2）设施、部位等风险点应按照总平面布置、建构筑物、工艺流程、作业岗位进行划分；（3）操作及作业活动等风险点的划分应涵盖生产经营全过程（含检维修）所有的作业活动。

第四，企业应采用适宜的识别方法，按划分的评估单元，从不同角度和层次，对风险进行识别和描述，并形成如下风险信息记录：（1）风险点所属系统、区域、地点和装置的名称；（2）危险源（危险有害因素）类别；（3）风险可能导致的事故（事件）类型；（4）事故（事件）发生的可能时间段或概率；（5）事故（事件）的危害严重程度及其影响范围；（6）事故（事件）前可能出现的征兆；（7）事故（事件）可能引发的次生事故（事件）、衍生事故（事件）等。

第五，风险识别方法的选取宜根据识别对象的性质、特点、所具备的基础资料、寿命周期的不同阶段和风险识别人员的知识、经验、习惯等综合考虑，并按以下方法进行识别：（1）以生产工艺过程为主线进行风险识别的，宜选用工作危害分析法（JHA）、事故树/事件树分析法（FTA/ETA）和道化学火灾、爆炸危险指数法（DOW）；（2）传统行业领域且具备丰富的技术、管理经验人才的企业，或以装置（设备）设施、厂区内及周边环境为基础单元进行风险识别的，宜选用故障假设分析法/检查表法（WI/SCL）；（3）具有丰富专业知识和实践经验人才的高度重复性企业，宜选用预先危险分析法（PHA）、事故树/事件树分析法进行风险识别；（4）具备专家型人才的企业，宜采用情景分析法、头脑风暴法（BS）进行风险识别；（5）基层班组和岗位作业人员进行风险识别时，宜选用工作危害分析法（JHA）、安全检查表法（SCL）。

第六，风险识别是动态的过程，当下列情形发生时，企业应重新开展风险识别：（1）与风险评估和实施必要的控制措施相关的法律、法规、标准、规范发生变化的；（2）企业周边环境发生变化的；（3）实施新（改、扩）建或关键设备、生产工艺和技术发生变化的；（4）应急管理和应急资源发生重大变化的；（5）企业合并分立、业务划转、组织机构变动的；（6）实施了重大风险或重大危险源治理的；（7）发生生产安全事故的。

（四）公共卫生风险识别

根据卫生应急管理工作的实际需要，中国疾控中心印发了《突发事件公共卫生风险评估技术方案（试行）》（中疾控疾病〔2012〕35号）。公共卫生风险识别是指发现、确认并描述风险要素的过程，只有做好风险识别，才能正确地分析风险因素，更好地评估公共卫生风险，为制定卫生应急对策服务。公共卫生风险评估分为日常风险评估和专题风险评估两种形式，其中对于风险识别的相关要求和规范如下：

1. 日常风险评估中的风险识别

日常风险评估主要是对常规收集的各类突发公共卫生事件相关信息进行分析，通过专家会商等方法识别潜在的突发公共卫生事件或突发事件公共卫生威胁，进行初步、快速的风险分析和评价，并提出风险管理建议。根据需要，确定需进行专题风险评估的议题。

在日常风险评估中，风险识别与评估议题的确定往往是结合在一起的，即评估议题的确定过程即为风险评估实施的前期准备。

在日常风险评估中，重点评估议题的确定十分重要。首先，日常风险评估特别是按月、周等定期开展的针对各类突发公共卫生事件风险的综合性评估，为保证评估的效果，需要在力求全面分析的基础上，确定评估的重点议题，提高评估的效率和针对性。其次，每次日常风险评估的评估内容和结果既可能会有一定的连续性和重复性，也可能因季节因素、相关事件和风险因素的变化而有所差异，因此，每次评估前，必须重新确定风险评估议题。在进行专家会商和具体评估时，还可以对确定的重点评估议题或所识别风险的全面性、合理性进行进一步的审议、确认和补充。

日常风险评估是在对各类相关监测信息进行分析的基础上，对传染性疾病、食物中毒、职业中毒、环境污染等突发公共卫生事件，以及自然灾害、事故灾难、大型活动等其他事件进行风险识别，确定需要纳入评估的重点议题。比如，传染性疾病应重点考虑：甲类及按甲类管理的传染病，聚集性疫情或暴发疫情，三间分布或病原学监测有明显异常的传染病，发生多例有流行病学联系的死亡或重症的传染病，发生罕见、新发或输入性的传染病，发现已被消灭、消除的传染病，群体性不明原因疾病，等等。

2. 专题风险评估中的风险识别

专题风险评估主要是针对国内外重要突发公共卫生事件、大型活动、自然灾害和事故灾难等开展全面、深入的专项公共卫生风险评估。专题风险评估可根据相关信息的获取及其变化情况、风险持续时间等，于事前、事中、事后不同阶段动态开展。

对于重要突发公共卫生事件的专题风险评估，在风险识别中应重点整理、描述与事件有关的关键信息，如事件背景、特征、原因、易感和高危人群、潜在后果、可用的防控措施及其有效性等。例如：我国开展德国肠出血性大肠杆菌 O104：H4 疫情的风险评估时，应重点描述事件发生时间、地点、感染人群，病原及疾病的特征（疾病的严重性、传播方式），我国进口及销售可疑污染食品的情况，监测、救治及防控能力，等等。

对于大型活动的专题风险评估，在风险识别中重点描述下列内容：（1）大型活动的特点，如时间、地点、规模、主要活动内容及形式、活动参加人员的数量及其生活居住环境和易感性等特点；（2）大型活动举办地的各种突发公共卫生事件发生情况，如传染病的种类及流行强度、中毒的类型及发生率、高温中暑或冰冻灾害发生情况等；（3）大型活动期间可能带来的输入性疾病或其他健康危害；（4）大型活动期间可能发生的其他突发事件公共卫生风险，如恐怖事件、自然灾害、事故灾难等；（5）现有的卫生保障能力和已采取的措施，如监测能力、救治能力、防控能力、饮食饮水保障水平、人群免疫水平等。在对上述特征及相关信息进行整理的基础上，列举并描述各种潜在的公共卫生风险。

对于自然灾害和事故灾难的专题风险评估，进行风险识别时应重点考虑下列内容：（1）灾害或灾难发生的时间、地点、涉及人数、影响范围等；（2）灾害发生地特别是受灾害严重影响地区重点疾病和突发公共卫生事件的背景情况；（3）灾害或灾难对重点疾病或突发公共卫生事件的影响或带来的变化；（4）灾害或灾难发生地对此次灾害或灾难的应对能力（包括灾害或灾难对原有卫生应急能力的影响），以及采取的应急处置措施；（5）灾害或灾难可能引发的次生、衍生灾害对疾病或突发公共卫生事件的影响。在此基础上，列举并描述各种潜在的公共卫生风险。

（五）社会安全风险识别

社会安全风险的识别，需针对社会治安事件、社会矛盾纠纷、极端个体事件、恐怖袭击事件、民族宗教事件、经济安全事件、涉外突发事件、群体性事件、社会恐慌致秩序失控事件、社会负面影响极其恶劣事件等具体类别的行业或领域，综合采取多种风险识别方法和技术，进行全要素、全流程、全周期的动态识别。

1. 社会安全风险的全要素识别

社会安全风险的共性识别，应把握"人、地、物、事、环"等五大要素，如表 2 - 3 所示。

表 2 - 3　社会安全风险全要素识别一览表

要素	社会安全风险全要素识别的具体内涵
人	（1）犯罪分子和犯罪嫌疑人。 （2）社会公共安全风险防控的重点人群：1）重点人；2）境外非政府组织；3）非法入境、非法居留、非法就业的境外人员；4）社区服刑人员、扬言报复社会人员、易肇事肇祸等严重精神障碍患者、刑满释放人员、吸毒人员、易感染艾滋病病毒危险行为人群等特殊人群。 （3）社会公共安全的潜在肇事者：1）极端贫困和弱势的个人或群体；2）疑有厌世自杀情绪的个人或群体；3）利益相对受损且可能引发社会公共安全事件的个人或群体等。

续表

要素	社会安全风险全要素识别的具体内涵
地	（1）重点场所：1）出租房屋、老旧小区、城乡接合部、流动人口聚集区、高发案地区、非法建筑等社会公共安全风险高发场所；2）日租房、小洗浴、小旅店、小发廊、小足疗等易滋生违法犯罪活动或被不法分子利用、藏匿的场所等。 （2）敏感地区：政治中心区延长线、使馆区、首长驻地、党政机关、中小学校等。 （3）特定时期内可能出现社会公共安全风险的地点，如"两会"期间的火车站、汽车站等。
物	（1）危险物品：枪支、弹药、管制刀具、爆炸物品、剧毒物品、放射性物品和其他易燃易爆物品等。 （2）社会公共安全风险多发的行业：快递、物流、网购、民航、高铁、地铁、公交等发展速度快但安全隐患多的行业与领域。 （3）社会公共安全风险防控难度大的新生事物，例如无人机发展形成热潮，但存在复杂的社会公共安全风险隐患。
事	（1）违法犯罪活动：恐怖袭击、"黑拐枪"、"黄赌毒"、"盗抢骗"、涉爆问题、涉枪问题、涉邪教问题、非法集资、非法传销、电信诈骗、金融诈骗、拐卖妇女儿童、非法窃取泄露买卖公民个人信息等。 （2）治安问题："黑车"、"黑摩的"、无照游商、非法小广告等。 （3）各类矛盾纠纷：经济纠纷、家庭纠纷、产权纠纷等。 （4）易产生社会公共安全风险的治理问题：1）可能导致经济发展与环境保护失衡的问题；2）可能引发公共利益与个体利益冲突的问题等。 （5）带有民族情绪且易产生社会公共安全风险的事件，如反日游行等。 （6）可能引发涉民族、种族、宗教信仰、风俗习惯等禁忌冲突的事件。
环	（1）直接引发或加剧社会公共安全风险的现场社会环境因素：秩序失控、群体性恐慌等直接的恶性连锁反应。 （2）间接导致或加剧社会公共安全风险的综合社会环境因素：国内外舆论环境、国内外同类社会公共安全事件的影响、高新科技的负面影响等。

2. 社会安全风险的大数据识别

特定的社会安全风险大数据识别，是指通过对同类别的风险案例、相关联的风险信息进行收集、汇总与分析，识别出可能存在的风险。通过大数据识别，要达到能够对过往的社会稳定风险进行分类分级，并初步得出适用于本次风险识别任务的风险项清单。

社会安全风险可通过大数据技术进行识别，优势和作用有三：第一，大数据技术立足于互联网、物联网、云计算等技术，能够根据相关安全情势和已发生的安全危机事件、地理信息等数据，对与社会安全相关的数据进行汇集、传输、处理，为社会安全风险识别提供完整的信息支撑，例如全国各地纷纷通过大数据技术构建社会公共安全网，福建、重庆等地建立了社会稳定指数信息系统，对各类社会矛盾风险进行收集和识别，准确判别社会安全利益相关主体的真实需求。第二，大数据技术在了解民众真实需求和风险感知的基础上，可以对涉及社会安全的重大风险决策进行科学合理的识别，例如在由发电站、垃圾焚烧场等引发的邻避事件中，目标群众往往针对的不是该决策本身，而是其后续可能引发的环境、噪声污染等现实问题。第三，通过大数据精准检测社会安全的风险源，建立社会安全风险清单，完善社会公共安全风险诊断和防范机制，例如在处理暴恐事件当中，可以利用大数据技术快速筛选甄别可疑分子，将这些人的行为数据化、可视化，预测其行为并做好相关预案。

以社会稳定风险为例，大数据识别主要是应用过往的相关信息及其内在的关联逻辑，形成针对稳评项目的、结合过往风险的分类分级清单（见表2-4）。

表2-4　社会稳定风险大数据识别的信息来源和功能

	主要内容（示例）	主要功能（示例）
	（1）业务数据信息积累	过往风险的积累
	（2）以往评估或分析预测结果	过往风险的分级
	（3）报纸、互联网等媒体的公开信息源收集	过往风险的分类
信息来源	（4）法律法规、政策规定等相关文件	过往风险的分类分级
	（5）来自内外部专家、专业组织的经验与信息	过往风险的分类分级
	（6）稳评单位已积累的风险点库	过往风险的分类分级
	（7）稳评单位已积累的风险关联库等	过往风险的分类分级

资料来源：唐钧. 风险评估与危机预警报告（2015～2016）. 北京：社会科学文献出版社，2016：8；唐钧. 社会稳定风险评估与管理. 北京：北京大学出版社，2015：7.

大数据识别的目标，是充分应用现有的信息，尤其是实例中的过往风险，围绕稳评项目，形成分类分级的"风险点清单"。下面是针对敏感项目（包括：PX等化工项目、涉核项目、垃圾场/站项目、医疗项目、其他可能污染环境的项目）的社会稳定风险大数据识别，如表2-5所示。

表 2-5 社会稳定风险大数据识别的"风险点清单"

风险类 (4类)	具体风险内容 (12项)	典型风险事件示例
敏感项目建设与生产风险	敏感项目建设引发拆迁纠纷的风险	2013 年 7 月 26 日,福建古雷,因 PX 项目拆迁冲突,造成一村民死亡。
	敏感项目发生安全生产事故的风险	2015 年 4 月 6 日 18 时 56 分,福建古雷的腾龙芳烃二甲苯装置发生漏油着火事故。
	敏感项目产生污染环境、噪声、辐射等风险	2013 年环保部文件称,个别地区出现"癌症村"等严重的健康和社会问题。
公信力风险	民众对于"环境评估"的不信任	2012 年 7 月 23 日,广州市城管委月度接访日,4 批来自清远的居民质疑花都垃圾焚烧厂环评不透明。
	民众对于"民意被代表"的质疑	2011 年 4 月 12 日,广州番禺正式公布垃圾焚烧厂 5 个备选厂址,政府征求民意,从"是不是要建"跳到"在哪儿建"被指有假民意之嫌。
民众抗争风险	民众通过悬挂横幅标语进行抗争	2007 年 6 月 1 日,厦门市反对 PX 项目的事件中,民众打出了"不要毒气、还我厦门"等反对 PX 项目的标语。
	民众进行非法游行集会	2011 年 8 月 14 日,民众聚集在大连市政府前的人民广场示威集会,随后展开游行。
	民众进行拦路堵车	2014 年 3 月 30 日,广东茂名市委大楼前,抗议民众出现拦截救护车、消防车等行为。
	殴打国家工作人员	2012 年 10 月 26 日,浙江宁波镇海区抗议民众殴打无辜人员,用石块、砖块攻击民警,造成多名民警不同程度受伤。
	围攻国家机关	2012 年 10 月 26 日,浙江宁波镇海区抗议民众在镇海区围堵招宝山派出所、交警大队。

续表

风险类 （4类）	具体风险内容 （12项）	典型风险事件示例
连锁反应风险	"一闹就停"的期待导致民众选择极端化	从 PX 项目屡屡下马，到垃圾焚烧厂被迫流产，再到火葬场放弃建设，近年来，多地反复上演"上马—抗议—停止"的剧情。
	敏感项目毗邻地区政府对选址的拒绝	2011 年 4 月 12 日，广州番禺正式公布垃圾焚烧厂 5 个备选厂址，其中 3 个靠近顺德区。对此，顺德区环境运输和城市管理局副局长吴志伟表示："番禺的选址最好不要选择邻近顺德的 3 个点，希望番禺方面能够慎重考虑顺德的意见。"

注：该表为不完全概括，具有相应的误差。

三、公共安全风险识别的综合实施

（一）公共安全的"三重危机"识别

在传统"人命关天"的理念中，公共安全的范畴限于人员死伤；随着"衡量财产损失"纳入考量范围，公共危机的范畴拓展到人财损失；当前，随着"社会秩序""负面影响""公信力"等逐步被列入考量范围，公共安全风险识别的范畴进一步拓展，不仅要关注人身安全、衡量财产损失，还应充分关注群众身心健康、社会公共安全、社会秩序、社会负面影响、公信力情况等多方面因素。

"三重危机"[①] 是指从生理、心理、社会三个维度对公共危机进行考量，适当拓展危机范畴，达成更加科学合理的危机界定和识别标准，其中：生理层面的公共危机，包括人员死伤和财产损失；心理层面的公共危机，包括民众精神损害和群体恐慌；社会层面的公共危机，包括负面影响和公信力受损。

1. 人员死伤和财产损失的危机

需对生理层面的"人员死伤和财产损失"（实践中通常简称为"人财损失"）

---

① 唐钧. 新媒体时代的应急管理与危机公关. 北京：中国人民大学出版社，2018.

的风险进行识别。人财损失是当前公共危机分级的基本标准。例如,《生产安全事故报告和调查处理条例》(国务院令第 493 号)根据生产安全事故造成的人员伤亡或者直接经济损失,将事故分为四级;再如,美国国防部(Department of Defense)根据事故导致的财产损失、伤亡和职业病的严重程度,将国家安全事故划分为四级。

2. 精神损害和群体恐慌的危机

根据风险识别的"三重危机"模型,在对"人员死伤和财产损失"进行识别的同时,还应对心理层面"精神损害和群体恐慌"的风险进行识别。

"精神损害和群体恐慌"是群众面对危机时的担忧恐慌等情绪及其他更严重的不良心理反应,来源于灾难恶劣影响、灾后救灾物资缺乏、灾后连锁反应、群众个体问题等多方面因素[①],具体包括:一是危机带来的人员死伤和财产损失造成群众心理阴影,二是社会信息渠道不畅引起群众焦虑和怀疑,三是群众的生存需求得不到满足引发群众担忧,四是应急方面的知识和技能储备不足导致群众害怕,五是灾后的社会和市场秩序不稳定造成群众慌乱,等等。因此,公共危机的界定中应纳入对精神损害和群体恐慌的风险识别,在公共危机管理尤其是事中应急救援和事后灾区重建中,应充分考虑直接受害者和所有相关群体的心理状态,尽可能规避个体心理问题、群体恐慌及其可能引发的集体失范。

3. 负面影响和公信力受损的危机

在危机界定和风险识别中,除了考虑生理层面和心理层面的危机,还应将社会层面"负面影响"纳入公共危机的范畴。

负面影响是指,由危机直接导致或危机应对不力间接导致的造谣传谣、舆论质疑、社会抗议、形象受损、公信力受损等一系列社会问题。

在党纪条例和法律法规等规范性文件中,负面影响问题通常被称为"社会影响恶劣"或"恶劣影响",国务院、最高人民法院等机构围绕负面影响的危机,制定和实施了一系列相关法律法规,其内容主要涉及"社会影响恶劣"的重点领域、事故处理、法律责任等内容,强调造成"社会影响恶劣"的事件(或事故)要依法追究主要负责人的法律责任,依法从严惩处。党纪条例和法律法规对负面影响的相关规定如表 2-6 所示。

---

① 唐钧,黄永华,郑雯,等. 灾后恐慌症及其应对. 中国减灾,2011 (7).

表 2－6　党纪条例和法律法规对负面影响的相关规定

党纪条例和法律法规	涉及"社会影响恶劣"类公共危机的具体内容示例
《刑法》	第二百九十二条，聚众斗殴罪中的聚众斗殴人数多，规模大，社会影响恶劣的。 第二百九十四条，包庇、纵容黑社会性质组织罪中的通过实施违法犯罪活动，或者利用国家工作人员的包庇或者纵容，称霸一方，在一定区域或者行业内，形成非法控制或者重大影响，严重破坏经济、社会生活秩序。
《中国共产党问责条例》	(1) 党的领导弱化，……出现重大偏差和失误，给党的事业和人民利益造成严重损失，产生恶劣影响的；(2) 党的政治建设抓得不实，……党的政治建设工作责任制落实不到位，造成严重后果或者恶劣影响的；等等。
《中国共产党纪律处分条例》	(1) 在涉外活动中，其言行在政治上造成恶劣影响，损害党和国家尊严、利益的；(2) 利用职权或职务上的影响操办婚丧喜庆事宜，在社会上造成不良影响的；(3) 其他情形中，造成巨大损失或者恶劣影响的；等等。
《关于实行党政领导干部问责的暂行规定》	(1) 决策严重失误，造成重大损失或者恶劣影响；(2) 因工作失职或政府职能部门管理、监督不力，导致发生特别重大事故、事件、案件，造成重大损失或者恶劣影响；(3) 在行政活动中滥用职权，强令、授意实施违法行政行为，或者不作为，引发群体性事件或者其他重大事件；(4) 对群体性、突发性事件处置失当，导致事态恶化，造成恶劣影响；(5) 违反干部选拔任用工作有关规定，导致用人失察、失误，造成恶劣影响；(6) 其他给国家利益、人民生命财产、公共财产造成重大损失或者恶劣影响等失职行为的。
《国务院关于特大安全事故行政责任追究的规定》	发生特大安全事故，社会影响特别恶劣或者性质特别严重的，由国务院对负有领导责任的省长、自治区主席、直辖市市长和国务院有关部门正职负责人给予行政处分。
《生产安全事故报告和调查处理条例》	没有造成人员伤亡，但是社会影响恶劣的事故，国务院或者有关地方人民政府认为需要调查处理的，依照本条例的有关规定执行（事故调查、事故处理、法律责任等）。
《关于充分发挥刑事审判职能作用深入推进社会矛盾化解的若干意见》	对国家工作人员贪污贿赂、滥用职权、失职渎职的严重犯罪，包庇纵容黑恶势力犯罪、重大安全责任事故、制售伪劣食品药品所涉及的国家工作人员职务犯罪，发生在社会保障、征地拆迁、灾后重建、企业改制、医疗、教育、就业等领域严重损害群众利益、社会影响恶劣的国家工作人员职务犯罪，发生在经济社会建设重点领域、重点行业的严重商业贿赂犯罪，依法从严惩处。

续表

党纪条例和法律法规	涉及"社会影响恶劣"类公共危机的具体内容示例
《国务院关于进一步加强和改进最低生活保障工作的意见》	民政部或者省级人民政府民政部门对最低生活保障重大信访事项或社会影响恶劣的违规违纪事件,可会同信访等相关部门直接督办。
《国务院关于进一步加强消防工作的意见》	地方各级人民政府和公安消防部门、其他有关部门及其工作人员因工作不力、失职、渎职,导致重特大火灾事故发生的,或者造成重大人员伤亡和经济损失,社会影响恶劣的,要依法追究主要负责人的法律责任。
《最高人民法院关于充分发挥审判职能作用切实维护公共安全的若干意见》	对于制售伪劣食品药品、破坏环境资源所涉及的国家工作人员渎职犯罪,发生在社会保障、征地拆迁、灾后重建、企业改制、医疗、教育、就业等领域严重损害群众利益、社会影响恶劣、群众反映强烈的国家工作人员贪污贿赂犯罪、渎职犯罪,发生在事关民生和公共安全的重点领域、重点行业的严重商业贿赂犯罪等,要依法从严惩处。

注:根据公开资料整理,为不完全统计。

(二)公共安全的风险源识别

社会风险评估蓝皮书《风险评估与危机预警报告(2015~2016)》,针对公共安全风险,以"民众非正常死亡"为评判标准,对公共安全风险源进行系统研究。"民众非正常死亡"风险指我国境内由外部作用导致的民众意外死亡的风险,主要包括地震、火灾等自然灾难爆发导致民众意外死亡的风险,医疗事故、交通事故等突发事故暴发导致民众意外死亡的风险,以及谋杀、过失杀人等人为犯罪导致意外死亡的风险。不包括民众自然死亡、民众自杀以及执行死刑等民众死亡的风险。

基于此,公共安全风险源是指在公共领域由突发公共安全事件直接和间接导致民众死亡、受伤或财产损失的风险源头,包括人财损失、极端行为、责任事故致死伤、查处责任与善后风险。依据公共安全风险的现实危害与负面影响,公共安全四大风险源对应产生相应等级的公共安全风险(见图2-1),具体而言如下:(1)"人财损失"指由于突发公共安全危机事件,直接或间接导致人财损失的轻微风险,是公共安全的低等级风险源;(2)"极端行为"指由于基础公共服务的保障不力等公共服务风险综合引发的极少数个体极端行为,导致人财损失的风险,是公共安全的中等级风险源;(3)"责任事故致死伤"指由于风险所有权人行为不当或监管失误，直接或间接引发公共安全危机事件，导致人财损失的风险，是公共安全的中等级风险源；（4）"查处责任与善后风险"指公共安全危机事件发生后，由于风险所有权人应急处置不当或善后不力，导致人财损失和社会负面影响的风险，是公共安全的高等级风险源。

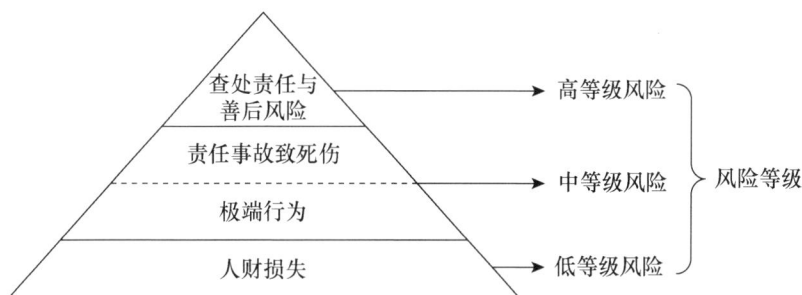

图 2 - 1　公共安全四大风险源对应的风险等级

（三）公共安全的风险动态识别

公共安全风险识别是一个动态持续的过程，要对识别出的风险及时进行跟踪、监测并动态更新。风险动态识别的实质是跟踪、监控、审查、信息采集和工作调整，以及再监测、再跟踪、再调整、再评估、再控制的动态循环过程。公共安全的风险动态识别，主要包括两个方向：一是原有风险的动态监测，二是新生风险的动态更新。

公共安全风险动态识别，旨在把握风险动态，是开展公共安全风险治理的基础要件：一方面是通过风险监测提供并更新与公共安全相关的风险实时状况；另一方面也提供了风险分析和定级的决策依据，同时也是公共安全风险预防的实施依据。因此，风险全监测，必然贯彻着公共安全风险治理的全过程。

公共安全的风险动态识别，以信息为抓手，对此应构建相应的信息网络或信息系统。现以社会稳定风险"信息网"为例予以说明（见图 2 - 2）。在北京市朝阳区的社会稳定创新项目中，采用了社会稳定风险的"信息网"建设，主要包括以下三个部分：一是属地政府与相关部门提供人、地、事、物的相关资料，二是通过网络舆情分析了解社会心态，三是专业研究机构提供专业知识。在此基础上，建立社会公共安全基本资料库、社会秩序环境情况资料库、社会公共服务情况资料库等子库。其中，属地政府与相关部门提供人、地、事、物的相关资料，可分类别完成：自然灾害类（由民政部门牵头提供）、公共卫生类（由卫生部门牵头提供）、社会安全类（由公安机关牵头提供）、事故灾难和安全生产类（由安监部门牵头提供）。

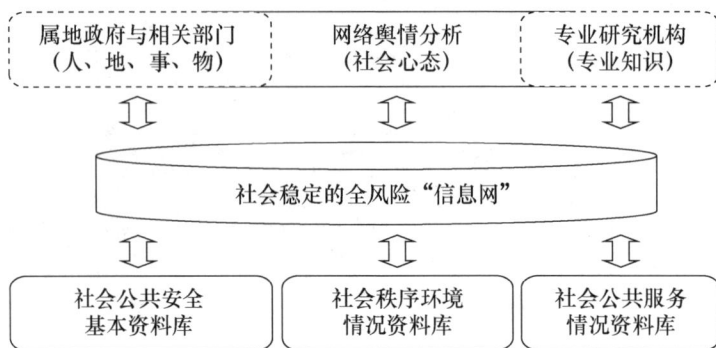

图 2-2　社会稳定风险"信息网"

资料来源：唐钧. 政府风险管理：风险社会中的应急管理升级与社会治理转型. 北京：中国人民大学出版社，2015.

第二节　公共安全风险识别的国际经验和研究方法

一、概述

风险识别是公共安全风险管理的一个基本阶段。昌科娃证明了风险识别在有效风险管理中起到先导作用，并建立了风险识别的框架方法以及基本术语规范，如图 2-3 所示，即风险源在外部危险因素的影响下，具有一定的风险暴露度，进而造成风险事故[1]。风险识别需达到有效性和完整性，否则将会产生灾难性后果[2]。

---

① TCHANKOVA, L. Risk identification-basic stage in risk management. Environmental management & health, 2002, 13 (3)：290-297.

② ABDUL-RAHMAN H, CHUING S L, CHEN W. Risk identification and mitigation for architectural, engineering, and construction firms operating in the Gulf region. Canadian Journal of Civil Engineering, 2012, 39 (1)：55-71.

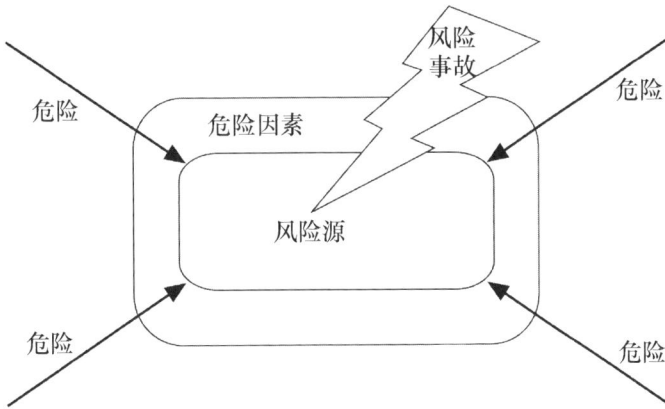

图 2 - 3 风险识别框架: 风险源—危险因素—风险事故

国际风险识别方法的研究日趋成熟。以联合国和世界银行主持的全球风险识别计划 (GRIP) 为契机, 各大数据库进行整合和发展, 通过风险调查与统计的历史数据确定风险参数以识别区域风险, 以提高全球对灾害风险的认识。马尼亚斯等人通过提出一种基于标准分类法的新模型来识别风险, 以提升抽样调查的科学分类水平[①]; 哈罗尔等人提出了一种结合专家访谈的模糊故障树分析 (FFTA) 方法, 即运用模糊集理论弥补基本事件数据[②]; 萨克林等人提出了一种新德尔菲法, 以确定潜在风险清单[③]; 瑙曼恩等人通过设计工作环境档案 (WEP) 识别职业健康风险, 可在工作现场进行风险识别, 并最终形成可视化的风险识别结果[④]。

国际上现有的公共安全风险识别方式, 根据方式方法的侧重点不同, 可分为风险调查、图形分解、专家团队、流程分析四类, 各方式的情况对比如表 2 - 7 所示。

---

① MANIASI S, et al. A taxonomy-based model for identifying risks//JIISIC'06-V jornadas iberoamericanas de ingeniería de software e ingeniería del conocimiento, memoria técnica, proceedings, puebla, pue. México, DBLP, 2006.

② HALLOUL Y, CHIBAN S, AWAD A. Adapted fuzzy fault tree analysis for oil storage tank fire. Energy sources, 2019, 41 (7-12): 948-958.

③ SUCKLING R, FERRIS M, PRICE C. Risk identification, assessment and management in public health practice: a practical approach in one public health department. Journal of public health medicine, 2003 (2): 138-143.

④ NAUMANEN P, SAVOLAINEN H, LIESIVUORI J. Occupational risk identification using hand-held or laptop computers. International journal of occupational safety and ergonomics, 2015.

表 2-7 公共安全风险识别的方式对比

	风险调查	图形分解	专家团队	流程分析
目标	记录需要考虑的不确定性因素	寻找事故与原因的逻辑关系	形成统一的风险认识	分析过程、程序或体系
类别	定性分析	定性分析/定量分析	定性分析	定性分析
结果	风险清单	风险图表	风险清单、风险日志	风险日志
优点	简单、适用范围广	灵活、便于理解	专业、可用范围广	清晰、适用范围广
缺点	缺乏未知因素考量	适用范围较窄	主观性较强	耗时、需大量专业知识
难度	易	偏难	偏易	难
示例	安全检查表法、问卷调查法、核对表法	故障树法、事件树法、蝶形图法	德尔菲法、头脑风暴法、专家调查法	危险与可操作性分析法、过程分析法

二、风险调查：安全检查表法

风险调查是通过调查量表的方式进行风险识别的一类方法，安全检查表法是其中之一。安全检查表法（safety checklist analysis，SCA），兴起于 20 世纪 20 年代，是安全生产评价领域常用的一种风险识别方法，该方法形式多样，可以对潜在风险对象进行识别，并可获得定性或定量的分析结果。

安全检查表法是由专家或具有相关领域经验的技术人员和管理人员，对目标进行分解并分条列出检查项目和内容，再按内容层次组成顺序编制成表格，进而开展实地检查和识别的方法。编制安全检查表的目的是依据检查条款检查和识别生产过程中的潜在风险，确保生产安全。安全检查表法的实施过程如图 2-4 所示。

编制安全检查表所需资料包括但不仅限于以下四种：（1）有关标准、规程、规范及规定；（2）国内外事故案例；（3）系统安全分析事例；（4）研究的成果等有关资料。

安全检查表主要内容有：序号、检查项目和内容、检查依据、检查结果、发现问题、备注等，还要注明检查时间、检查者、后果直接责任人等，根据目标结果检查表主体内容分为定性和定量两种，安全检查表示例如表 2-8 所示。

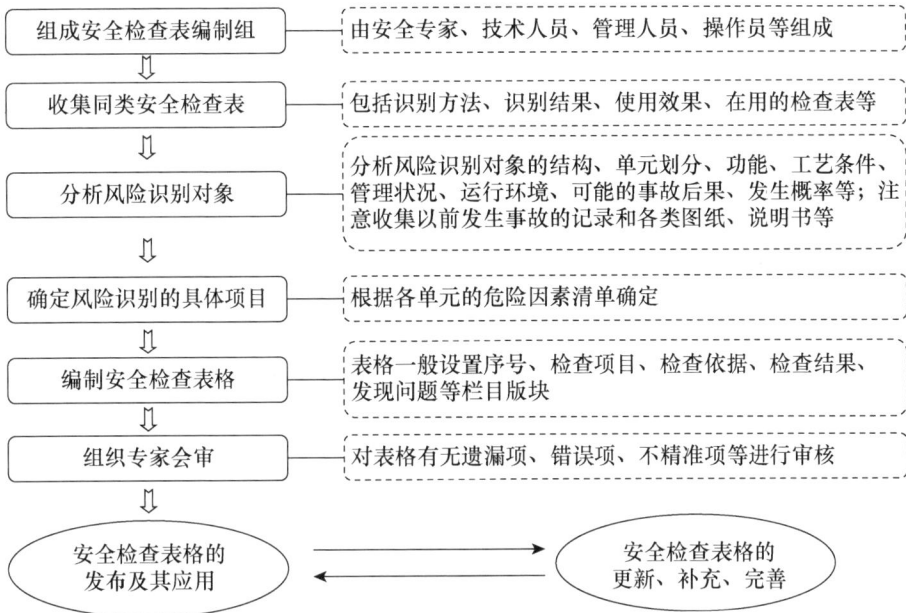

图 2-4 安全检查表法的实施过程

表 2-8 安全检查表示例

序号	检查项目和内容	检查结果（定性）		检查结果（定量）		安全等级	备注
		是	否	参考	分数		
				0~1 低级 2~3 中级 4~5 高级	3		
				0~1 低级 2~3 中级 4~5 高级	5		

三、图形分解：故障树法

图形分解是通过图形分解风险事件逻辑的一类方法，故障树法（fault tree analysis，FTA）是其中之一。故障树法是美国贝尔电话研究所的沃森和默恩斯于 1961 年首次提出并应用于分析民兵式导弹发射控制系统的一种分析方法。

故障树制作需首先确定树顶的顶事件，即影响最大的故障事件，其次确定树干的中间事件，即将造成此故障的原因进行逐级分解得到的事件，最后确定树枝的基本事件（底事件），即将不能或不需要分解的基本事件作为底事件，由此得到一张树状风险识别逻辑图。图 2-5 就是一个故障树示意图。此故障树表明：作为顶事件的应急发电机的自动启动故障是由无启动信号故障或柴油发电机故障引起的，以无启动信号故障为例，无启动信号故障可能由信号发出故障或信号传输故障或信号接收故障引起，其中，信号传输故障是由短路故障引起的，信号接收故障是由控制模块故障引起的，而控制模块故障是由通路 A 故障和通路 B 故障共同引起的。

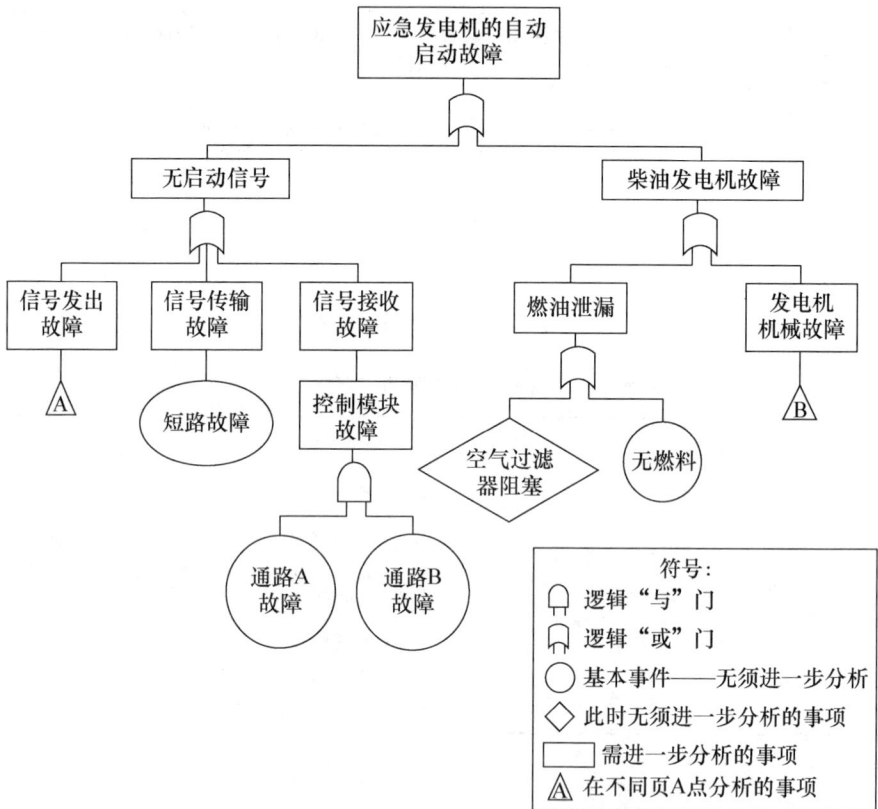

图 2-5 故障树示意图

故障树的建立有人工建树和计算机建树两类方法，它们的思路相同，都是首先确定顶事件，通过逐级分解得到原始故障树，然后将原始故障树进行简化，得到最终的故障树，供后续的分析计算使用。由于故障树在初期拟定过程中较为复杂，因而可借助逻辑代数的逻辑法则等进行简化。

故障树分析有定性分析和定量分析两种用法。对故障树作定性分析的主要目的是分析系统（或设备）出现某种故障（顶事件）的可能性，亦即分析有哪些因素会引发系统的某种故障；故障树的定量分析，就是以故障树为基础，分析系统故障的发生概率以及各底事件的重要程度，包括结构重要度、概率重要度和关键性重要度等三个不同含义的定量指标[①]。

四、专家团队：德尔菲法

专家团队是基于专家团队智慧发现潜在风险的一类风险识别方法，德尔菲法是其中之一。德尔菲法最早出现于 20 世纪 50 年代末期，源于美国政府组织了一批专家，要求他们站在苏军战略决策者的角度，最优地选择苏军在未来大战中的轰炸目标，为美军决策人员提供参考。1964 年，美国兰德公司的赫尔姆和戈尔登首次将德尔菲法应用于科技预测中，并发表了《长远预测研究报告》，此后，德尔菲法便迅速在美国和其他许多国家得到广泛应用。

德尔菲法是根据调查得到的情况，凭借专家的知识和经验，直接或经过简单的推算，对研究对象进行综合分析研究，寻求其特性和发展规律，并进行预测的一种方法，是专家调查法的重要组成部分。它的最大优点是简便直观，无须建立烦琐的数学模型，而且在缺乏足够统计数据和没有类似历史事件可借鉴的情况下，也能对研究对象的未知或未来的状态作出有效的预测。

开展德尔菲法的主要步骤（见图 2-6）包括以下四项：（1）确定调查预测目标：调查组织者明确调查主题，设计调查问卷或调查提纲，收集整理有关调查主题的背景材料，做好调查前的准备工作；（2）选聘专家：人数一般为 10～15 人，如果是重大预测项目可以超过此数；（3）反复征询专家意见，一般 3～5 轮；（4）对各专家最后一次征询的意见进行统计处理，作出调查预测结果。

五、流程分析：危险与可操作性分析法

流程分析是根据生产环节等风险过程进行分析评价的一类风险识别方法，

---

① 王广亮. 安全评价系列讲座 第八讲 故障树分析（fault tree analysis）：下. 安全、健康和环境，2001.

危险与可操作性分析法（HAZOP）是其中之一。危险与可操作性分析法是英国帝国化学工业公司针对化工装置而开发的一种危险性评价方法。1983 年，克莱兹教授在英国化学工程师协会培训课上首次命名该方法为"HAZOP"，他提道："HAZOP 是一种风险辨识技术，它提供给人们能够自由地发挥想象力的机会，以便考虑所有的危险或可操作问题。由于通过系统化的方法考虑了每一个危险源，从而减少事故频率。"

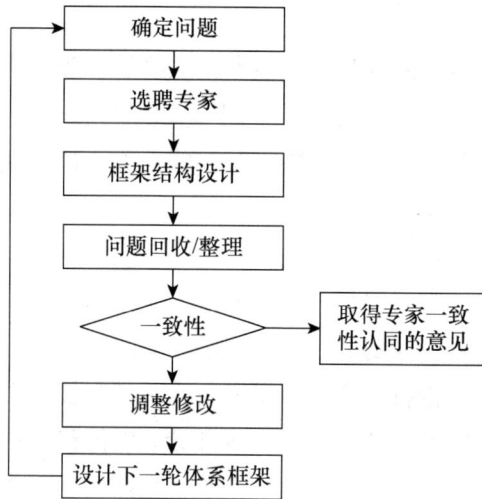

图 2 - 6　德尔菲法操作流程

资料来源：杨雪，姜强，赵蔚. 大数据学习分析支持个性化学习研究：技术回归教育本质. 现代远距离教育，2017（4）：71-78.

危险与可操作性分析法通过多种专业人士组成的团队，依据引导词激发想象力，系统化识别潜在风险。该方法的基本流程就是以引导词为引导，对过程中工艺状态的变化加以确定，找出装置及过程中存在的危害，如图 2-7 所示。通过系统分析工厂的生产工艺流程和工艺功能，来评价设备、装置的个别部位因误操作或机械故障而引起的潜在危险，并评价所致后果。其中，引导词的主要目的是能够评价所有相关偏差的工艺参数，如表 2-9 所示；节点是在流程中所对应实际过程的一个位置，如从原料车间向加工车间输送物料的通道；参数是描述过程的物理化学状态，如压力、温度等。

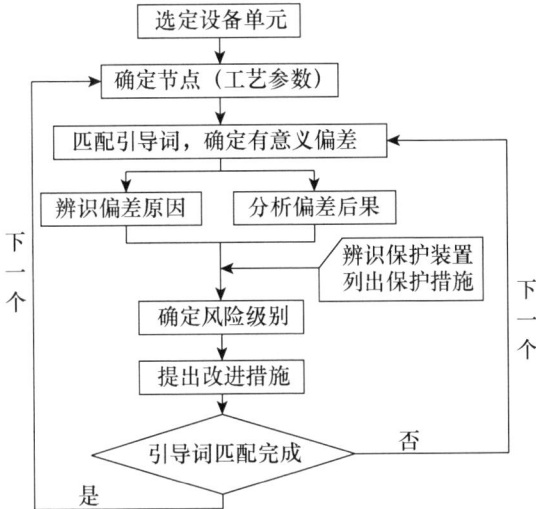

图 2-7　危险与可操作性分析法的流程

资料来源：杜廷召，田文德，任伟. 危险与可操作性分析研究. 现代化工，2010，30（7）：90-93.

表 2-9　危险与可操作性分析法引导词示例

术语	定义
"无"或"不"	计划结果根本没有实现或是计划条件缺失
更多（更高）	输出结果或运行状况的定量增长
更少（更低）	定量减少
以及	定量增长（例如，附加材料）
部分	定量减少（例如，仅限混合物中的一个或两个成分）
颠倒/相反	相反（例如，回流）
而不是	意图根本没有实现（例如，流动或资料错误）
兼容性	材料；环境
引导词适用参数	材料或过程的物理特征
	温度、速度等物理条件
	系统或设计组件的规定目的（例如，信息转化）
	运行方面

第三节　公共安全风险识别的经典案例分析或最佳标杆研究

◎ 公共安全的"100 种民众不答应的非正常死法"风险清单

社会风险评估蓝皮书《风险评估与危机预警报告（2015～2016）》（以下简称蓝皮书）是开展社会风险评估、危机预警、危机应对等领域的研究成果，该报告通过社会风险的风险源、风险清单、风险等级分析，提出需警惕 100 种"民众不答应"的非正常死法，重视 60 个"民众不满意"的基础公共服务问题，防范 70 项"民众不高兴"的社会负面影响。

在公共安全领域，蓝皮书基于对中国人民大学危机管理研究中心 2015 年"公共安全风险典型案例库"中的 750 个典型案例和 2016 年第一季度"公共安全风险典型案例库"中 155 个典型案例的分析，以民众为中心，从"民众生活轨迹"、"民众生命周期"和"民众所处的自然社会环境"3 个维度（见图 2 - 8），识别民众非正常死亡的公共安全风险，形成"公共安全风险清单（2016 版）"，得出公共安全中"100 种民众不答应的非正常死法"（见表 2 - 10）。

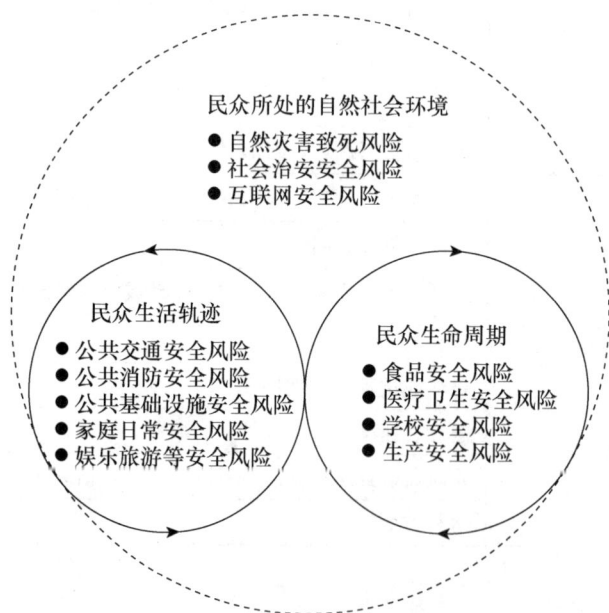

图 2 - 8　公共安全的"100 种民众不答应的非正常死法"风险清单的识别维度

表 2－10 公共安全的"100种民众不答应的非正常死法"风险清单（2015—2016 年）

风险类别 （12类）	非正常死法 （100种）	说明
公共交通安全风险（15种）	（1）高速追尾死	高速公路车祸致民众死亡
	（2）山路坠车死	风景区客车坠入山崖致民众死亡
	（3）大雾车祸死	大雾天气引发车祸致民众死亡
	（4）大雪车祸死	暴雪天气引发车祸致民众死亡
	（5）超载车祸死	客车超载引发车祸致民众死亡
	（6）超速车祸死	司机超速驾驶引发车祸致民众死亡
	（7）过劳车祸死	司机疲劳驾驶引发车祸致民众死亡
	（8）酒驾车祸死	司机酒驾醉驾引发车祸致民众死亡
	（9）毒驾车祸死	司机毒驾引发车祸致民众死亡
	（10）地铁坠轨死	地铁乘客意外坠轨死亡
	（11）地铁门夹死	乘客被地铁安全门夹死
	（12）火车撞车死	火车相撞致乘客死亡
	（13）火车脱轨死	火车脱轨致乘客死亡
	（14）飞机坠机死	飞机坠毁致乘客死亡
	（15）大风翻船死	大风导致轮船倾覆致乘客死亡
社会治安安全风险（13种）	（16）垃圾爆炸死	非法倾倒危险物致民众死亡
	（17）快递爆炸死	快递包裹爆炸致民众死亡
	（18）公交车纵火死	公交车人为纵火致民众死亡
	（19）恐怖袭击死	恐怖袭击致民众死亡
	（20）罪犯枪击死	罪犯枪击致民众死亡
	（21）罪犯引爆死	罪犯私制炸药引发爆炸致民众死亡
	（22）入室抢劫死	罪犯入室抢劫杀害民众
	（23）工人斗殴死	打架斗殴致民众死亡
	（24）人贩虐童死	人贩虐待致儿童死亡
	（25）罪犯谋杀死	民众被谋害死亡
	（26）监狱斗殴死	监狱中服刑人员发生斗殴致死
	（27）家庭暴力死	由家庭矛盾引发暴力导致民众死亡
	（28）家庭虐待死	婴幼儿遭抚养人虐待死亡

续表

风险类别 （12类）	非正常死法 （100种）	说明
家庭日常安全 风险（12种）	（29）醉酒溺水死	民众醉酒后意外溺水死亡
	（30）醉酒被冻死	民众醉酒后在户外被冻死
	（31）烧炭中毒死	民众一氧化碳中毒死亡
	（32）煤气中毒死	民众煤气中毒死亡
	（33）沼气中毒死	民众沼气中毒死亡
	（34）农药中毒死	民众农药中毒死亡
	（35）车内窒息死	民众在封闭空间内窒息死亡
	（36）手机触电死	民众使用充电中的劣质手机触电死亡
	（37）持续上网死	民众长时间连续上网猝死
	（38）儿童被噎死	儿童进食时不慎被食物噎死
	（39）儿童玩火死	儿童玩火时被意外烧死
	（40）户外被冻死	民众受伤被困户外被冻死
公共基础设施 安全风险（11种）	（41）围墙倒塌死	围墙倒塌致民众死亡
	（42）房屋坍塌死	民房坍塌致民众死亡
	（43）工地坍塌死	工地建筑坍塌致民众死亡
	（44）高空坠物死	工地坠物致民众死亡
	（45）道路坍塌死	道路坍塌致民众死亡
	（46）桥梁坍塌死	桥梁坍塌致民众死亡
	（47）高压线触电死	民众高压线触电死亡
	（48）电梯被夹死	垂直电梯夹人致民众死亡
	（49）电梯坠落死	垂直电梯坠落致民众死亡
	（50）电梯被卡死	民众被卡入电扶梯死亡
	（51）无盖井坠死	民众意外坠入无盖深井死亡
娱乐旅游等安 全风险（10种）	（52）春游踩踏死	春游踩踏致学生死亡
	（53）集会踩踏死	大型集会发生踩踏致民众死亡
	（54）地铁踩踏死	地铁踩踏致乘客死亡
	（55）动物袭击死	游客在动物园被动物意外袭击死亡
	（56）游泳溺水死	民众游泳意外溺亡
	（57）游乐场坠死	游乐场高空设施故障致游客坠亡
	（58）运动失误死	民众运动过程中行为失误致死
	（59）极限运动死	民众参加极限运动意外死亡
	（60）舞台坍塌死	演唱会现场舞台坍塌致民众死亡
	（61）电鱼触电死	民众电鱼时意外触电死亡

续表

风险类别 （12类）	非正常死法 （100种）	说明
医疗卫生安全 风险（9种）	（62）H7N9致死	H7N9致民众死亡
	（63）手足口病致死	手足口病致民众死亡
	（64）狂犬病致死	狂犬病致民众死亡
	（65）疫苗注射死	民众注射疫苗后意外死亡
	（66）服用假药死	民众服用假药后死亡
	（67）被误诊致死	医院误诊致民众死亡
	（68）幼儿输液死	婴幼儿输液后猝死
	（69）整容手术死	民众做整容手术意外死亡
	（70）医患冲突死	医患冲突中医生被杀死
生产安全风险 （8种）	（71）煤矿爆炸死	煤矿瓦斯爆炸致工人死亡
	（72）煤矿中毒死	煤矿工人气体中毒死亡
	（73）煤矿透水死	煤矿透水事故致工人死亡
	（74）起重机压死	起重机故障致工人死亡
	（75）疲劳驾驶死	司机驾驶过程中因过度疲劳猝死
	（76）工作过劳死	民众工作过劳猝死
	（77）运输危化品泄漏死	危险化学品泄漏致民众中毒死亡
	（78）运输危化品爆炸死	危险化学品运输途中爆炸致民众死亡
自然灾害致死 风险（7种）	（79）地震袭击死	地震致民众死亡
	（80）滑坡袭击死	滑坡致民众死亡
	（81）泥石流袭击死	泥石流致民众死亡
	（82）洪水袭击死	暴雨/洪水致民众死亡
	（83）台风袭击死	台风/龙卷风致民众死亡
	（84）大风施工死	大风致民众高空坠亡
	（85）雷电袭击死	雷电引发爆炸至民众死亡
公共消防安全 风险（5种）	（86）火灾跳楼死	火灾中民众跳楼逃生坠亡
	（87）烟花爆炸死	烟花爆竹工厂爆炸至民众死亡
	（88）仓库爆炸死	工厂仓库易爆物爆炸至民众死亡
	（89）锅炉爆炸死	食堂等燃气爆炸致师生死亡
	（90）粉尘爆炸死	游乐场等粉尘爆炸致游客死亡

续表

风险类别 （12类）	非正常死法 （100种）	说明
学校安全风险 （5种）	（91）学生熬夜猝死	学生熬夜猝死
	（92）学生运动猝死	学生运动猝死
	（93）学生斗殴死	打架斗殴致学生死亡
	（94）实验室爆炸死	实验室等化学物质爆炸致师生死亡
	（95）校园坠物死	校园内高空坠物砸中学生致其死亡
食品安全风险 （3种）	（96）食物中毒死	民众食物中毒死亡
	（97）饮水中毒死	民众饮用水中毒死亡
	（98）酒精中毒死	民众酒精中毒死亡
互联网安全风险（2种）	（99）网络雇凶杀人死	犯罪分子通过网络雇凶杀人，导致民众死亡
	（100）网络诈骗受害死	犯罪分子通过网络诈骗钱财，谋害受害者，导致民众死亡

资料来源：中国人民大学危机管理研究中心2015年"公共安全风险典型案例库"及2016年第一季度"公共安全风险典型案例库"，共905个典型案例，时间段为2015年1月1日至2016年3月31日，为不完全概括，具有相应误差。

第三章
公共安全风险分析

第一节 公共安全风险分析的机理和要务

一、公共安全风险分析的基本原理

公共安全风险分析是指对识别出的公共安全风险，考虑导致风险事件发生的原因和来源、风险事件的正面和负面的后果及其发生的可能性、影响后果和可能性的因素、不同风险及其风险源的相互关系以及风险的其他特性，还要考虑现有的管理措施及其效果和效率，以及公共事务活动风险的其他特性，对其进行定性和定量分析，为接下来的风险定级、风险应对、风险管理等工作提供支持。

根据公共安全风险分析的目的、获得的信息数据和资源，风险分析可以是定性的、半定量的、定量的或以上方法的组合分析。一般情况下，首先采用定性分析，初步了解风险等级和揭示主要风险，适当时进行更具体和定量的风险分析。

公共安全风险分析的结果可通过专家意见确定，可通过对事件或事件组合的结果分析来确定，可利用相关历史数据来推导确定，可利用故障树和事件树等建模方法来预测，也可通过对实验研究或可获得的数据的推导确定。对公共安全风险后果的描述可表达为有形或无形的影响，在某些情况下可能需要多个指标来确切描述不同时间、地点、类别或情形的后果。在公共安全风险分析中，应考虑组织的风险承受度及其对前提和假设的敏感性，并适时与决策者和其他利益相关者有效地沟通。另外，还要考虑可能存在的专家观点中的分歧及数据和模型的局限性。

二、公共安全风险的基本要素分析

围绕公共安全风险事件，风险可能性和发生后果是风险分析的基本要素，以此为基础，形成公共安全风险分析矩阵，并得出公共安全风险分析的基本结论。

（一）风险可能性分析

对公共安全风险发生可能性（也称为概率）进行分析，通常主要依据风险识别中获取的全要素数据或既往文献资料，分析并推测事件发生的可能性，不同类别风险的概率评估具有其研判标准。

对公共安全风险兑现为公共安全事件的可能性进行定性分析时，可以考虑但不限于以下因素：（1）相关制度的完善程度与执行力度，包括与公共安全相关的法律法规、政策制度的完善程度，以及相关管理组织内部用以控制风险的策略、规章、制度的完善程度及执行力度等；（2）利益相关者的综合状况，包括利益相关者的利益诉求、过往记录、风险偏好等；（3）人员素质，包括公共安全相关制度执行和工作人员对法律法规、政策、规章制度、业务技术以及风险控制技巧的了解、掌握程度等；（4）所涉及工作的频次，指相关工作在一定周期内发生的次数；（5）外部环境的影响程度和稳定性，包括自然、经济、社会、政治、法律、舆论等环境对公共安全的影响程度及其稳定性；（6）过去发生的同类型公共安全事件的情况及其发生频率；（7）所处特定或具体公共安全领域的特殊性和规律性。

在定性分析的基础上，可根据量化标准或定量方法，进一步计算风险发生的概率：对照发生概率度量表所列出的相关参数，通过综合分析，得出每个参数对应风险等级值，进而按照计算公式得出最终概率值。对公共安全风险兑现为公共安全事件的可能性进行量化计算时，可参考表 3-1 中列出的量化指标及其参数。

表 3-1 风险发生可能性（概率）的研判指标表

指标	释义	概率分级标准	描述	等级
历史发生概率（Q1）	从该风险过去 N 年发生此类突发事件的次数（频率）得出等级值。	过去 2 年发生 1 次以上	很可能	5
		过去 5 年发生 1 次	较可能	4
		过去 10 年发生 1 次	可能	3
		过去 10 年以上发生 1 次	较不可能	2
		过去从未发生	基本不可能	1
现场管理水平（Q2）	从安全生产标准化评审分值得出等级值（安全生产标准化评审分值采用现场实际得分折算进行。安全生产标准化评审分值＝现场实际得分/（600－现场部分实际不涉及项分值）×1 000）。	低于 700 分	很可能	5
		700～799 分	较可能	4
		800～899 分	可能	3
		900～950 分	较不可能	2
		950 分以上	基本不可能	1

续表

指标	释义	概率分级标准	描述	等级
风险承受能力（Q3）	从评估对象自身的风险承受力（稳定性）来判断发生此类突发事件的可能性。	承受力很弱	很可能	5
		承受力弱	较可能	4
		承受力一般	可能	3
		承受力强	较不可能	2
		承受力很强	基本不可能	1

（二）风险发生后果分析

对风险发生后果（也称为严重性）进行分析，通常是对突发事件可能会产生一系列直接影响和间接后果进行定量或定性的分析。直接影响通常包括人员死伤、安置人数、经济损失、基础设施影响、生态环境影响等，间接后果包括应对成本和赔偿损失等。

对公共安全风险兑现为公共安全事件的后果进行定性分析时，可以考虑但不限于以下因素：（1）后果的类型，包括财产类的损失和非财产类的损失等。对于公共事务活动而言，非财产类的损失，例如生命和健康的损失、政府公信力的下降、社会稳定问题的负面影响、社会秩序的破坏、市场环境的恶化等，通常更为值得关注。（2）后果的严重程度，包括财产损失金额的大小、非财产损失的影响范围、法律法规的规定、利益相关者的反应等。在某些情况下，可能需要多个指标来确切描述不同时间、地点、类别或情形的后果。

对公共安全风险发生后果的量化计算或定量分析，一般需预测后果损失规模、确定参数等级、计算发生损失后果。预测后果损失规模是按照后果严重性度量表中列出的损失参数，预测每个参数可能产生的损失规模；确定参数等级是根据预测的损失规模，对照后果严重性临界值标准表，确定每个损失参数的损失等级；根据每个参数损失等级值，计算出最终的损失后果值。具体可参考表3-2中列出的量化指标及其参数。

三、公共安全风险的关联因素分析

围绕公共安全风险关联的主体（个体、组织等），公共安全风险还需作进一步的关联因素分析，主要包括公众态度调查分析、利益相关分析和风险所有权分析。

表 3-2 风险发生后果的研判指标表

领域	释义	具体指标	后果分级标准	描述	等级
人	安全风险对人这一领域所造成的损失主要从死亡人数、受伤人数的两个参数进行衡量。死亡人数是指因安全风险引发的事故或突发事件而遇难（包括经法定程序宣布死亡）的人数。受伤人数是指因安全风险引发的事故或突发事件而受伤，须接受医生或医疗机构治疗的人数。	死亡人数	≥10	很大	5
			3～9	大	4
			1～2	一般	3
			0	小	2
			0	很小	1
		受伤人数	≥50	很大	5
			16～49	大	4
			5～15	一般	3
			3～4	小	2
			≤2	很小	1
经济	经济损失是指因安全风险引发的事故或突发事件造成的人身伤亡及善后处理支出的费用和毁坏财产的价值。	经济损失	≥10 000	很大	5
			5 000～9 999	大	4
			1 000～4 999	一般	3
			200～999	小	2
			≤199	很小	1
社会	安全风险对社会这一领域所造成的损失主要包括周边敏感目标影响人数、社会关注度两个参数。周边敏感目标包括党政机关、军事管理区、文物保护单位、学校、医院、人员密集场所、居民居住区、大型公交枢纽等。社会关注度是指社会对因安全风险引发的事故或突发事件关注的程度，主要体现在突发事件发生后，公众通过互联网、手机、电视、电台、报纸杂志、交谈交流等渠道对该事件关注的范围和时间的长短，从持续时间与关注范围两个方面进行衡量。	周边敏感目标影响人数	≥10 000	很大	5
			5 000～9 999	大	4
			1 000～4 999	一般	3
			100～999	小	2
			<100	很小	1
		社会关注度	国内或国际 30 天以上	很大	5
			国际 1～7 天，国内 7～30 天，本市 30 天以上	大	4
			国际 1 天内，国内 1～7 天，本市 7～30 天，本区 30 天以上	一般	3
			国内 1 天内，本市 1～7 天，本区 7～30 天	小	2
			本区或本市 1 天内	很小	1

（一）公众态度调查分析

与公共安全相关的公众态度调查分析，是根据所需调查的项目情况，设计社会调查内容，围绕公共安全相关的因素对相关利益者（相关部门、群众）展开调查。社会调研的方式包括：走访、问卷调查、当面听取意见等。开展时要向调研对象说明项目背景、方案、可能产生的影响等项目情况，以便其了解真实情况，表达真实意见。同时注意调研对象的广泛性、针对性和代表性，注重调研的方式和方法，确保收集意见的真实性和全面性。

一般而言，根据利益相关的程度和范围，可设定利益相关"三级圈"开展全面调查、重点调查和普通调查（如表3-3、表3-4所示）。

表3-3 公共安全风险的公众态度调查分析"三级圈"一览表（以社会稳定风险为例）

风险调查对象	调查特征	调查范围	调查区域
一级利益相关群体	全面调查	距待评事项的物理位置 0 到 1 000 米的区域	敏感项目所毗邻的社区（村庄）
二级利益相关群体	重点调查	距待评事项的物理位置 1 000 米到 2 000 米的区域	敏感项目所在的乡、镇、街道
三级利益相关群体	普通调查	距待评事项的物理位置 2 000 米到 10 000 米的区域	敏感项目所在的区、县

注：该表为通常情况下的风险调查设计，根据具体项目需适当调整。

表3-4 公共安全风险的公众态度调查分析"三级圈"调查结论一览表（以社会稳定风险为例）

风险调查圈	覆盖地区	支持率	中立率	反对率
一级调查圈	一级调查圈的地区 A			
二级调查圈	二级调查圈的地区 B			
	二级调查圈的地区 C			
三级调查圈	三级调查圈的地区 D			
	三级调查圈的地区 E			
	三级调查圈的地区 F			
合计				

注：该表为通常情况下的态度分布设计，根据具体项目需适当调整。

调查分析的方式方法应根据实际情况尽可能多样化。调查的方法有问卷法、访谈法、实现观察法、文献法等。可根据项目的特点及项目所在地的实际情况，选择适用的方式方法进行调查。实际工作中可采取公告公示、实地踏勘、走访群众、召开座谈会等方法，以达到广泛调查、充分收集各方意见和诉求的目的。

第一，问卷法，也称问卷调查法，它是调查者运用统一设计的问卷向被选取的调查对象了解情况或征询意见的调查方法。该方法可结合环境影响评价的公众参与过程进行。问卷调查的实施步骤包括设计问卷、选择调查对象、分发问卷、回收问卷等过程。设计问卷应注意：必须围绕调查主题设计；语句中所运用的概念要明确、具体；必须杜绝造成调查者与被调查对象之间产生歧义的概念；问卷语句要防止诱导性，对于敏感性问题要讲究处理的技巧。以社会稳定风险的社会问卷调查为例，如表3-5所示。

表3-5 某项目社会稳定风险调查问卷

调查内容		意见	备注
1. 通过简要介绍，您是否了解本项目	比较了解		
	了解一些		
	不了解		
2. 您认为本工程建设将给您带来的生活影响主要是？	有利影响		
	不利影响		
	无影响		
3. 您认为本工程建设将给您带来的工作影响主要是？	有利影响		
	不利影响		
	无影响		
4. 本工程建设的施工可能会给您的生活带来不便和干扰，您认为主要的影响将是？	行走不便		
	生态影响		
	危及生命安全		
	影响身体健康		
	其他		
5. 您认为本工程建设可能造成的不利影响表现在哪些方面？	空气环境		
	水环境		
	噪声		
	辐射		
	固体废物		
	其他		

续表

调查内容		意见	备注
6. 您认为本项目影响社会稳定的最主要因素是什么？	社区治安问题		
	施工安全和质量		
	劳务队讨薪		
	环境污染		
	拆迁征地问题		
	其他		
7. 您认为该项目的建设对当地区域发展、本市乃至全国的发展是否有意义？	有意义		
	无意义		
	不知道		
8. 您认为该项目建设对周边单位发展是否有利？	有利		
	无利		
	不知道		
9. 您对本项目建设持有的态度是什么？	支持		
	不支持		
	不表态		

注：该表为通常情况下的风险调查问卷，根据具体项目需要灵活调整。

第二，访谈法，即由访谈者根据调查研究所确定的要求与目的，按照访谈提纲或问卷，通过个别访谈或集体访谈的方式，系统而有计划地收集资料的一种调查方法。个别访谈是指对访谈对象进行单独访谈，其实施一般包括访谈准备、接触访谈对象、正式访谈、结束访谈四个环节。集体访谈也叫会议调查法，就是调查者邀请若干被调查者，通过集体座谈方式或集体回答问题方式收集资料的调查方法。采用座谈会、研讨会的方式开展相关者（公众）调查，征询相关者、专家和公众意见的，会议应由中介服务机构和项目单位共同主持。应事先明确会议主题，确定参会人数，让参会者提前准备，选好场合和时间，避免权威人士左右其他人员发言，最后要总结。

第三，实地观察法，即在自然条件下，观察者带有明确的目的、有计划地运用自己的感觉器官和借助观察工具，直接地、有针对性地收集资料的调查研究方法。观察的步骤分准备、实施、整理三个阶段。准备阶段，需要确定观察的对象、具体手段、时间、地点和范围，以及制定观察提纲；实施阶段，需要接入观察现场，与观察对象建立友好关系，进行观察和收集资料，最后退出观察现场；整理阶段，需要整理、分析观察资料和撰写观察报告。

第四，文献法。文献法就是收集和分析研究各种现存的有关文献资料，从中选取信息，以达到某种调查研究目的的方法。文献法的基本步骤包括文献收集、摘录信息、文献分析三个环节。收集文献的基本要求：取其精华，有的放矢，内容丰富，形式多样，系统连贯，注重时效。收集文献的主要渠道：个人、机构和互联网。文献信息的摘录步骤：浏览，初步判明文献的价值；筛选，根据需要从所收集的文献中选出可用部分；精读，在理解、联想、评价的基础上明确有价值的信息；记录，把在精读中确认的有价值的信息记录下来，供进一步分析研究之用。

（二）利益相关分析

利益相关分析是指根据公共安全利益相关群体的基本要素，进行利益相关群体的社会关系、诉求、心态、态度、矛盾冲突、维权意识等方面的分析，从而把握公共安全风险的系统状况和重要变化。利益相关分析的要素和方法如表3-6所示。

表3-6　利益相关分析的要素和方法一览表

分析项	主要方法	作用
利益相关群体的社会关系分析	（1）对不同利益相关群体之间的关联网络、社会网络、社会资本等因素进行分析，分析其对项目的影响。 （2）对影响社会群体的行为和态度的道德规范、价值观念、信仰体系等要素，也纳入分析。	分析"最好-最坏"的社会关系格局
利益相关群体的诉求分析	（1）绘制各利益相关群体不同的利益诉求、期望、心理、行为反映的特征图表。 （2）可采用小组座谈会等方式调查利益诉求的合法性与合理性。 （3）进行评价和分析，得出结论。	分析"最好-最坏"的诉求
利益相关群体的心态分析	（1）全面覆盖：受益方和受损方，核心利益相关群体、重要利益相关群体、一般利益相关群体与旁观者，重视目前已确定的利益相关群体、预期的利益相关群体和潜在的利益相关群体。 （2）动态追踪：关注利益相关群体的构成变动，掌握其心态的变化规律，预测变动趋势。 （3）同类比较：参考同类利益相关群体的心态分析成果，遵循一般规律，进行同类借鉴。	分析"最好-最坏"的心态

续表

分析项	主要方法	作用
利益相关群体的态度分析	(1) 分析不同利益相关群体对项目建设运行的基本反应。 (2) 分析不同利益相关群体对补偿的要求。 (3) 分析不同利益相关群体对附加条件的要求等。	分析"最坏"态度
利益相关群体的维权意识分析	(1) 分析社会地位比较低的弱势群体的维权意识。 (2) 分析社会地位比较高的强势群体的维权意识。 (3) 分析本地区的弱势群体与强势群体的获益差距等。	分析"最坏"可能性
利益相关群体的矛盾冲突分析	(1) 对利益相关群体之间、利益相关群体和项目之间在利益、价值观、心理感受等方面存在的矛盾冲突进行分析。 (2) 结合利益相关群体的行为表现和反应,分析矛盾的大小和冲突的可能性。	分析"最坏"矛盾冲突

注:该表为不完全概括,具有相应的误差。

在利益相关分析中,需遵循利益相关群体反对理论与利益相关群体"冰山效应"理论。

第一,利益相关群体反对理论表明,利益相关群体的分类由利益相关度和群体态度两方面因素交互影响决定。这一理论模型如图 3-1 所示。其中,利益相关群体的反对态度是公共安全风险尤其是社会稳定风险分析中关注的关键,Ⅰ区是利益高度相关且持反对态度的群体分布区域,需重点关注,并兼顾利益相关度不高但持反对态度的Ⅱ区。

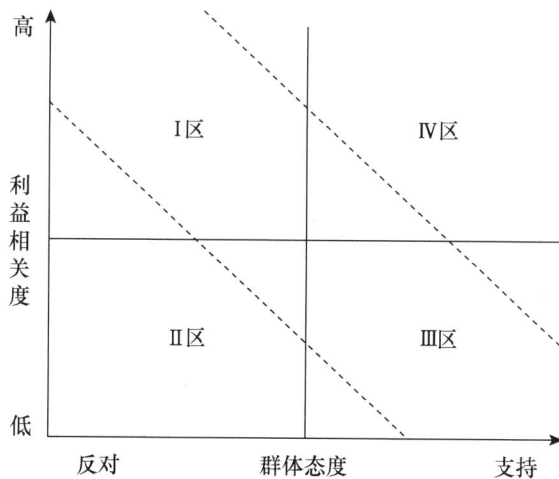

图 3-1　利益相关群体反对理论模型

第二，利益相关群体"冰山效应"理论表明，不同的利益相关群体存在各自的利益诉求，在诉求的驱使下，不同类别的利益相关群体之间会产生关联，在"线上"和"线下"开展交流和互动，建立关系和联系。其中，一部分利益相关群体由于其利益关联、言论行为等成为直接显性的利益相关群体，即为露出"水面"的"冰山一角"，其他更多数量、更大规模、更为复杂的利益相关群体反而隐藏在"水面"之下，并可能转化为直接显性的利益相关群体，从而形成利益相关群体"冰山模型"，如图 3-2 所示。对于间接隐性的利益相关群体的识别和预测，可根据利益相关群体的基本要素，进行利益相关群体的多维度分析，从而把握舆情风险的系统状况和重要变化，根据直接显性的利益相关群体来科学预测间接隐性的利益相关群体状况。

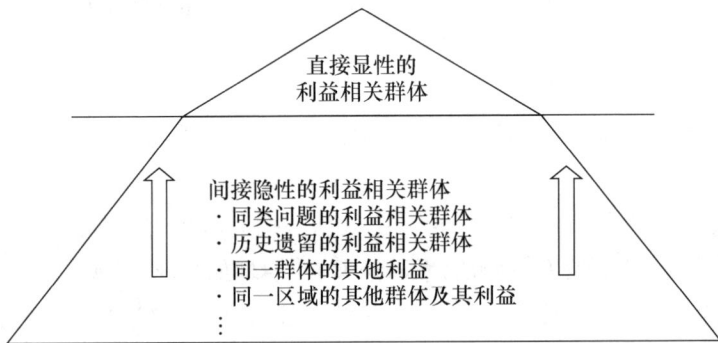

图 3-2 利益相关群体"冰山模型"示意图

(三) 风险所有权分析

风险所有权是公共安全风险治理的基础，通过明确风险所有权明确责任归属，可以有效落实风险管理的具体工作。风险所有权的归属划分，应坚持风险与职能相匹配的原则，根据外部的风险特征与内部的部门职能来分配风险所有权的归属。风险所有权的划分同时也决定部门机构的设置。在不同的政府管理领域中，根据不同的风险权限与责任归属，设置相应的风险管理部门机构。例如，美国 18 类重要基础设施和关键资源领域都有对应的风险管理部门，如表 3-7 所示。

表 3-7 美国政府风险管理的风险所有权划分

风险管理部门	风险管理领域
农业部、卫生与公众服务部	农业和食品

续表

风险管理部门	风险管理领域
国防部	国防工业基础
能源部	能源
卫生与公众服务部	保健和公众健康
内政部	国家级象征物
财政部	银行和金融
环境保护署	水资源
国土安全部基础设施保护办公室	化学
	商业设施
	关键制造业
	水坝
	应急服务
	核反应堆、原料和废物
网络安全和通信办公室	信息技术
	通信
运输安全局	邮政和运输
运输安全局美国海岸警卫队	交通系统
移民暨海关执法局	移民、海关、边境安全

在政府风险管理中，风险所有权直接关系到政策制定、过程监管和事后追责。因此，风险所有权的制度设计在很大程度上决定着风险管理成效：一方面，就积极作用而言，明确责任，便于追责；另一方面，就消极影响来说，易形成"部门壁垒""信息孤岛"等。

政府风险管理是个庞杂的整体系统，其风险所有权的制度设计更为复杂。按所处位置，可分为"上游""中游""下游"：（1）"上游"是指规划和决策环节，其风险所有权的确定一般以定责为基础，需采取设定责任目标、设置岗位及其职责、设置责任考核标准、制定"责任清单"、签订责任书等实施方法和配套方案，例如《国务院工作规则》（2018 年 6 月 25 日发布）要求建立健全重大决策终身责任追究制度及责任倒查机制。（2）"中游"是指执行和监管环节，其风险所有权的确定与监督相互补充，需要采取内部督导、暗访检查、社会监督（新闻媒体、人民群众等）等实施方法和配套方案，例如国务院《重大行政决策程序暂行条例（征求意见稿)》（2017 年 8 月）要求追究"决策承办单位的法律责任"和"决策执行单位的法律责任"。（3）"下游"是指应急处置和救援环节，其风险所有权的确定一般与考核相结合，需要采取绩效考核、责任倒查、调查追责等实施方法和配套方案，例如《突发事件应对法》要求政府及其有关部门若存在未按规定及时发布突发事件警报、采取预警期的措施导致损害发生，未按规定及时采取措施处置突发事件或者处置不当造成后果等行为，根据情节对直接负责的主管人员和其他直接责任人员依法给予处分。落实全流程的风险责任，则需要建立上、中、下游全流程责任管理制度，具体包括：（1）"上游"做好目标设定和定岗定责的工作，明确风险控制方案的制定人员、实施人员、监督人员和维护人员等的职责；（2）"中游"落实内部和外部监督，通过上级督导、专业审计、群众监督、媒体监督，促进执行过程中的责任落实和失误最小化；（3）"下游"做好绩效考核和追责问责的工作。

在全球实践中，政府风险管理的风险所有权落实主要表现为两种趋势和形式。第一种是风险责任集中化与首长负责制。在政府风险管理中，风险所有权归个人所有时，风险责任呈现集中化的特征。在首长负责制中，通常由最高领导如总统、部长、州长等进行决策，风险责任也随之被集中化。首长负责制的典型案例是总统制，在总统制下，总统既是国家元首也是政府首脑，统揽行政权力，除个别重要任命需通过议会外，政府官员由总统任命，向总统负责。总统独立于议会之外，定期由公民直接或间接选举产生，总统向选民负责。首长负责制有利于提高政府风险管理的行政效率，同时在责任连带管理制度的约束下，实现整体责任统筹，但风险也随之产生，若决策或管理失误，将产生重大的社会负面后果。第二种是风险责任分散化与集体负责制。在政府风险管理中，风险所有权归集体所有时，风险责任呈现分散化的特征。设置集体负责制，由集体进行决策，分散风险责任。集体负责制的实例是委员会制，在委员会制的运作下，行政组织的决策权及管理权并不是由单一的领袖所拥有，而是由一定数目委员所组成的委员会行使，委员会的决策通常按协商一致原则进行。委员会制的优点是能集思广益，对问题能有较周全地考虑，各方面的利益和需求均可在委员会内反映出来。更加重要的是，权力在委员会内受到制约而至平衡，能够防止个人专政等现象出现；但另一方面，委员会制若缺乏具有号召力的团队领袖，则易导致委员之间权责不清，甚至可能出现委员们互相推卸责任的现象，导致委员会的决策及行动缓慢，行政效率低下。

第二节　公共安全风险分析的国际经验和研究方法

一、概述

区别于以排序为目的的风险定级方法，风险分析更注重全面分析风险环境，考虑导致风险的原因和风险源、风险后果及其发生的可能性，识别影响后果和可能性的因素，还要考虑现有的风险控制措施及其有效性。因而，风险分析更加考验风险管理者对风险分析过程的科学处理。目前，许多发达国家和地区依据区域风险特征形成了风险管理体系，如美国于 2008 年成立国土安全部风险管理与分析办公室（RMA），研究、设计并推广风险分析框架和方法，以支持风险管理决策。

风险分析关注风险后果和可能性，通常采用定量方法或定性与定量相结合的方法。沃斯较早提出了包括数学模型、统计方法等在内的较为完善的风险定量分析指南；经济合作与发展组织提出的"压力－状态－响应"模型（PSR 模型）是基于模糊数学分析人类活动对生态环境的影响程度，伊马诺夫借此讨论基于模糊集和模糊逻辑的风险分析工具，展现了模糊数学在风险分析的定量化研究中的重要作用[①]；瓦尤因斯通过结合使用失效模式分析（FMEA）与根原因分析（RCA）的方法，研究事故灾难风险分析的有效路径，可用于工厂空气污染、火灾事故等[②]。国际上现有的公共安全风险分析方式主要分为风险环境、风险指数、调查研究、统计模拟、经验理论，各方式的情况对比如表 3－8 所示。

表 3－8　公共安全风险分析的方式对比

	风险环境	风险指数	调查研究	统计模拟	经验理论
目标	分析风险所在环境	计算风险指数	研究风险预防计划	模拟风险事件	梳理风险因素和分析过程
类别	定性分析/定量分析	定性分析/定量分析	定性分析/定量分析	定量分析	定性分析

① IMANOV G . Models of socioeconomic security. Fuzzy models in economics. 2021.

② WAHYUNINGSIH S R. Disaster risk identification and mitigation planning in sugar purification process（case study in Pgtoelangan Sidoarjo）. Undergraduate theses. 2020.

续表

	风险环境	风险指数	调查研究	统计模拟	经验理论
结果	风险的各项环境因素	风险指数	预防方案	概率值	无固定结果
优点	思路清晰、便于理解	适用范围广	简单、易操作	全面且较为精确	简单、易操作
缺点	不够全面	指标选取有主观性	不全面、具有主观性	操作过程复杂	主观性较强
难度	偏易	偏难	偏易	难	易
示例	人因可靠性分析法、灾害系统理论	层次分析法、风险指数法	抽样调查法、访谈法	蒙特卡洛数值模拟法、风险概论法	头脑风暴法、德尔菲法

目前，风险分析的内容逐渐由单一性向综合性转变。雷恩等人认为，风险分析内容逐渐趋于高复杂度的系统性风险，需要展开综合风险分析[①]，因而通过整合多种分析工具和方法，可以同时使用多种方法以解决复杂的风险问题。

二、风险环境：人因可靠性分析法

风险环境是对风险所处环境进行分析的一类方法，不同种类的突发事件具有不同的风险环境，人因可靠性分析法（human reliability analysis）是主要用于事故灾难类突发事件的一种风险分析方法。

认识人因首先要认识人机系统，即由人、机器设备、组织、环境四个部分组成，是由客观存在的设备和具有主观能动性的操作人员及相关环境因素共同组成的。人因可靠性分析法是以人因工程、系统分析、认知科学、概率统计、行为科学等学科为理论基础，以对人的可靠性进行定性与定量分析和评价为中心内容，以分析、预测、减少与预防人的失误为研究目标的一种风险分析方法。该方法体现了人类认知的多层次性和由浅入深及循环往复的必然规律，并对各个层次上的失误类型的特点和原因进行了详细的分析和讨论，较为客观地反映了人的失误的内在机理，有助于改进人机风险环境和防范人的失误。因人的失

---

① RENN O, MACGREGOR B. New challenges for risk analysis: systemic risks. Journal of risk research, 2021, 24 (1): 127-133.

误模式产生的事故称为人因事故，人因事故成因过程如图 3 - 3 所示。

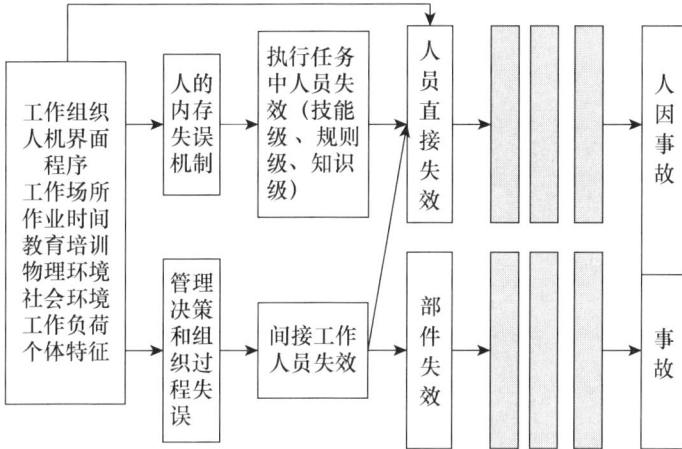

图 3 - 3 人因事故成因过程

人的失误模式主要分为技能型、规则型、知识型三种，如图 3 - 4 所示。其错误原因可通过根原因分析等方法进行，根原因分析过程如图 3 - 5 所示。

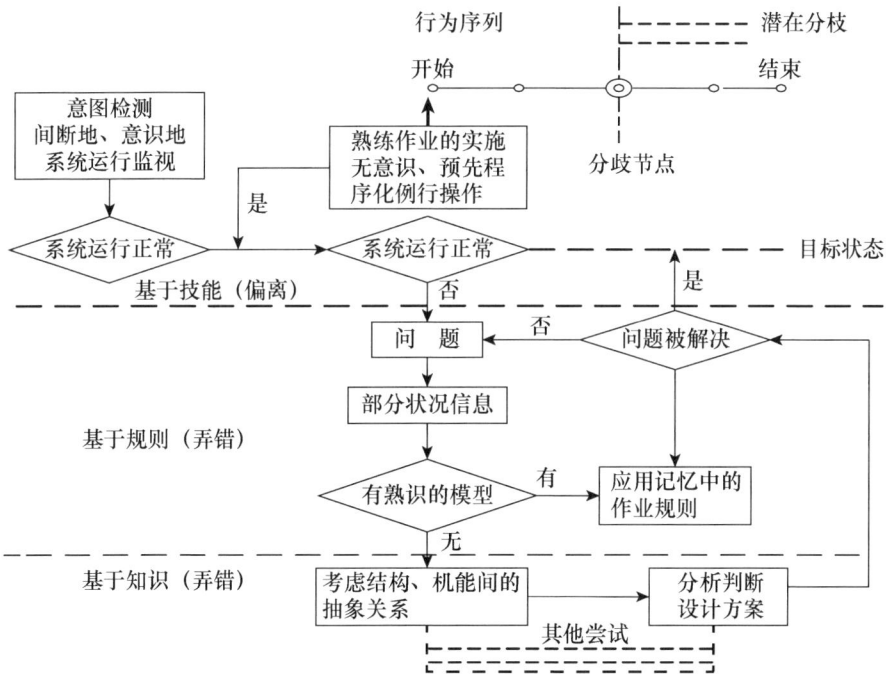

图 3 - 4 人的失误模式

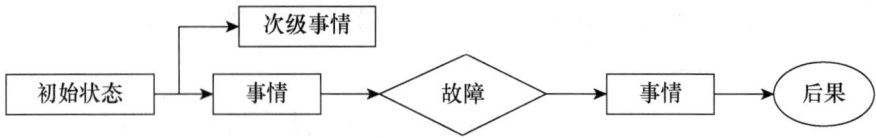

图3-5 根原因分析过程

通过厘清人的错误模式和原因，可开展人因可靠性分析，其分析过程如图3-6所示。人因可靠性分析法可应用于风险事件分析全过程，即事前、事中、事后，根据事故具体情况，通过模型与其他方法的叠加，展开定性或定量分析。

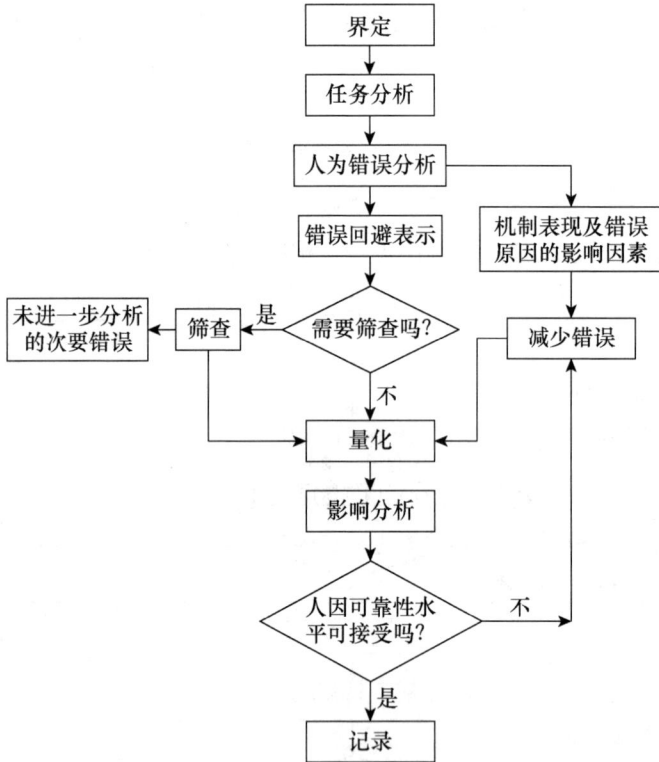

图3-6 人因可靠性分析过程

三、风险指数：层次分析法

风险指数是通过定性的指标选择和定量的指数计算的综合过程确定风险指

数，此类方法多以模糊数学及相关理论为基础将风险分析过程定量化或半定量化，层次分析法（analytic hierarchy process）即为代表性方法。

层次分析法，又称模糊综合评价法，由美国著名运筹学家匹兹堡大学教授萨蒂于 20 世纪 70 年代初期提出，其基本思路是：首先找出解决问题涉及的主要因素，将这些因素按其关联、隶属关系构成递阶层次模型，通过对各层次中各因素的两两比较，确定各个因素的相对重要性，然后进行综合判断，确定评价对象相对重要性的总的排序。层次分析法的核心，是对给定元素下一层次相关元素比较重要性。层次分析法的基本步骤是：

（1）将问题概念化：找出研究对象所涉及的主要因素。

（2）将问题分解为层次结构：分析各因素的关联、隶属关系，构造系统的递阶层次结构，这里的层次结构模型由从上到下的目标层（自然灾害层 A，一个元素）、准则层（风险因素类型层 B，m 个元素）、子准则层（风险因素子类型层 C，k 个元素）和方案层（具体风险因素层 C，n 个元素）组成，以定量评价这些具体风险因素所引起的后果的严重程度，如图 3-7 所示。

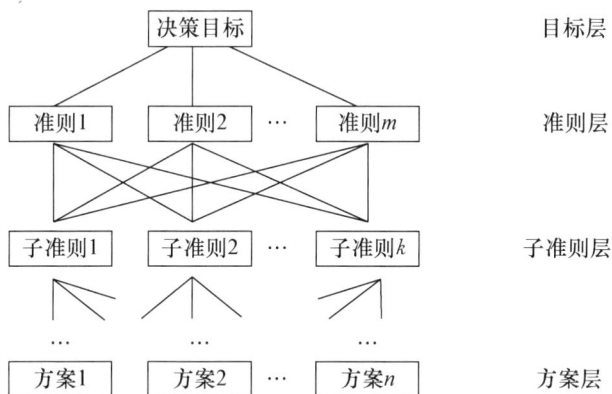

图 3-7　递阶层次模型

（3）两两比较，构造判断矩阵：对同一层次的各因素关于上一层次中某一准则的重要性进行两两比较，根据专家打分构造判断矩阵（常常使用表格形式）。矩阵 R_A 中的元素 r_{ij} 值表示元素 B_i 对 A 的影响比元素 B_j 对 A 的影响的重要程度。

（4）一致性检验：由判断矩阵计算被比较因素对上一层次该准则的相对权重，通过层次单排序从判断矩阵取出同一层相关因素的权向量，计算判断矩阵

R 的特征根和特征向量 W：$RW = \lambda W$，即，解线性方程组 $(\lambda I_n - R)W = 0$（其中，I_n 是 n 阶单位矩阵），求向量 W，其中，与最大特征根 λ_{max} 对应的 W 为所求，并进行一致性检验。

（5）计算各层次因素相对于最高层次，即系统目标的合成权重，即各层次相关的权相乘，合成总权向量，进行层次总排序，并进行一致性检验，检验两两比较是否有过大的矛盾。

四、调查研究：抽样调查法

调查研究是通过事先拟定调研计划和调查问卷开展风险调查和预防的过程，具有代表性的方法是抽样调查法（sample survey），国内的自然灾害综合风险普查也为此种方法。抽样调查法是按照随机原则从总体中抽选出来若干个抽样单元的过程，如图 3-8 所示。

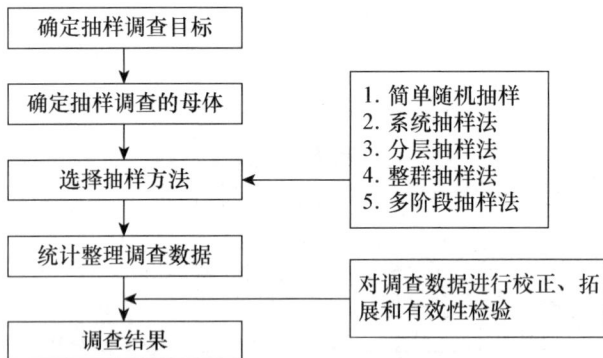

图 3-8　抽样调查过程

风险调查中的总体可以是人口数，也可以是灾害隐患等。在抽样以前，把总体划分成若干个互不重叠并且能组合成总体的部分，每个部分称为一个抽样单元，不论总体是否有限，总体中的抽样单元数一定是有限的。抽样单元又有大小之分，一个大的抽样单元可以分成若干个小的抽样单元，最小的抽样单元就是每一个个体。

五、统计模拟：蒙特卡洛数值模拟法

统计模拟是基于概率论与数理统计思路进行风险事件模拟的一类方法，蒙特卡洛数值模拟法（Monte Carlo simulation）即为其中之一。20世纪40年代，

随着电子计算机问世，用随机实验方法解决实际问题成为可能。美国数学家冯·诺伊曼和乌拉姆等提出了蒙特卡洛数值模拟法。

蒙特卡洛数值模拟法是以统计抽样理论为基础，利用随机数，经过对随机变量已有数据的统计进行抽样实验或随机模拟，以求得统计量的某个数字特征并将其作为待解决问题的数值解，用于评估不确定性因素在各种情况下对系统产生影响的方法，该方法可以用于解决一般的复杂状况。

当所求问题的解是某个事件风险的可能性或后果概率时，通过某种实验的方法，得出该风险事件发生的频率，或者该随机变量若干个具体观察值的算术平均值，通过它得到问题的解，这就是蒙特卡洛数值模拟法的基本思想，其实施过程如图 3-9 所示，由于计算量问题，此方法多用计算机进行。

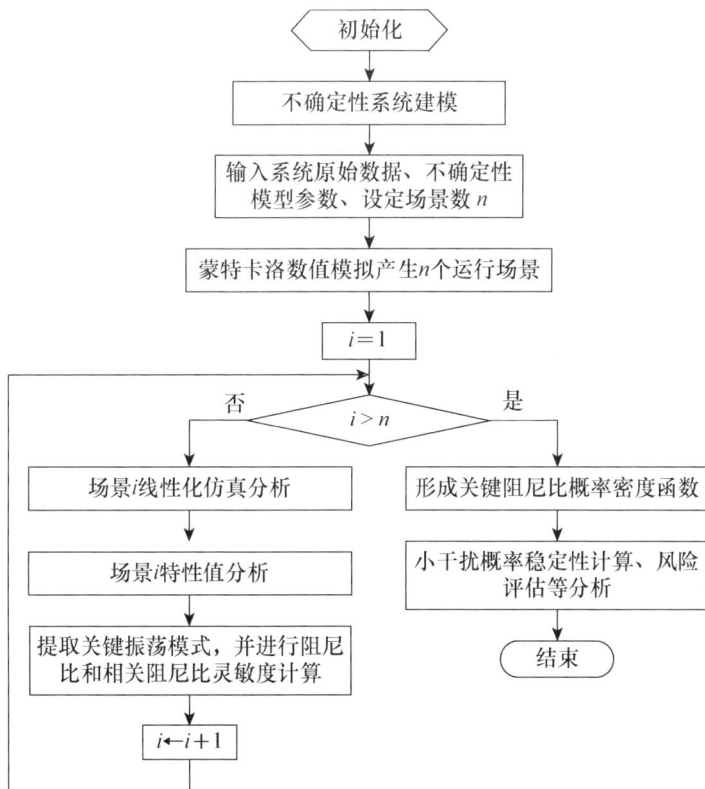

图 3-9　蒙特卡洛数值模拟法实施的过程

六、经验理论：头脑风暴法

经验理论是基于群体智慧以讨论、访谈等方式进行风险分析的一类方法，其多穿插于其他方法中使用，是不可或缺的一类方法，头脑风暴法（brainstorming）即为其中之一。

头脑风暴法，又叫畅谈法、集思法等，由美国奥斯本博士于 1941 年提出，是采用小型会议的组织形式，引导每个参加会议的人围绕某个中心议题，广开言路、激发灵感，在头脑中掀起风暴，畅所欲言地发表独立见解的一种创造性集体思考的方法。此方法需遵循自由思考、会后评判、以量求质、"搭便车"（见解无专利）等四个原则。

头脑风暴法可以是正式的，也可以是非正式的。正式的头脑风暴法组织化程度很高，其中参与人员需提前准备，具有明确的会议目的，并设置具体的方法来评价讨论思路。非正式的头脑风暴法组织化程度较低，更具针对性。一场正式的头脑风暴的组织过程如图 3-10 所示。

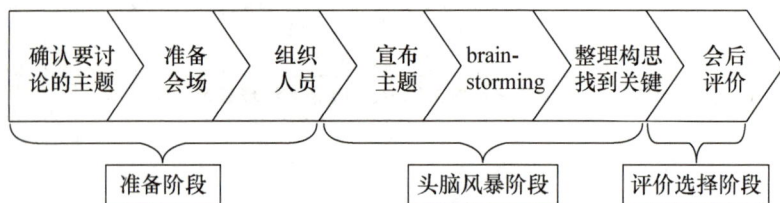

确认要讨论的主题 / 准备会场 / 组织人员 / 宣布主题 / brainstorming / 整理构思找到关键 / 会后评价

准备阶段　　头脑风暴阶段　　评价选择阶段

图 3-10　头脑风暴的组织过程

第三节　公共安全风险分析的经典案例分析或最佳标杆研究

◎ 学校安全风险管理体系的"风险所有权"分析

北京市大兴区创新学校安全风险管理，构建了"主动防、科学管、立体化"的风险管理体系。其加强风险所有权的科学管理和立体设计，通过明确风险责任主体、提升风险应对能力、制定标准化风险应对流程，实现风险管理的"科学管"；通过系统内部纵向联动、党政部门间横向联动、政府与社会公众全面联动，实现风险管理的"立体化"。

（一）明确风险责任主体，消除风险责任空白

在开放性风险环境下，多个风险责任主体之间可能存在职责交叉，可能有部分风险责任无人承担，出现风险漏洞。因此，必须科学划分风险责任主体的责任界限，可将风险责任主体分为高层、中层和基层，各自承担不同的风险责任（见表3-9）。

表3-9　安全风险责任划分

高层风险责任主体	职责范围	（1）掌握风险管理工作总体情况，落实各项工作；（2）主持召开各层级风险责任主体工作会议；（3）与下级行政部门和直属单位签订风险工作责任书，指导督促下级部门工作；（4）组织协调重大风险事件的善后工作，协助有关部门进行责任追究。
	工作要求	（1）定期召开风险会商会议；（2）定期深入各单位进行督查，协调各部门解决单位风险管理工作中的重大问题。
	处罚措施	（1）对未制定风险管理方案或隐患排查方案，或未有效组织实施的，给予诫勉谈话，仍落实不到位的给予行政警告处分；（2）对未按有关规定开展风险隐患专项整治的，对查出隐患监督整改不力的，予以严肃处理；（3）因监管不力发生安全事故的，按照法律法规及有关规定，给予行政处分直至追究法律责任。
中层风险责任主体	职责范围	（1）贯彻实施上级制定的相关法律法规和方针政策；（2）研究解决本地区重大风险问题，及时报告上级部门主要负责人；（3）督促有关职能部门对重点单位设施和场所加强风险管理，做好风险台账，组织制定落实重大风险隐患的治理措施。
	工作要求	（1）逐月开展单位风险隐患排查，并收集汇总各单位风险隐患排查及整改情况；（2）制定措施，明确任务，监督各单位各项风险管理制度的落实。
	处罚措施	（1）对未落实风险管理工作计划方案，或未能组织实施的，要给予通报批评、诫勉谈话等；（2）对未按有关规定组织开展单位专项整治的，要给予通报批评；（3）因监管不力发生风险事件，视情节轻重给予行政处分直至追究法律责任。
基层风险责任主体	职责范围	（1）贯彻执行各级风险责任主体关于风险管理的法律法规和方针政策；（2）加强风险管理队伍建设，明确职责；（3）对辖区内人员进行风险意识、风险文化宣传教育；（4）对辖区内组织的大型活动进行安全可行性论证和风险评估，严格审批安全预案；（5）实施风险管理工作责任倒查。
	工作要求	（1）组织开展天天巡查、每周一结、月月通报，健全风险隐患排查整改信息报告制度。

续表

| 基层风险责任主体 | 处罚措施 | (1) 对未能落实各项风险管理制度，不按规定开展风险隐患检查，整改措施不得力的处室和个人要给予通报批评、诫勉谈话；(2) 未按要求落实"一岗双责"制度，未组织开展风险隐患排查整改工作的责任人，要给予严肃处理；(3) 因监管不力发生风险事件的，按照法律法规及有关规定，给予行政处分直至追究法律责任。 |

资料来源：根据北京市大兴区"主动防、科学管、立体化"风险管理体系相关资料整理。

（二）提升风险应对能力，确保有效承担风险责任

不同风险责任主体承担的责任不同，需要有针对性地提升风险应对能力。高层风险责任主体需具备风险识别能力、研判预警能力、应急决策能力、应急处置能力、系统规划能力和统一协调能力等；中层风险责任主体需具备风险预警能力、风险防范能力、应急决策能力、应急处置能力、属地资源调配能力和信息传达能力等；基层风险责任主体需具备风险预警能力、风险防范能力、先期处理能力、报警能力和自救互救能力等。大兴区将校园风险应对能力培训成果纳入绩效考核体系，区教委、区应急办、区地震局、区消防支队联合成立专项工作验收小组，不定期对各校园应急避险疏散演练情况进行检查、督导和验收。

（三）制定科学的风险应对流程，减少风险应对失误

风险应对不当，可能会产生次生风险，扩大损失。因此，要制定科学化、规范化的风险应对流程，各责任主体严格按照流程，积极应对风险。风险应对流程包括常态防范与先期处置、科学决策与部门联动、决策执行与系统更新三个部分。常态防范与先期处置，即基层单位以上级下发的风险评估为指导，开展常态化的风险防范工作，并在风险事件爆发时及时开展先期处置，上报信息。科学决策与部门联动，即上级部门在接报后，对风险事件进行研判，并形成决策方案，相关职能部门联动应对，并向有关执行单位布置任务。决策执行与系统更新，即有关执行单位根据上级决策进行处置，事件处置结果列入年度绩效考核，事件处置过程中欠缺的相应技能及时反馈至能力提升规划，直接转化为下一次培训的需求，促进"主动防、科学管、立体化"风险管理体系的持续更新。

（四）系统内部建立纵向分级责任体系，实现纵向联动

系统内部纵向联动，首先，建立系统内部"纵到底"的风险责任网络体系，具体分为高层风险责任主体、中层风险责任主体、基层风险责任主体三级，各层级规范化管理，实现定岗定责。其次，根据实际需要不断完善"三级网格(基层风险责任主体) 自查自改、二级网格（中层风险责任主体）互查促改、一级网格（高层风险责任主体）督查督改"的风险责任体系，实施各级网格重大隐患会商制度、各级网格情况通报及责任倒查制度，形成三级网格各司其职、相互联动、综合管理的工作格局。大兴区在校园安全工作中将校园安全风险责任体系划分为区教委、各镇教委办、学校三级校园安全风险责任网格，实行分级管理，实现了网格划分在空间上无空白。实施"定岗定责""一岗双责"制度，确保教育系统内部风险责任明确，有效配合协调。

（五）党政部门之间建立横向责任体系，实现横向联动

党政部门横向联动。首先，构建党政部门"横到边"风险责任网络体系，明确风险责任的所有权，确保风险责任划分上无空白。其次，开展部门间合作与联动，定期举行跨部门的联席会议，并建立健全部门协调机制。针对校园安全问题，大兴区将教育、公安、司法行政、建设、交通、文化、卫生、工商、质检、新闻出版等部门力量整合起来，以保障学生健康和安全为核心，共担责任，协同配合。党政部门横向联动风险责任体系如表 3-10 所示。

表 3-10 党政部门横向联动风险责任体系

政府部门	风险责任
教育行政部门	（1）全面掌握校园风险管理状况，加强对学校风险管理工作的检查指导；（2）建立安全教育系统内部风险责任制度；（3）及时了解学校风险教育情况，组织学校有针对性地开展学生风险教育；（4）制定校园风险事件的应急预案；（5）协调政府其他相关职能部门共同做好学校风险管理工作，协助当地人民政府组织对校园风险事件的救援和调查处理。
公安部门	（1）了解掌握校园周边治安状况，指导单位做好校园保卫工作，及时依法查处扰乱秩序、侵害他人人身、财产安全的案件；（2）协助单位处理突发风险事件；（3）应当定期向行政部门通报相关的社会治安情况，提出具体预防要求。
司法行政部门	（1）协助单位检查落实安全制度和安全事故处理，定期对单位员工进行法制教育等，其工作成果纳入派出单位的工作考核内容；（2）对校园内违法违规事件依法进行处置。

续表

政府部门	风险责任
建设部门	（1）加强对特种设备安全状况的监管，发现安全事故隐患的，应当依法责令立即排除；（2）加强对单位工程建设各环节的监督管理，发现违反工程建设强制性标准的，应责令纠正；（3）依法督促单位定期检验、维修和更新安全防范设施设备。
卫生、交通等部门	（1）向教育行政部门和学校通报与学校安全管理相关的疾病防治、交通等情况，提出具体预防要求；（2）对学校的学生宿舍、食堂、实验室等重点存在安全隐患的地方进行排查。
文化、工商等部门	对校园周边的有关经营服务场所加强管理和监督，整治黑网吧、抑制暴力色情文化，依法查处违法经营者。

资料来源：根据北京市大兴区"主动防、科学管、立体化"风险管理体系相关资料整理。

（六）鼓励公众参与风险管理，实现全面联动

首先，加强风险沟通，培养公众的风险管理意识，鼓励社会公众参与风险管理。其次，明确公众在风险管理中的角色，对政府的风险管理工作进行监督、提出建议与积极配合，在突发风险事件发生时积极应对。最后，通过制度规范，确保公众有效参与风险管理。北京市部分学校由家长、社区志愿者等组成"护校队"，参与到安全校园风险管理中来。此类举措有助于提升家长对于校园安全风险应对的信心，有效地保障了校园安全，实现了政府与社会之间的联动。

◎ **基于无人机航拍的实景三维建模的消防重大安保风险分析**

消防作为"国家队、主力军"，承担着"全灾种、大应急"的应急救援任务，无人机在消防实战和重大活动安保中发挥着重要作用，如空中巡查、火情侦查、有毒气体检测、高空喊话、夜间照明、通信中继等。其中空中巡查在消防中的应用最为广泛，无人机搭载可见光和热成像镜头，对火场区域的地表温度进行探测，生成温度分布状态图，及时调配战斗员对火场区域进行扑救；无人机搭载变焦高清摄像头，对受灾区域实时监控追踪，回传精准的灾情变化情况，为指挥员提供辅助决策。目前，无人机在消防领域的应用越来越广泛，可以利用无人机进行多角度、多机位航拍，生成三维模型，通过模型直观掌握消防安保防范的重点核心区域以及消防人员和执勤车辆部署情况，对消防重大安保风险进行可视化、全方位分析，进一步拓展无人机航拍在消防应急救援领域中的应用①。

(一) 无人机倾斜摄影定义

倾斜摄影测量技术是在传统摄影测量的基础上，将倾斜角度拍摄的影像参与空中三角测量（空三）运算和纹理附着，满足大批量实景三维建模生产需求，它通过在同一个飞行器上搭载一台或多台传感器同时从多个角度获取目标区域的影像数据。与地面垂直角度拍摄获取的一组影像，称为正片；镜头朝向与地面构成一定夹角拍摄获取的影像，称为斜片，如图 3 - 11 所示。通过倾斜摄影测量，同时获得同一个位置多个不同角度的、高分辨率的影像，通过计算机对这些影像预处理，影像密集匹配自动识别同名影像点，空三求取拍摄物体的三维坐标，构建三角网络模型和纹理贴图，生成高精度的三维模型。

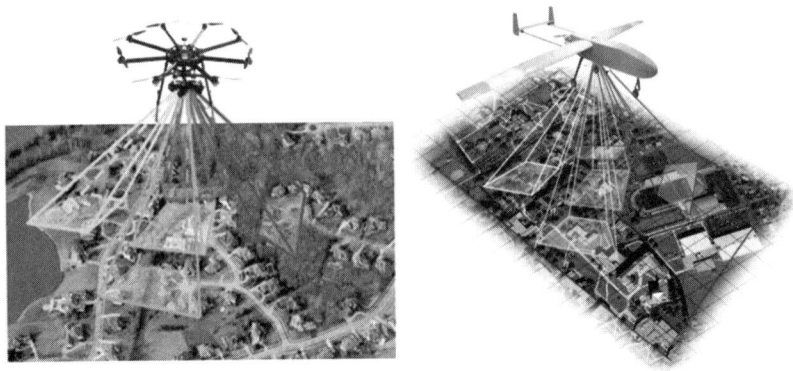

图 3 - 11　斜片示意图

(二) 倾斜摄影航线规划

无人机航线规划软件有很多种，比如 Altizure、DJI Gs Pro、DJI Pilot 等。本例使用多旋翼无人机五镜头进行航拍，利用 DJI Pilot 进行航线规划，要求建筑区 2cm 分辨率。具体航线规划如下：进入 DJI Pilot APP 界面，点击航线飞行，创建航线，航摄划分区域尽量为矩形，整体航线沿着划定的矩形区域长边方向敷设，点击建图航拍，进入卫星地图界面，勾选高清地图模式，检查飞行高度、返航高度和失控行为，飞行器实际需要的飞行范围要超出既定任务范围

---

① 张语涵. 基于无人机航拍的实景三维建模在消防重大安保中的应用. 消防界，2020（01 上）：71-72.

的 1 个航高，同时划分的区域内地形高差小于 1/2 航高，检查避障系统和遥控设置，设置航高、航速、航向和旁向重叠率，当既定的航拍区域内有超过 30m 的建筑物时，最小相对航高应按 100m 加上建筑物高度计算，同时航向重叠度大于 85%，旁向重叠度大于 80%。所有任务设置完成后，点击开始按钮，准备执行飞行任务。划定的无人机航线区域如图 3 - 12 所示。

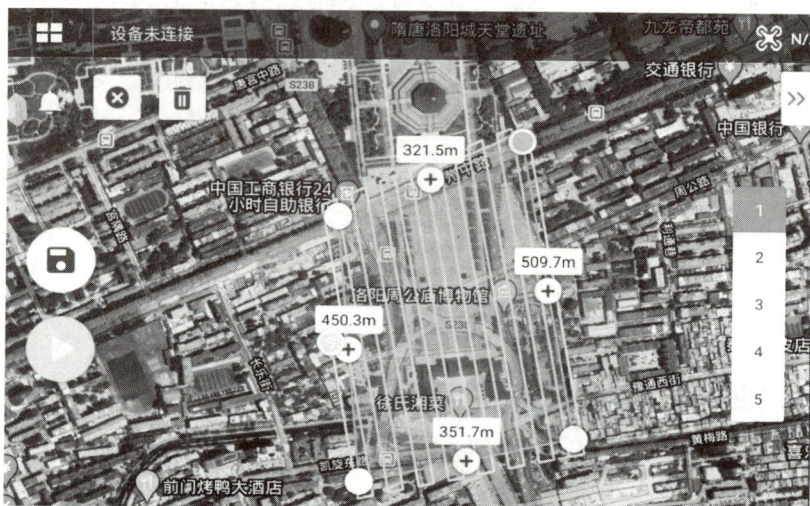

图 3 - 12　划定的无人机航线区域

（三）航测数据加工处理

航拍后获得的影像图片需要加工处理，目前处理数据的软件主要有：德国 Inpho 公司的核心产品 Inpho 摄影测量系统、俄罗斯的 Photoscan、法国 Bentley 公司的 ContextCapture、瑞士的 PIX4D 等。本例使用 ContextCapture 软件对航拍数据进行加工处理。倾斜影像的数据处理流程为：数据的预处理、多视影像区域网联合平差、多视影像密集匹配、数字表面模型生产、三维模型的生成及真正射影像的生成与纠正。参考流程如图 3 - 13 所示。

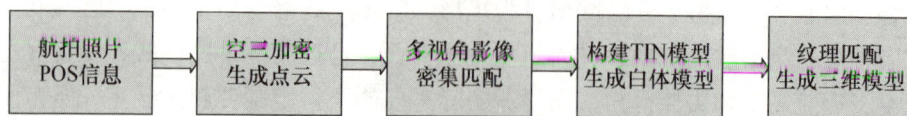

图 3 - 13　倾斜影像的数据处理参考流程

第一，数据的预处理。处理航拍照片和 POS 信息数据，航拍的图片处理有图片格式转换、对比度和曝光度调整、色彩曲线、图片降噪等。通过对图片进行预处理，生成所要区域的图像，图像可以清晰地显示地物，并且层次分明、反差适中、色彩明朗、色调一致。

第二，多视影像区域网联合平差。倾斜摄影获得的数据有垂直图像和倾斜图像，而部分传统空中三角测量系统主要以处理垂直图像数据为主，不能很好地处理倾斜图像，因此，采用多视影像联合平差处理倾斜摄影数据，充分考虑相片间的几何变形和遮挡关系，使得这个难题得到有效解决。通过 POS 数据得到的倾斜影像外方位元素，采取由粗到精的金字塔匹配策略，在每一级影片上进行同名点自动匹配和区域网光束法平差，能够得到较好的同名点匹配结果。

第三，多视影像密集匹配。倾斜影像覆盖范围大、分辨率高，密集匹配过程中会产生大量的冗余信息，为此，如何在匹配过程中充分考虑冗余信息，同时迅速精准获取倾斜影像上的同名点坐标，进而获取地面物体的三维信息是倾斜影像密集匹配的关键。

第四，数字表面模型生产。密集匹配得到高密度真彩色点云，进一步构成 TIN 三角网，形成了高精度、高分辨率的数字表面模型（DSM），采取滤波处理，空三解算出来的各倾斜影像外方位元素，分析与选择合适的影像匹配单元进行有差异的匹配融合，引入并行算法，提高计算效率，可以充分表达地形、地物起伏特征。

第五，三维模型的生成及真正射影像的生成与纠正。倾斜影像的真正射纠正是基于数字表面模型的，它可分为物方和像方同时进行，根据物方不间断的地形地貌以及离散的地物几何特点，通过轮廓提取、面片拟合、屋顶重建等方法提取物方语义信息，再由影像分割、边缘信息的获取以及纹理聚类等方法得到像方语义信息，再根据前期的匹配结果建立物方和像方的同名点对应关系，从而优化全局采样策略和考虑几何辐射特性的联合纠正，同时对整个图像进行匀光处理，实现多视影像的真正射纠正。

（四）实景三维模型在消防重大安保风险分析中的应用

消防重大安保活动是一项耗时耗力、繁重而又带有政治性任务的必要的工作，利用无人机对重点安保区域进行航拍实景化建模，建立可视化、立体化、数字化三维模型，便于安保执勤人员在模型上对场景进行熟悉，便于执勤人员、车辆装备的力量部署。下面以 2020 年央视中秋晚会录制现场应天门为例。以应天门为中心周围1公里为半径进行了无人机航拍，建立实景三维模型，应天门的北侧即为晚会录制现场搭建的舞台，在模型中清晰显示了消防安保执勤队站的名称，每个队站执勤所处的位置，可以添加执勤车辆、人员、消防携带装备等信息元素，制定数字化消防安保方案，相当于在实际场景中进行排兵布阵，满足了消防可视化指挥的需求，为领导在灭火救援作战中提供辅助决策参考（见图3-14）。同时实景三维模型也可用3D打印机按照比例缩小打印出来变成实体沙盘模型，结合消防车辆定位和单兵定位，将人车位置、轨迹在实景三维场景中进行显示。

图3-14　2020年央视中秋晚会录制现场应天门案例中的实景三维模型示意图

总之，基于无人机航拍进行实景三维建模，针对重大安保核心区域，建立可视化、立体化、数字化的三维实景模型，在模型中编制数字化预案，可视化指挥的同时，给领导的辅助决策提供了可靠的数据依据。随着无人机技术的进一步发展和成熟，无人机在消防工作中的应用必将越来越深入广泛。

第四章
公共安全风险定级

第一节　公共安全风险定级的机理和要务

一、公共安全风险定级的基本原理

风险定级也称为风险评价，是将风险分析的结果与风险准则比较，或者在各种风险的分析结果之间进行比较，确定风险等级，以便作出风险应对的决策。

在可能和适当的情况下，可采取以下步骤进行风险定级：一是在风险分析的基础上，对风险进行不同维度的排序，包括风险事件发生可能性的高低、后果严重程度的大小以及社会敏感度的高低，以明确风险对利益相关者的影响程度；二是在风险水平排序的基础上，对照风险准则，可以对风险进行分级，具体等级划分的层次可以根据实际情况设定；三是在风险排序和分级的基础上，根据管理需要，可以进一步确定需要重点关注和优先应对的风险。

考虑公共政策、公共决策、公共活动、公共事务等的公共特性，党政部门的公共安全风险定级标准可能更为多元化，除了安全、经济、管理等方面的考虑，还需考虑合法性、合理性、科学性、可行性甚至习俗、责任、道德等一系列的社会指标，更为复杂。

二、公共安全风险的综合定级

（一）基于风险分析矩阵的风险定级

在确定发生可能性和发生后果的基础上，可形成"风险分析矩阵"（"PR 模型"），如图 4-1、4-2 所示，进而研判出风险所处的区域范围，或者结合风险等级的计算方法得出风险指数，为最终综合确定风险等级做好相应的基础分析工作。

风险矩阵分析，可参考：$L = f(P, R)$

式中：

L——表示风险等级的指数；

f——表示风险的计算函数；

P——表示事件发生的概率或可能性；

R——表示事件发生的后果及其损失、严重性。

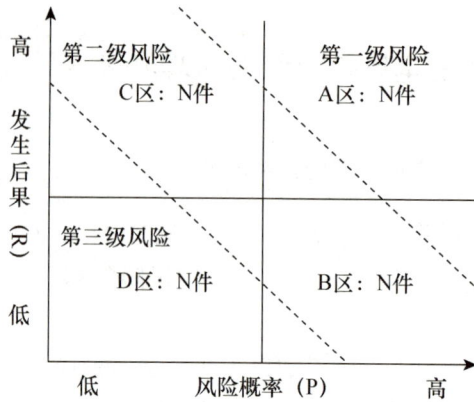

图 4-1　风险评估的"PR 模型"示意图

风险等级		后果严重性				
		很小 1	小 2	一般 3	大 4	很大 5
可能性	基本不可能 1	低	低	低	一般	一般
	较不可能 2	低	低	一般	一般	较大
	可能 3	低	一般	一般	较大	重大
	较可能 4	一般	一般	较大	较大	重大
	很可能 5	一般	较大	较大	重大	重大

图 4-2　公共安全风险分析的"风险分析矩阵"示意图

总体而言，风险发生可能性和发生后果的方法，如图 4-3 所示。数据充足时，事件发生的可能性及后果应根据相关数据，采用概率法、指数法等定量方法进行确定。根据计算出的事件发生的可能性以及后果的严重性，直接计算风险水平。数据不足时，事件发生的可能性及后果宜采用定性或半定量的方法进行确定。

（二）基于量化评估参数的风险定级

针对专项行业领域和专业设施设备，其安全隐患和风险的分级更加精细化和专业化。现以安全生产事故风险、危险化学品重大危险源风险、城市安全综合风险为例予以说明。

1. 安全生产事故的风险定级

《生产安全事故报告和调查处理条例》（国务院令第 493 号）要求，在生产

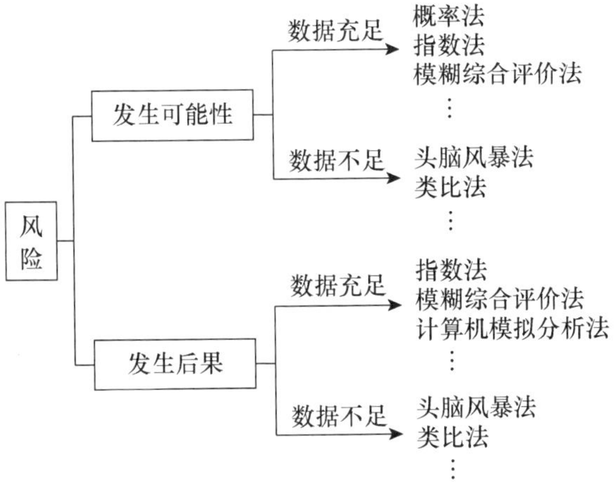

图 4-3 风险等级的具体确定方法

经营活动中发生的造成人身伤亡或者直接经济损失的生产安全事故调查处理中，根据生产安全事故（以下简称"事故"）造成的人员伤亡或者直接经济损失，事故一般分为以下四个等级：

第一，特别重大事故，是指造成 30 人以上死亡，或者 100 人以上重伤（包括急性工业中毒，下同），或者 1 亿元以上直接经济损失的事故。

第二，重大事故，是指造成 10 人以上 30 人以下死亡，或者 50 人以上 100 人以下重伤，或者 5 000 万元以上 1 亿元以下直接经济损失的事故。

第三，较大事故，是指造成 3 人以上 10 人以下死亡，或者 10 人以上 50 人以下重伤，或者 1 000 万元以上 5 000 万元以下直接经济损失的事故。

第四，一般事故，是指造成 3 人以下死亡，或者 10 人以下重伤，或者 1 000 万元以下直接经济损失的事故。

2. 危险化学品重大危险源的风险定级

国家标准《危险化学品重大危险源辨识》（GB 18218—2018）明确危险化学品应依据其危险特性及其数量进行重大危险源辨识，可分为生产单元危险化学品重大危险源和储存单元危险化学品重大危险源，其分级标准应采用单元内各种危险化学品实际存在量与其相对应的临界量比值，经校正系数校正后的比值之和 R 作为分级指标，计算方法如下：

重大危机源的分级指标按下式计算：

$$R = \alpha \left(\beta_1 \frac{q_1}{Q_1} + \beta_2 \frac{q_2}{Q_2} + \cdots + \beta_n \frac{q_n}{Q_n} \right)$$

式中：

R	——重大危险源分级指标；
α	——该危险化学品重大危险源厂区外暴露人员的校正系数；
β_1，β_2，$\cdots$，β_n	——与每种危险化学品相对应的校正系数；
q_1，q_2，$\cdots$，q_n	——每种危险化学品实际存在量，单位为吨（t）；
Q_1，Q_2，$\cdots$，Q_n	——与每种危险化学品相对应的临界量，单位为吨（t）。

根据计算出来的 R 值，按表4-1确定危险化学品重大危险源的级别。

表4-1　重大危险源级别和 R 值的对应关系

重大危险源级别	R 值
一级	$R \geqslant 100$
二级	$100 > R \geqslant 50$
三级	$50 > R \geqslant 10$
四级	$R < 10$

3. 城市安全综合风险定级

城市安全风险，应针对各企业、各行业领域、各街镇（园区）情况，对不同类别的安全风险，采用相应的风险评估方法，实现区域风险量化评估，对此城市安全风险应形成科学的分级标准，具体如表4-2所示。

表4-2　城市安全风险的分级标准

分类	详细分级示例
重大风险（红色标识）	（1）层次分析计算结果权重0.4以上； （2）重大风险数量占全部风险数量的30%以上； （3）较大及以上风险数量占全部风险数量的50%以上； （4）重点行业、领域较大及以上风险数量占全部风险数量的30%以上； （5）人口密度>20 000人/平方千米且重大风险数量10个以上； （6）个人风险和社会风险不可接受。
较大风险（橙色标识）	（1）层次分析计算结果权重0.2~0.4； （2）重大风险数量占全部风险数量的10%以上； （3）较大及以上风险数量占全部风险数量的30%以上； （4）重点行业、领域较大及以上风险数量占全部风险数量的10%以上； （5）人口密度>10 000人/平方千米且重大风险数量5个以上； （6）个人风险或社会风险不可接受。

续表

分类	详细分级示例
一般风险（黄色标识）	（1）层次分析计算结果权重 0.05～0.2； （2）重大风险数量占全部风险数量的 5% 以上； （3）较大及以上风险数量占全部风险数量的 10% 以上； （4）重点行业、领域较大及以上风险数量占全部风险数量的 5% 以上； （5）人口密度>1 000 人/平方千米且较大及以上风险数量的 5 个以上； （6）个人风险和社会风险应尽可能降低。
低风险（蓝色标识）	（1）层次分析计算结果权重 0.05 以下； （2）重大风险数量占全部风险数量的 5% 以下； （3）较大及以上风险数量占全部风险数量的 10% 以下； （4）重点行业、领域较大及以上风险数量占全部风险数量的 5% 以下； （5）个人风险和社会风险可接受。

资料来源：《天津市安委会关于印发城市安全风险评估工作指导意见的通知》。

（三）基于多重风险要素的风险定级

针对特定类别或行业领域的公共安全风险，应综合考量多方面风险要素，实施综合定级策略，下面以社会稳定风险定级为例。

社会稳定风险定级，应遵循综合定级的策略，综合应用"社会稳定风险评估五要素菱形模型"和"社会稳定风险管理五要素菱形模型"进行风险定级。

"社会稳定风险评估五要素菱形模型"的五要素分别为意愿度、支持度、反对度、容忍度、风险度，如图 4－4 所示。在实际操作中，可以细化为具体的评估项，如表 4－3 所示。

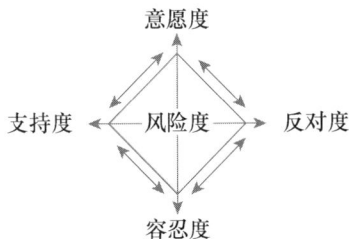

图 4－4 "社会稳定风险评估五要素菱形模型"的示意图

表4-3 "社会稳定风险评估五要素菱形模型"的风险定级参考项

类别	描述	主要评估项
意愿度	愿力陈述、诉求表达等	国家意愿（官方战略、政策可行性等）
		民众意愿（社会组织呼吁、个体期待等）
支持度	具体行动、实施保障等	法律支持度（合法性、合规性等）
		收益预估（获益的可能性、显性利好的风险对冲等）
		责任承担状况（责任落实到位、一案三制等）
		保障状况（配套方案落实等）
		重建能力（修复危机的可逆性等）
容忍度	不能容忍风险的排查及其程度等	法律法规的禁忌
		民众普遍的耐受力状况
		地区习俗、村规乡约的禁忌等
反对度	利益群体的真实反对程度	直接反对度（损害损失等）
		间接反对度（连锁反应、替代方案等）
风险度	待评事项的综合社会风险程度	上述四项评估项的综合
		社会稳定风险管理状况的评估

资料来源：唐钧. 社会稳定风险评估与管理. 北京：北京大学出版社，2015.

"社会稳定风险管理五要素菱形模型"的五要素分别为应急力、防范力、公关力、公信力、承受力，如图4-5所示。在实际操作中，可以细化为具体的评估项，如表4-4所示。

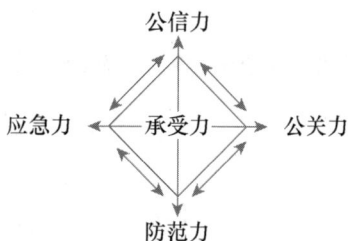

图4-5 "社会稳定风险管理五要素菱形模型"的示意图

表4-4 "社会稳定风险管理五要素菱形模型"的风险定级参考项

类别	主要内容	作用
应急力	官方应急能力（预案、三制）	识别和弥补薄弱环节，提升综合承受力
	社会应急能力（意识、技能）	

续表

类别	主要内容	作用
防范力	风险规避制度	事先防范有主动权，准备充足，有成效
	风险规避能力	
	风险规避措施	
公关力	由内而外地做好群众工作	以民众为中心的公关策划，动态优化
	由外而内地吸收"最大公约数"	
公信力	意愿兑现	做好公信力的表率，维护和提升社会公信力
	规避"负面清单"	
	纠错机制	
承受力	上述各项的综合	全心全力、尽责尽义，形成维护社会稳定的社会整合力
	承担社会责任的能力	

资料来源：唐钧. 社会稳定风险评估与管理. 北京：北京大学出版社，2015.

综合应用"社会稳定风险评估五要素菱形模型"和"社会稳定风险管理五要素菱形模型"，社会稳定风险的综合定级围绕"风险度-承受力"，将上述10方面的要素作为定级的重要依据，如图4-6和表4-5所示。

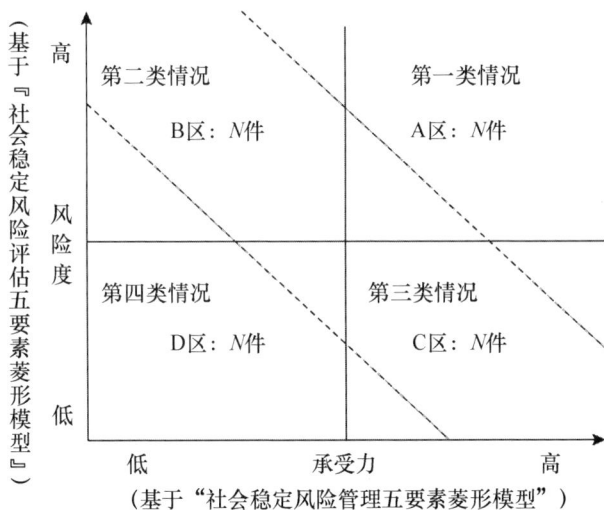

图4-6 社会稳定风险"风险度-承受力"综合定级图（示例）

表 4-5 社会稳定风险"风险度-承受力"综合定级表（示例）

等级\\项目	第一类情况	第二类情况	第三类情况	第四类情况
所处区域	A 区	B 区	C 区	D 区
风险数量	N 件	N 件	N 件	N 件
风险列表	(1) (2) (3) (4) (5)	(1) (2) (3) (4) (5)	(1) (2) (3) (4) (5)	(1) (2) (3) (4) (5)
风险定级	有争议	建议中止	建议通过	有争议

注：该表为不完全概括，具有相应的误差。

"风险度-承受力"状况分析提供了风险定级的研判方法，在通常情况下的结果如下：

A 区表示承受力高但风险度也高。建议分为两种情况处理：（1）风险度来自极个别人士，项目合法且符合整体民众利益，可先试点，若运行良好且未出现稳定风险，可重启稳评，通过后正式实施；（2）风险度来自较大规模民众，项目合法且符合民众长远利益，先暂缓，积极争取民众的认可和支持，再重启稳评，通过后正式实施。

B 区表示承受力低而风险度高，建议中止；

C 区表示承受力高而风险度低，建议通过；

D 区表示承受力低但风险度也低，有待研究其他项后再定。

三、公共安全风险定级的综合应用

（一）公共安全风险的动态定级和趋势预测

公共安全风险等级可能随着内外部环境等因素的变化而发生改变，基于此，应重视并科学开展公共安全风险的试动态定级和提前趋势预测。以线上和线下联动的社会稳定风险为例。社会稳定风险在舆情的作用下，因其所具备的关注社会动向、向政府施压、动员社会公众等特征，其风险逐渐从虚拟走向现实：一方面，舆情风险可能从"网络集群"发展到"实地集会"，网民在网络中对热点事件和话题的讨论可能随着事态发展而不断变化，不满的观念态度可能发展为现实的抗议示威；另一方面，舆情风险可能从"虚拟无序"演变为"现实违法"，网民在通过网络来汇聚民意、形成舆论施压、造成虚拟无序的同时，可能在现实中产生极端犯罪、恶意报复等违法违规行为。基于此，应做好舆情风险的升级预测，如表4-6所示。

表4-6 社会稳定风险的动态定级和趋势预测（示例）

风险行为预测	风险升级	预测类型
（1）现场集体的极端行为	高危 ↑	现场实地风险预测
（2）现场个体的极端行为		
（3）现场集体的行为艺术		
（4）现场个体的行为艺术	中危	虚拟空间风险预测
（5）网上召集现场		
（6）网上大规模关注和讨论		
（7）网上一定范围的讨论	低危	
（8）个体网上发帖		

注：根据近年来国内外典型案例总结，为不完全概括，具有相应的误差。

（二）公共安全风险定级的可视化管理

公共安全风险定级后，可通过风险分布图的形式，对公共安全风险定级结果、高中低危风险分布状况等，进行可视化呈现和管理。

中共中央、国务院《关于推进安全生产领域改革发展的意见》（2016年12月），中共中央办公厅、国务院办公厅《关于推进城市安全发展的意见》（2018年1月）提出，对城市安全风险进行全面辨识评估，建立城市安全风险信息管理平台，绘制"红、橙、黄、蓝"四色等级安全风险空间分布图。

在具体实施中，应按照企业安全风险四色分布图、行业安全风险分布图、整体安全风险分布图等三类图，利用信息化手段形成电子图。

第一类是企业安全风险四色分布图。企业要全面开展安全风险辨识，科学评定安全风险等级，从高到低划分为重大风险、较大风险、一般风险和低风险，分别用红、橙、黄、蓝四种颜色标示，将生产设施、作业场所等区域存在的不同等级风险使用四种颜色标示在总平面布置图或地理坐标图中，从而绘制企业"红、橙、黄、蓝"四色安全风险空间分布图。当风险标注位置重叠时，除应标注颜色外，还应用简洁的文字予以说明；如技术可行，企业也可用空间立体布置图进行标示。对于重要评估单元或区域，可根据风险管控的需要，绘制单独的风险分级分布图。

第二类是行业安全风险分布图。企业中的部分作业活动、生产工序和关键任务以及各地的不同行业领域，由于其风险等级难以在平面布置图中标示，要利用统计分析的方法，根据采用定性、定量评估等方法评估得出的各行业的整体风险值，计算各行业重大风险的比例，结合行业特点及其事故发生的规律和影响特点，对行业风险进行合理排序，绘制各行业风险比较图。可以采用柱状图、曲线图或饼状图等，将不同行业的风险按照从高到低的顺序标示出来，突出工作重心。

第三类是区域整体安全风险分布图。对于一个地区、一个城市，要组织对公共区域内的安全风险进行全面辨识和评估，根据风险分布情况和可能造成的危害程度，确定区域安全风险等级，并结合企业报告的重大安全风险情况，绘制出区域"红、橙、黄、蓝"四色安全风险空间分布图。

上述三类风险分布图，均可应用信息化手段，结合数字城市模型技术，形成电子地图，将各类各级风险分布展现在电子地图上。电子地图应能显示各地区、各行业分别存在的重大风险区域及相应的重大风险，以及企业存在的重大风险点及相应的风险情况、具体位置、风险影响范围、所对应的应急预案和周边情况。

（三）公共安全风险的分级管控

根据公共安全风险定级结果，开展不同等级风险的分级管控。风险分级实施管控的基本原则是：风险越大，管控级别越高；上级负责管控的风险，下级必须负责管控，并逐级落实具体措施。现以安全生产风险分级管控为例予以说明。

安全生产风险等级从高到低依次划分为重大风险、较大风险、一般风险和低风险，可视化呈现中分别用红色、橙色、黄色、蓝色予以标示。企业应根据风险评估结果，按照风险不同级别、所需管控资源、管控能力、管控措施复杂及难易程度等因素，确定不同管控层级的风险管控方式，明确各等级安全风险相对应的企业、车间、班组和岗位人员分级管控的范围和责任，形成企业安全风险分级实施管控清单，如表4-7所示。

表4-7 企业安全生产风险分级实施管控清单

序号	岗位（设备、设施/作业活动）单元	危险有害因素	风险等级	管控措施	责任部门	负责人
1						

续表

序号	岗位（设备、设施/作业活动）单元	危险有害因素	风险等级	管控措施	责任部门	负责人
2						
3						
⋮						

对于重大风险，企业应实施多级联合管控，并针对存在重大风险的生产系统、生产区域、岗位，编制作业指导书或制定专项风险管控方案。对可接受的风险，企业应持续保持相应的风险控制措施，并做好监测和测量，防止风险加剧和（或）失控。

企业应在醒目位置和重点区域分别设置安全风险公告栏，标明环节或部位、危险有害因素、事故（事件）类型、产生后果、影响范围、风险等级、管控措施、责任人、有效期、报告电话等内容，风险公告栏示例如表4-8所示。

表4-8　企业安全生产风险公告栏示例

有效期：　　　　　　　　　　　　　　　　　　报告电话：

序号	环节或部位	危险有害因素	事故（事件）类型	产生后果	影响范围	风险等级	管控措施	责任人
1								
2								
3								
⋮								

对存在重大风险的工作场所和岗位，按《工作场所职业病危害警示标识》(GBZ 158—2016)、《高毒物品作业岗位职业病危害告知规范》(GBZ/T 203—2007)、《安全色》(GB 2893—2008)、《安全标志及其使用导则》(GB 2894—2008)、《道路交通标志和标线》(GB 5768—2009)、《工业管道的基本识别色、识别符号和安全标识》(GB 7231—2003)、《消防安全标志 第1部分：标志》(GB 13495.1—2015)等规定，设置明显的安全标志标识，并开展监测和预警；同时，要制作重点岗位安全风险告知卡，标明岗位安全操作要点、主要安全风险、可能引发的事故（事件）类型、管控措施等内容。风险告知卡示例如表4-9所示。

表 4 - 9　企业安全生产风险告知卡示例

工作内容		工作场所			
安全操作要点		可能引发的事故（事件）类型		管控措施	
主要安全风险					

　　企业应对全体员工进行安全风险教育和安全技能培训，提高员工预防风险、规避风险、控制风险的能力。企业在变更安全风险等级及其管控措施前，应对变更过程及变更后可能产生的新的安全风险进行分析，制定控制措施，并告知和培训相关从业人员。企业员工进入作业岗位时，应按照风险分级实施管控清单，对岗位的风险状况和各项管控措施进行安全确认。对岗位临时生产活动或出现的异常情况，应立即进行现场风险分析，制定相应对策措施，在管控措施落实后方可进行后续相关活动。

　　企业应对安全风险管控的效果进行跟踪验证，并在日常安全管理中，通过查阅相关记录、抽样检查、现场考核（试）等方式，检查检验相关单位和责任人对安全风险管控认知、岗位风险识别、管控措施落实等的能力表现，并填写检查记录。

第二节　公共安全风险定级的国际经验和研究方法

一、概述

　　风险定级这一环节决定了风险的应对优先次序。其过程有以风险分析结果为基础进行定级和单独进行风险定级两种，其风险值等级段的划分常有根据应对紧迫性判断的"立即应对"和"不需立即应对"两段以及"上中下"三段。根据应对紧迫性划分为特别重大风险、重大风险、中等风险、一般风险、低风险五个等级；根据"上中下"三段划分为高风险、中风险、低风险三个等级，此类划分方法最为常用，安全工程领域的最低合理可行原则（as low as reasonably practicable，ALARP）即适用于这种方法。风险等级划分如表 4 - 10 所示。基于以上划分，目前较为常用的还有等级四分法，即重大风险、较大风险、一般风险、低风险，对应红、橙、黄、蓝四色图。

表 4 - 10　风险等级划分表

序号	风险等级	风险值（R）	控制要求
1	高风险	$200 \leqslant R$	考虑停止、停用，立即采取处置措施
2	中风险	$20 \leqslant R < 200$	需要采取措施进行纠正
3	低风险	$R < 20$	需要进行关注

独立的风险定级活动的重点是对风险水平的度量和量化。对于多数场景，定性与定量相结合的方法更为适用，拉特纳亚克即通过模糊推理对存在功能失效风险的设备和仪器进行等级排列[1]；金等人通过风险矩阵法识别福岛核事故和切尔诺贝利核电站事故的潜在风险，得出灾后核电站各个区域恢复优先级[2]；科帕斯通过 Logit 等级图评估风险等级评分的有效性，可以比较不同风险分数[3]；扎哈罗夫等人通过数据挖掘的方法发现确定自然指标与固定定量指标的关系，以预测风险等级；卡卢拉奇等人通过引入 PageRank 算法定时对网络安全问题进行风险等级排序[4]。国际上现有的公共安全风险定级方式主要分为两种：以概率为导向和以后果为导向的风险定级方法，各方法的情况对比如表 4 - 11 所示。

表 4 - 11　公共安全风险定级的方法对比

	后果导向	概率导向	综合导向
目标	以分析风险造成的后果为主	以计算风险发生的可能性为主	综合考量风险可能性、后果等因素
类别	定性分析/定量分析	定量分析	定性分析/定量分析
结果	后果严重程度	概率值大小	风险值

① RATNAYAKE, CHANDIMA R M. Application of a fuzzy inference system for functional failure risk rank estimation：RBM of rotating equipment and instrumentation. Journal of loss prevention in the process industries，2014，29：216-224.

② KIM B，LEE J S，UEDA J，et al. Risk identification and assessment methodology for restoration work utilizing unmanned vehicles at disaster scenes. international conference on computing in civil engineering，2019.

③ COPAS J. The effectiveness of risk scores：the logit rank plot. Journal of the royal statistical society，2010，48（2）：165-183.

④ KALUARACHCHI P K，TSOKOS C P，RAJASOORIYA S M. Risk rank analysis method for vulnerabilities in a network system. Urban studies and public administration，2019，2（1）：22.

续表

	后果导向	概率导向	综合导向
优点	适用范围广，思路清晰	可直观观察风险水平，方法多样	适用范围广，综合性强
缺点	考虑因素不够全面	考虑因素不够全面	应用过程较为复杂
难度	偏易	偏难	难
示例	FN 曲线法、模糊综合评价法	因果分析法、风险指数法、事件树法	SEP 法、风险矩阵法、作业条件风险程度评价法

二、后果导向：FN 曲线法

后果导向是指以后果严重程度估算为目标的一类风险定级方法，FN 曲线法即为其中之一。FN 曲线（FN curves）中 F 指频率，N 指人数。此方法通过区域来表示风险，并进行风险比较。以自然灾害为例，通过将灾害造成死亡人数及其累计概率点以对数坐标表示，以此表示社会可接受风险的标准。这一方法的主要目的是表现事故规模的分布情况，利用事故后果与事件发生的可能性，绘制 FN 曲线，表现不同区域风险后果的严重程度。图 4－7 是 FN 曲线图形示例，即通过将风险轮廓图上不同等值风险曲线间存在的人数量化（年平均）建立 FN 曲线图。

三、概率导向：因果分析法

概率导向是指以事故发生概率为目标的一类风险定级方法，因果分析法即为其中之一。因果分析法（cause and consequence analysis，CCA）又称鱼骨图、树枝图，是日本管理大师石川馨先生于 1953 年所提出的一种把握结果（特性）与原因（影响特性的要因）的有效方法。因果分析法是结合了故障树和事件树进行逻辑分析并标出重要因素的图解方法，如图 4－8 所示。

因果分析法的实施一般分为五个步骤：（1）识别关键事件（类似于故障树的顶事件及事件树的初因事件）；（2）制作故障树；（3）确定故障逻辑顺序，例如时序；（4）建构不同条件下的结果路径；（5）计算各事故的发生概率。

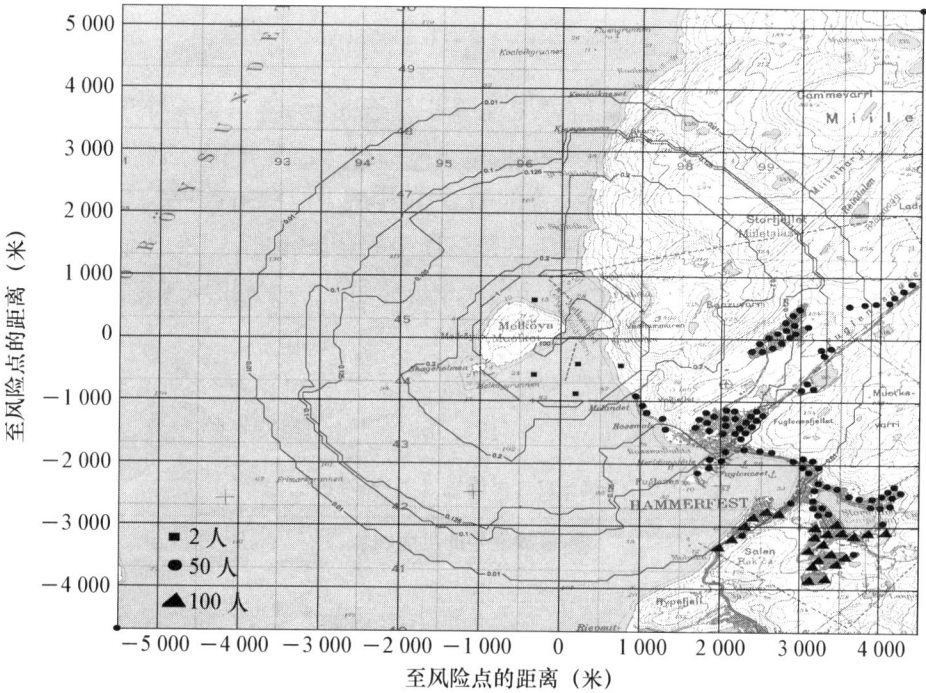

图 4-7 FN 曲线图形示例

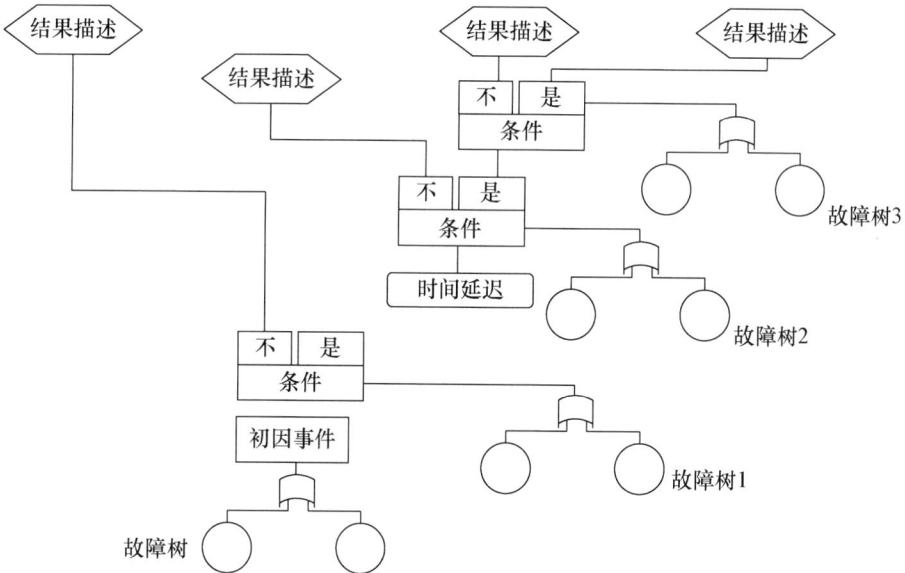

图 4-8 因果分析法示例

四、综合导向：SEP 法

综合导向是将风险后果与可能性等相结合进行定级的一类方法，现以 SEP 法为例予以说明。SEP 法是一种用于工作任务和生产区域风险评估的半定量评估方法，其中"P"（probability）表示事故发生的可能性，"E"（exposure）为暴露率，表示人员暴露于危险环境中的频繁程度，"S"（severity）表示事故可能造成后果的严重程度。具体操作步骤如下：（1）根据现有的基础数据和经验判断，对照"S""E""P"的基准值（见表 4-12、4-13、4-14），分别给出风险项目的"S""E""P"分值；（2）用公式 $R=P \times S \times E$，计算出风险值 R；（3）对照风险等级标准（见表 4-15），确定风险项目的风险等级。

表 4-12 可能性（P）基准值

序号	事故发生的可能性		分值
	人员伤亡、火灾、设备损坏、生产中断、环境污染	职业健康损害	
1	一定会发生；或者如果危害事件发生，即产生最可能和预期的结果（100%）	频繁：平均每 6 个月发生一次	10
2	十分可能（50%）	持续：平均每 1 年发生一次	6
3	可能（25%）	经常：平均每 1~2 年发生一次	3
4	很少的可能性，据说曾经发生过	偶然：3~9 年发生一次	1
5	相当少但确有可能，多年没有发生过	很难：10~20 年发生一次	0.5
6	百万分之一的可能性，尽管暴露了许多年，但从来没有发生过	罕见：几乎从未发生过	0.1

表 4-13 暴露率（E）基准值

序号	暴露于危险环境中的频繁程度		分值
	人员伤亡、火灾、设备损坏、生产中断、环境污染	职业健康损害	
1	持续（每天许多次或持续时间大于 12 小时）	暴露期大于 2 倍的法定极限值	10
2	经常（大概每天一次或持续时间 6~12 小时）	暴露期介于 1~2 倍法定极限值之间	6
3	有时（从每周一次到每月一次或持续时间 3~6 小时）	暴露期在法定极限值内	3

续表

序号	暴露于危险环境中的频繁程度		分值
	人员伤亡、火灾、设备损坏、生产中断、环境污染	职业健康损害	
4	偶尔（从每月一次到每年一次或持续时间1～3小时）	暴露期在正常允许水平和法定极限值之间	2
5	很少（据说曾经发生过或持续时间0.5～1小时）	暴露期在正常允许水平内	1
6	特别少（没发生过，但有发生的可能性或持续时间小于0.5小时）	暴露期低于正常允许水平	0.5

表4-14 后果（S）基准值

序号	事故可能造成后果的严重程度		分值
1	人员伤亡	造成死亡≥3人，或重伤≥10人。	100
	设备损坏	造成设备或财产损失≥1 000万元。	
	生产中断	造成较大以上电力安全事故。	
	环境污染	造成大范围环境破坏； 造成人员死亡、环境恢复困难； 严重违反国家环境保护法律法规。	
	职业健康损害	造成3～9例无法复原的严重职业病； 造成9例以上很难治愈的职业病。	
2	人员伤亡	造成1～2人死亡；或重伤3～9人。	50
	设备损坏	造成设备或财产损失在300万元到1 000万元之间。	
	生产中断	造成一般电力安全事故。	
	环境污染	造成较大范围的环境破坏； 影响后果可导致急性疾病或重大伤残，居民需要撤离； 政府要求整顿。	
	职业健康损害	造成1～2例无法复原的严重职业病； 造成3～9例很难治愈的职业病。	
3	人员伤亡	造成重伤1～2人。	25
	设备损坏	造成设备或财产损失在50万元到300万元之间。	
	生产中断	造成内控一般设备事故。	
	环境污染	影响到周边居民及生态环境，引起居民抗争。	
	职业健康损害	造成1～2例难治愈或造成3～9例可治愈的职业病； 造成9例以上与职业有关的疾病。	

续表

序号	事故可能造成后果的严重程度		分值
4	人员伤亡	造成轻伤 3 人以上。	15
	设备损坏	造成设备或财产损失在 10 万元到 50 万元之间。	
	生产中断	造成设备一类障碍。	
	环境污染	对周边居民及环境有些影响，引起居民抱怨、投诉。	
	职业健康损害	造成 1～2 例可治愈的职业病； 造成 3～9 例与职业有关的疾病。	
5	人员伤亡	造成轻伤 1～2 人。	5
	设备损坏	造成设备或财产损失在 2 万元到 10 万元之间。	
	生产中断	造成设备二类障碍。	
	环境污染	轻度影响到周边居民及小范围（现场）生态环境。	
	职业健康损害	造成 1～2 例与职业有关的疾病； 造成 3～9 例有影响健康的事件。	
6	人员伤亡	可能造成人员轻微的伤害（小的割伤、擦伤、撞伤）。	1
	设备损坏	可能造成设备或财产损失在 2 万元以下。	
	生产中断	造成设备异常。	
	环境污染	对现场景观有轻度影响。	
	职业健康损害	可能造成 1～2 例有健康影响的事件。	

表 4-15　风险等级（$R=P×S×E$）标准

序号	风险等级	判定条件
1	高风险	$200≤R$
2	中风险	$20≤R<200$
3	低风险	$R<20$

第三节　公共安全风险定级的经典案例分析或最佳标杆研究

◎ 学校安全风险管理体系的"风险月历"

北京市大兴区创新学校安全风险管理体系，构建了"主动防、科学管、立体化"的风险管理体系。其中，通过"风险月历"以优化风险定级，在全面识别风险、分类分级评估风险、风险预防预警上努力创新，实现风险"主动防"。

第一，全面识别风险，及时更新风险要素。北京市大兴区在学校安全风险管理中总结出风险要素共 89 项，涉及 6 个风险域，具体包括自然灾害、学校安全事故、学校安全卫生事件、校园暴力事件、心理问题引发的学生偏差行为、校园周边环境管理不当等。面对多元化的风险要素，通过对典型案例、风险规律、法规制度等因素进行梳理和总结，找出风险规律，完成全面的风险识别（见图 4-9）。大兴区学校安全风险认知以"风险月历"的方式呈现，形成一年中 12 个月的高危风险清单。针对新增的风险要素及现有风险要素的变化，以月报的方式定期发布校园"风险月历"；与此同时，对于"风险月历"进行季度、年度或不定期的更新升级。

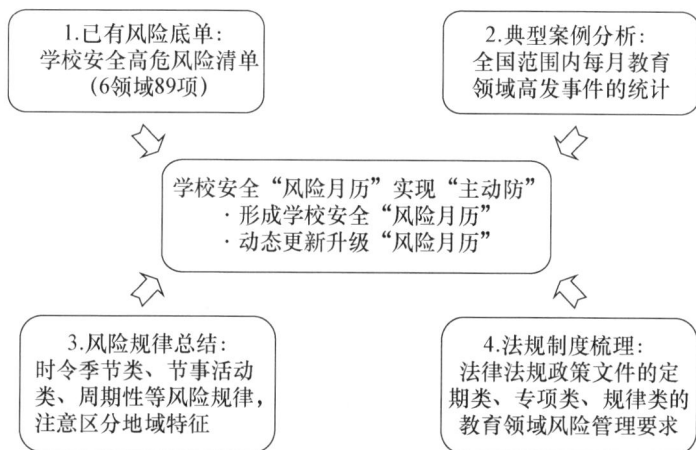

图 4-9　学校安全"风险月历"风险识别机理图

第二，分类分级进行风险分析和评价，准确描述风险。风险分析在风险识别的基础上进行，对风险要素进行分类，再通过定量或定性方式，对风险发生的概率、影响和后果进行评估。风险评价，通过相应的指标体系和评价标准对风险等级进行划分。大兴区学校安全风险评估主要采用经验判断法和专家咨询法进行定性分析，并根据风险责任、人员伤亡、社会影响的程度，将风险要素划分为高危风险、中危风险、低危风险三个等级。其中：（1）高危风险是指风险后果极其严重、责任直接而重大、人员伤亡数量特别大或社会影响极其恶劣，需立即采取措施的风险，在月历中用"★"表示；（2）中危风险是指风险后果较为严重、责任间接而较大、人员伤亡数量较大或社会影响较恶劣，需做好统筹处置的风险，在月历中用"◆"表示；（3）低危风险是指风险后果一般、责任较小、无伤亡或社会影响较小，需定期跟踪关注的风险，在月历中用"●"表示。在大兴区学校安全"风险月历"中，共有月度高危风险 31 项、中危风险

37 项、低危风险 21 项，实现了对学校安全风险的准确描述，并为后续风险预防预警工作提供了依据。学校安全"风险月历"示例如表 4-16 所示。

表 4-16　学校安全"风险月历"示例（以 1 月为例）

风险类型	风险等级	风险构成因素	代表性案例
涉学生的公共卫生事件（传染病）	高危风险	冬季气温低，空气流通性差，人体免疫力下降，易发传染病等公共卫生事件。	2018 年 1 月，福建厦门多个学校暴发水痘，一班级 9 人染病停课 14 天。
校园火灾（含燃爆）致死伤	高危风险	冬季低温寒冷，校园电器使用量增加，用电负荷大增。	2015 年 1 月，四川省成都大学女生宿舍发生火灾，疑因宿舍违规使用电器。
食物安全问题或中毒致死伤	高危风险	冬季人体免疫力弱，学校食堂、周边餐馆的菜品质量问题易引发食物安全问题或中毒致死伤。	2011 年 1 月，海南三亚某中学 30 名学生集体因食物安全问题或中毒致死伤，疑因食堂没炒熟油豆所致。
校外人员恶性伤害致死伤	高危风险	临近年末，部分城市存在"辞工潮"现象，可能导致个别临时务工人员因被辞退、降工资、降奖金而出现对学校用工方的怨恨不满（与学校有关的务工人员）或厌世情绪与报复心态（与学校无关的务工人员），进而对师生等群体进行恶性伤害。	2019 年 1 月，北京市宣师一附小男子伤害学生事件致 20 伤，经公安部门初步调查，嫌疑人是该学校聘用的劳务派遣人员，派遣合同将于当年 1 月到期，劳务公司未与其续签原来的合同，学校正协商劳务公司为其安排其他岗位；嫌疑人为发泄不满情绪，持日常工作用的手锤在课间将多名学生打伤。
教师违规违纪与失职失德	中危风险	学生作为弱势群体易成为侵害目标。年终岁末，个别地区的教师群体因工作压力相对较大或面临辞退、降薪等压力，进而发泄给学生。	2014 年，河南信阳一女教师长期殴打学生致 10 岁男童面瘫。
学生违法犯罪与不良言行	中危风险	中小学生易受到暴力影视作品、游戏及社会不良行为等影响，以不当方式处理人际矛盾。	2014 年 1 月，山西一职业技术学院学生行凶杀教职员工。

续表

风险类型	风险等级	风险构成因素	代表性案例
交通安全事件（校车）致死伤	中危风险	冬季多发雨雪冰冻，多出现道路积雪、结冰、湿滑，易发交通事故。	2011年1月，浙江嘉兴一辆三轮摩托冲进路边正在候车的人群，造成某校15名小学生受伤。
学生其他校园意外伤亡	低危风险	冬季易出现摔伤、烟花爆竹炸伤、运动猝死、高空坠物等意外事故。	2011年1月，北京某小学一间简易房教室中央区的天花板吊顶突然掉落，正在上课的小学生有10人被砸中受伤。
学生自我伤害致死伤	低危风险	个别学生因期末考试压力较大，加上自身心理问题或家庭问题，易出现自残、自杀等极端行为。	2015年1月，河南一高三女学生跳楼自杀，官方称其患精神分裂症。
校内偷盗抢劫	低危风险	年终岁末，学生、社会人员可能违规进入学校，出现破坏校内设施、盗窃财物的情况。	暂无公开报道。

第三，完善风险预防。风险预防是常态下的风险防范手段，风险隐患排查是风险预防的主要措施。由基层单位根据上级部门下发的风险评估表进行自查自改，能处理的风险隐患及时处理，基层无法处理的风险隐患则上报，会商解决。针对重点单位和特种设备，建立风险隐患台账和特种设备明细台账，对于暂未处理完毕的风险隐患，先采取"挂账"方式，在下一次排查时核对清查，确保每一处风险隐患都得到有效解决。大兴区在安全校园管理中定期开展安全风险隐患大排查、大整改活动，2013年累计发现各类学校安全风险隐患607处，并完成整改586处，剩余21处风险隐患"挂账"，通过倒逼销账的方式在2014年整改完毕。

第四，发布风险预警。风险预警是危态下的风险防范手段，针对即将发生的突发风险事件进行预测和报警。风险预警的主要方式是上下级之间的风险沟通和舆情监测。上下级部门间的风险沟通双向进行，各单位及时向上级部门汇报新增风险点。市政府根据需要不定期组织基层单位召开安全风险会商会议，预测风险走向，提醒辖区内各单位加以注意。大兴区在安全校园舆情监测系统中，参照学校安全"风险月历"，构建媒体舆情监测关键词体系，搜索相关的媒体舆情，并对媒体舆情内容进行识别分析，及时发布风险预警，防患于未然。

◎ 美国洛杉矶为"诈弹"关闭千所学校的风险定级策略

2015 年 12 月 14 日晚，美国加利福尼亚州洛杉矶市多所学校收到炸弹袭击威胁。12 月 15 日，市内近 1 000 所公立学校紧急关闭并展开安全搜查。后来调查结果显示，这只是一场意在扰乱学区正常秩序、制造恐慌气氛的恶作剧。

（一）及时研判：邮件涉炸弹袭击威胁，管理层决定次日全面封校

加州议员布拉德·舍曼告诉《纽约时报》记者，洛杉矶联合学区多名董事会成员 14 日晚收到包含炸弹威胁内容的电子邮件。写信人自称"极端分子"，扬言将于 15 日与其他 32 名同伴使用炸弹、神经毒气和步枪袭击洛杉矶的公立学校。写信人还在邮件中提及发动袭击的原因，称自己曾在洛杉矶一所高中遭受欺凌。

洛杉矶联合学区是美国第二大学区，下辖 900 多所公立学校和近 65 万名学生。面对袭击威胁，学区管理层决定于 15 日紧急关闭区内所有公立学校，协同警方逐一在学校展开安全搜查。

洛杉矶学区总监拉蒙·科蒂内斯在新闻发布会上说，这一威胁的出现适逢美国因恐怖袭击加强安全警戒之际，而且其并非只针对一两所学校，威胁的对象直指在校学生，不得不让学区管理层和警方提高警惕、采取大范围关闭学校的"非常举措"。"考虑到过去出现的情况，我不能拿学生的性命来冒险。"科蒂内斯说。

（二）有效应对：排查学校未发现隐患，最终查明邮件是恶作剧

12 月 15 日，洛杉矶联合学区警方对辖区内的学校逐一展开搜查。截至当地下午 14 时，近 500 所学校已搜查完毕，没有发现任何可疑物品。

美国国会众议院情报委员会民主党籍议员亚当·希夫在一份声明中说，虽然警方仍在追查邮件来源和写信人身份，但初步调查显示，这是一场恶作剧，"意在扰乱大城市学区的正常秩序"。根据现阶段掌握的信息，这封电邮从位于德国法兰克福的一个 IP 地址发出，但写信人有可能就在美国国内。

加州民主党籍议员舍曼说，邮件中提及的袭击者人数、扬言使用神经毒气

的做法以及写信人的一些文法错误都让警方对其可信度产生了怀疑。按计划，威胁解除后，全部学校将于 16 日复课。

洛杉矶市长加切蒂表示，他支持学区总监科蒂内斯关闭学校的决定，"我认为，我们所有有孩子的人都会赞赏这份谨慎"。

（三）社会背景：同月刚发生 14 死 21 伤的"恐怖主义"枪击事件

在 2015 年 12 月 2 日，加利福尼亚州南部圣贝纳迪诺市一所康复中心发生枪击事件，造成 14 人死亡、21 人受伤。枪手塔什芬·马利克和赛义德·法鲁克随后在与警方交火中被击毙。美国总统贝拉克·奥巴马先前把这起事件定性为"恐怖主义行为"，美国媒体把这起事件称作"9·11"以来美国本土遭遇的最严重恐怖袭击。

这起事件后，加利福尼亚州政府更加严格管理社会公共安全，加强了对恐怖袭击的防范。

综上，洛杉矶市因收到炸弹袭击威胁，将该威胁定级为高危风险，进而紧急关闭近千所学校，是基于风险定级决策下的切断连锁反应、阻止危机升级的典型做法。

第五章
公共安全风险预警

第一节　公共安全风险预警的机理和要务

一、公共安全风险预警的基本原理

公共安全风险预警以监测为前提，是突发公共安全事件应急的关口前移和及时触发，可提前发现突发公共安全事件的征兆，及时提醒内部管理方或外部利益相关方及时开展前置或实时的应急响应和危机应对。

（一）监测

监测是指国家有关部门通过设立各种监测网点，根据突发公共安全事件的性质和种类，长期、连续地收集、核对、分析监测目标的动态分布，对可能引起突发公共安全事件的各种因素和发生前的各种征兆进行观察、捕捉和预测，并将信息及时上报和反馈的活动。例如，通过对卫星云图和某地区当前水位进行跟踪，结合对洪水发生规律和地形地貌的分析，可以对该地区洪水的发生发展和危害作出预测和评估。

监测的主体一般为人民政府和专业机构，同时一般的企事业单位和人民群众作为群测群防群治体系的重要组成，也逐步成为监测网络中的重要力量。监测的对象多为可能引发的自然灾害、事故灾难和公共卫生事件等危险源、风险隐患及重点防护目标。由于公共安全事件比较特殊，其紧急程度、发展态势和可能造成的危害程度不易预测，因此我国《突发事件应对法》没有建立公共安全事件的监测制度，但在实际操作中，已在逐步建立对大型群众性活动与人员密集场所的人流量、互联网舆情、金融经济数据等领域和行业进行监测的平台。

根据《突发事件应对法》，国家建立健全突发公共安全事件监测制度，县级以上人民政府及其有关部门应当根据自然灾害、事故灾难和公共卫生事件的种类和特点，建立健全基础信息数据库，完善监测网络，划分监测区域，确定监测点，明确监测项目，提供必要的设备、设施，配备专职或者兼职人员，对可能发生的突发公共安全事件进行监测。

（二）预警

"预警"一词最早源于军事，后来人们把这个词逐步应用到政治、经济、社会、自然等多个领域。公共安全风险预警是指，管理主体和决策部门根据监测、报警或其他上报信息及其评估研判结果，在发现突发公共安全事件即将发生、或发生的可能性增大、或已经发生但可能升级扩大时，发布有关危机爆发的警报或提醒，以提醒相关主体开展提前或实时的应急响应、危机处置、安全防护、救援逃生等应对措施来规避危险、减少损失。

风险预警的作用在于通过向相关主体发布预警、触发响应，以期开展前置性的危机应对或实时的应急处置。对内部外部不同的主体，风险预警发挥不同的作用。一方面，对内部的部门及其人员的风险预警，也即内部预警，用于提醒相关部门和人员提前或及时启动应急预案和响应措施，保障人民群众的生命与财产损失；内部预警应保持情报机构、行动部门等相互之间充分的信息共享与沟通联络，实现情报价值最大化和预警响应行动的无缝衔接。另一方面，对外部的人民群众的风险预警，也即外部预警，用于提醒相关群众或社会组织重视危机，配合做好危机发生之前的风险防范或规避等相关工作，并在危机发生时有意识地开展自救互助、紧急逃生；外部预警应尽可能提升风险预警的精细化和人性化，便于外部群众的理解和配合。

（三）监测与预警的关系

监测与预警是突发公共安全事件应对工作的第一防线。在应急管理实际应用中，监测与预警包含了三个层面的内容：一是对日常风险信息进行监视，根据一系列前提条件和参数预测突发公共安全事件的发生发展和危害性，发布警报；二是对突发公共安全事件实施动态监视，对突发公共安全事件下一步发展的趋势、影响进行分析，调整警报级别并重新发布；三是对次生、衍生事件进行监视，根据事件链对当前事件可能引起的次生、衍生事件进行定性、定量分析，发布警报。突发公共安全事件的监测与预警贯穿于突发公共安全事件发生发展的全过程，但重在事发前的监测与预警，这也是"预防为主"的工作要求。

监测与预警的基本流程是：对可能引发突发公共安全事件或导致突发公共安全事件发生变化的各种危险要素持续地进行监测并对其预兆进行客观分析，作出科学的风险评估；如果风险评估的结果显示突发公共安全事件不会发生，则继续监测；如果风险评估的结果显示突发公共安全事件可能发生，则发出警示信号；当公众采取有效的响应行动后，监测与预警的流程结束。

公共安全风险的监测与预警是相辅相成、相互统一的关系。通过监测，及时搜集可能发生突发公共安全事件潜在风险的有关信息，监控掌握能够表示危机严重程度和进展状态的特征性信息，对危机发生的可能性、发生的时间、发生的地点、发生的原因、可能影响的范围、可能造成的危害，以及危机的演化方向和变化趋势作出分析判断，发出预警信息，以便政府部门和公众及时掌握和提前应对，避免突发公共安全事件或减少突发公共安全事件造成的损失。简而言之，监测获得相关的信息并进行风险评估，而预警则将风险评估的结果传递给相关部门和人员。一方面，科学的监测是精确预警的前提和基础；另一方面，只有通过有效的预警才能把监测得出的结论及时地传递给相关部门和人员。

二、公共安全风险预警的指标设计和系统应用

（一）预警指标的分类分级设计

公共安全风险的分类分级是风险预警指标设计的基础。针对突发公共安全事件的预警和公共安全风险本身一样需要进行分级，其所分级数、分级对象和分级标准相同，在我国均分成 I 级（特别严重）、II 级（严重）、III 级（较重）和IV级（一般）四级，分别用红色、橙色、黄色和蓝色标示。突发公共安全事件的预警分级一般根据突发公共安全事件可能造成的危害程度、影响范围、紧急程度和发展势态等因素来决定，不同类别的突发公共安全事件的预警级别标准是有区别的，所以《突发事件应对法》没有规定公共安全风险预警级别的统一划分标准，但各类突发公共安全事件专项应急预案可以对预警的级别作出具体划分标准，例如《气象灾害预警信号发布与传播办法》规定：暴雨预警信号分为四级，分别以蓝色、黄色、橙色和红色表示，如表 5-1 所示。

表 5-1 公共安全风险预警的分级预警指标（以暴雨预警信息为例）

等级	发布条件 （预警等级）	图标	应急响应措施
蓝色预警信号	12 小时内降雨量将达 50 毫米以上，或者已达 50 毫米以上且降雨可能持续。	暴雨 蓝 RAIN STORM	（1）政府及相关部门按照职责做好防暴雨准备工作； （2）学校、幼儿园采取适当措施，保证学生和幼儿安全； （3）驾驶人员应当注意道路积水和交通阻塞，确保安全； （4）检查城市、农田、鱼塘排水系统，做好排涝准备等。

续表

等级	发布条件（预警等级）	图标	应急响应措施
黄色预警信号	6 小时内降雨量将达 50 毫米以上，或者已达 50 毫米以上且降雨可能持续。		（1）政府及相关部门按照职责做好防暴雨工作； （2）交通管理部门应当根据路况在强降雨路段采取交通管制措施，在积水路段实行交通引导； （3）切断低洼地带有危险的室外电源，暂停在空旷地方的户外作业，转移危险地带人员和危房居民到安全场所避雨； （4）检查城市、农田、鱼塘排水系统，采取必要的排涝措施。
橙色预警信号	3 小时内降雨量将达 50 毫米以上，或者已达 50 毫米以上且降雨可能持续。		（1）政府及相关部门按照职责做好防暴雨应急工作； （2）切断有危险的室外电源，暂停户外作业； （3）处于危险地带的单位应当停课、停业，采取专门措施保护已到校学生、幼儿和其他上班人员的安全； （4）做好城市、农田的排涝，注意防范可能引发的山洪、滑坡、泥石流等灾害。
红色预警信号	3 小时内降雨量将达 100 毫米以上，或者已达 100 毫米以上且降雨可能持续。		（1）政府及相关部门按照职责做好防暴雨应急和抢险工作； （2）停止集会、停课、停业（除特殊行业外）； （3）做好山洪、滑坡、泥石流等灾害的防御和抢险工作。

资料来源：《气象灾害预警信号发布与传播办法》。

（二）预警指标的适时调整和灵活修改

公共安全风险预警应遵循灵活修改原则，预警的指标体系应根据实际情况进行适时调整，及时更新换代。在恐怖袭击风险预警中，恐怖分子行动以及反恐情报获取是不断变化的，要根据掌握的所有信息进行分析研判，灵活、及时、连续地调整反恐预警级别与行动建议等，便于公众作出科学判断和合理的行动决策。美国在"9·11"事件后逐步建立反恐预警系统。2002 年 3 月建立国土安全警报系统（homeland security advisory system，HSAS）[1]，2011 年将其进

---

① 2001 年"9·11"恐怖袭击事件促使美国反恐预警系统的建立。2002 年 3 月 12 日，小布什签署美国总统第三号令，正式授权建立反恐预警系统，目的是通过"综合的和有效的手段向联邦、州、地方政府以及美国人民警告可能遭到恐怖袭击的风险"；同日，美国总统安全事务助理兼白宫国土安全办公室主任汤姆·里奇宣布成立国家恐怖袭击预警系统，即国土安全警报系统。2003 年 1 月，美国国土安全部成立并投入运转，随后 HSAS 被移交给国土安全部管理。根据美国总统第五号令，预警级别由国土安全部部长和总统安全事务助理共同决定，当两者意见出现重大分歧时再由总统直接决定。

一步升级为国家威胁警报系统（national terrorism advisory system，NTAS）。该系统历经三次修改与优化，预警的专业性、科学性、可靠性得以提升。

阶段1：五级国土安全警报系统（2002—2011年）

美国于2002年3月建立的国土安全警报系统是以美国本土恐怖威胁为对象的五级制反恐预警机制，每一级别的预警都会触发联邦政府部门和安全人员的特定预警响应措施，如表5-2所示。

表5-2　美国国土安全部的五级国土安全警报系统

警报颜色	警报级别	风险程度	预警响应建议
红色	严重	严重的恐怖袭击风险	（1）为应急需要增加人员；（2）指派应急人员，设立机动小组；（3）对交通实行管制；（4）关闭公共场所。
橙色	高	高恐怖袭击风险	（1）联邦政府、各州及地方执法机构应加强协作；（2）对大型公共事件采取更多保护措施，或更改举办地点，必要时取消；（3）在某些区域场所对特定人员实行严格的限制准入措施。
黄色	较高	显著的恐怖袭击风险	（1）加强对重要地点的监控；（2）联邦政府、各州政府、各社会组织应使各自应对突发公共安全事件的计划与其他机构的计划相协调；（3）加强对威胁的评估，进一步完善防范措施；（4）执行突发公共安全事件应急计划。
蓝色	警戒	一般的恐怖袭击风险	（1）检查应急机制沟通是否顺畅；（2）对应急处置程序进行论证和更新；（3）向公众发布信息，提高民众应急能力。
绿色	低	低恐怖袭击风险	（1）完善已有的预防性措施；（2）保证工作人员安全意识及防范技能的培训；（3）为确保对所有基础设施脆弱性的持续评估和采取相应的改进措施，设立常态性的工作机制。

资料来源：根据美国国土安全部官网的国家安全警报系统介绍整理。

在应对恐怖威胁方面，国土安全警报系统初期发挥了积极的作用，通过及时发布预警信息，提醒并指导联邦机构和公众采取防护措施，提高了全社会防范恐怖袭击的应急能力。但在实际使用过程中，该预警系统也逐渐显露出多种弊端：一是预警等级划分不合理，大部分预警级别基本用不上，存在结构性缺陷，在该系统运行期间，美国共发布或调整全国性的反恐预警17次，基本上是中高级别的黄色和橙色预警,最高级别的红色预警仅被发布过1次,而低级别的绿色或蓝色预警则从未被发布过;二是预警过度依赖通过颜色来区分威胁严重程度,缺乏具体的信息和行动建议,联邦机构发布的预警信息模棱两可,既无法解释清楚发布的依据是什么,也未针对公众或政府提供具体的行动建议;三是预警期限没有时间限制,大多数的联邦州长期处于黄色预警状态,让负责安全事务的政府机构和美国民众始终绷紧神经,长期处于警戒状态使得各方疲惫不堪。

阶段2:二级国家威胁警报系统(2011—2015年)

基于五级指标的国土安全警报系统的诸多弊端,经过多方讨论与综合评估,美国于2011年宣布取消国土安全警报系统,建立国家威胁警报系统,该预警系统根据恐怖威胁的性质与特点,有针对性地发布面向特定区域和人群、具有特定内容和期限的反恐预警信息。其中预警等级分为"迫切威胁"(imminent threat alert)和"升级威胁"(elevated threat alert)两个级别。"迫切威胁"用于发布针对美国的"可信的、具体的、即将发生的"恐怖威胁预警,"升级威胁"用于发布针对美国的"可信的"恐怖威胁预警。精简为两级指标的国家威胁警报系统在初期使用中确实有效规避了五级指标的诸多弊端,但也逐渐出现过于简略的弊端,导致警报系统的作用未能得到有效发挥。

阶段3:三级国家威胁警报系统(2015年至今)

鉴于两级国家威胁预警系统过于简略的弊端,美国于2015年新增中间级的预警级别"公告"(bulletin),形成两种类型、三个级别的预警方式,如表5-3所示。

表5-3 美国国土安全部的三级国家威胁警报系统

预警类型	威胁等级	预警含义
警报	迫切威胁警报	警告可信的、具体的、即将发生的恐怖威胁
	升级威胁警报	警告可信的恐怖威胁
公告	公告	描述恐怖威胁的当前状况或者总体趋势

资料来源:根据美国国土安全部官网的国家安全警报系统介绍整理。

（三）预警系统的智能化和信息化实例

下面是 PAGER 系统对南纳帕 6.0 级地震的预警界面，其中包括伤亡人数的估计、经济损失的估计、可能受到震害影响的人口估计等，界面如图 5-1 所示。

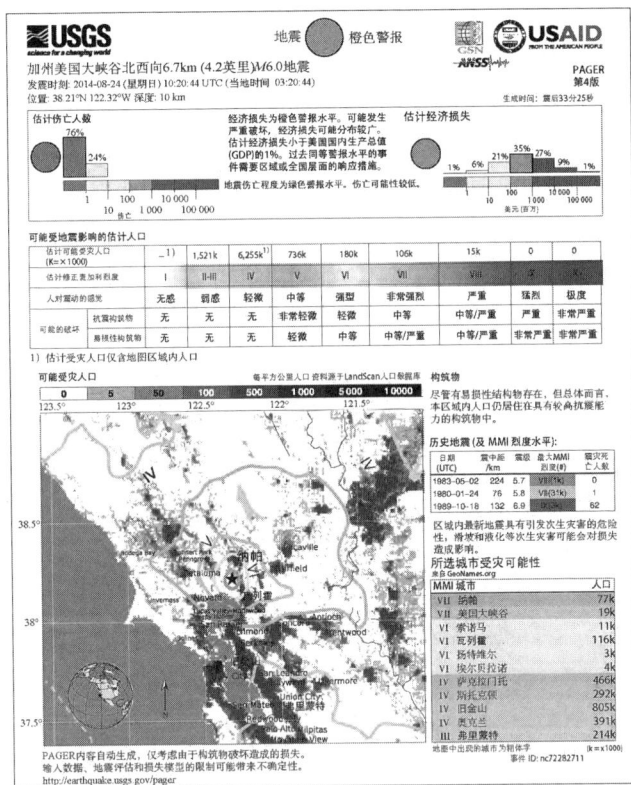

图 5-1　PAGER 系统对 2014 年 8 月加州美国大峡谷（南纳帕）6.0 级地震的警报实例

三、公共安全风险预警的实施与管理

风险预警的核心要素包括风险预警的主体和对象、条件和程序、内容和形式、手段和渠道、调整和反馈。将核心要素串联起来即形成风险预警的基本流程：在信息收集与报送、信息分析与研判等危机决策的基础上，风险预警主体针对马上要发生、必要会发生或已经在发生的突发公共安全事件，形成风险预警信息，通过一定的平台和渠道，针对影响区域和人群，通过发出警报、通报、提醒等方式发布风险预警，提醒应急响应和自救互助，并后续根据情况变化和风险预警反馈对风险预警做适时调整或解除。

（一）预警的主体和对象

预警的主体为公共危机管理的相关部门及其人员；接收对象为可能受到危机影响、需通过预警来提醒其做好准备或作出响应的所有相关主体，既包括政府也包括群众，既包括组织也包括个体。

预警发布主体是各级政府及其相关部门。同时，根据"分类管理"的原则，负责某类或某项突发公共安全事件的管理部门一般负责此类或此项公共危机的专项预警工作。

预警接收即收到预警的对象，一般是可能受到预警危机影响的人群、组织、地区，既包括需要处置和应对该风险的政府部门和人员，也包括受其影响的人民群众和社会组织。

根据《突发事件应对法》，在我国由"县级以上地方各级人民政府"发布预警，可以预警的突发公共安全事件即将发生或者发生的可能性增大时，县级以上地方各级人民政府应当根据有关法律、行政法规和国务院规定的权限和程序，发布相应级别的警报，决定并宣布有关地区进入预警期。

（二）预警的条件和程序

对于自然灾害、事故灾难和公共卫生事件，预警的条件是"即将发生或者发生的可能性增大"；而对于社会安全事件，预警的条件则是"即将发生或者已经发生"。对于预警的程序，一般来说包括三方面：一是发布警报并宣布有关地区进入预警期，这适用于自然灾害、事故灾难和公共卫生事件；二是报告，即向上一级人民政府和上一级主管部门报告，必要时可以越级上报，这适用于各种突发公共安全事件；三是通报，即向当地驻军和可能受到危害的毗邻或者相关地区的人民政府和公众通报，这适用于自然灾害、事故灾难和公共卫生事件。

（三）预警的内容和形式

根据我国有关规定，国家所发布的突发公共安全事件预警信息，在内容上一般包括突发公共安全事件的类别、预警级别、发布时间、起始时间、影响或可能影响的范围、警示事项、应对措施、发布机关、咨询方式等。

预警表现形式一般包括信号、文字、声音、图像、视频等。对于某些预警研究相对成熟的领域，预警的内容以标准规范或约定俗成的预警信号图标的形式呈现。例如，突发气象灾害预警信号图标由代表气象灾害种类的图形符号、中英文文字、代表预警信号颜色的图案等组成①。

预警发布的信息要以公众需求为导向，警报的语言必须简洁、清晰、易懂，避免使用冗长、晦涩的专业性语言；警报的内容要表述清楚可能发生的突发公共安全事件将会带来的威胁和影响，考虑公众的价值判断与利益权衡等因素，提出有针对性的响应措施和建议；警报发布的对象应仅限于可能受到突发公共安全事件影响地区的公众，避免警报扰民的现象；警报的内容要充分考虑不同人的不同需要，做到有的放矢，因为公众的情况千差万别，拥有不同的教育水平、经济实力、民族身份与信仰、语言、健康状况和灾害经历等，同样的警报内容会产生不同的效果。

（四）预警的手段和渠道

警报发布与传递的手段必须是有效的，具备以下特征：（1）多样性。警报传播媒介既包括固定电话、手机、广播、电视、报刊、网络、警报器、宣传车，也包括鸣锣敲鼓、奔走相告等人际传播方式。当然，也可以多种手段并用。（2）针对性。警报传播要针对不同的群体采取不同的手段，如在广播、电视信号无法接收的情况下，可采取发警报或奔走相告的方式，对老、幼、病、残、孕等特殊人群以及学校等特殊场所和警报盲区应当采取有针对性的公告方式。（3）全覆盖性。警报的传播要确保可能受到突发公共安全事件影响的所有公众都能知晓警情。通常，应急管理部门应保持对特定群体发布警报手段的稳定性和经常性，使其能够密切关注相关信息。（4）互动性。警报传递手段最好具备双向可达性，以便公众及时反馈警报接收信息。

预警发布的渠道是指预警信息对内对外发布的技术平台和通信渠道，当前我国基本建立起"分类管理、分级预警、平台共享、规范发布"的预警信息发布平台，并初步形成"横向到边、纵向到底"的突发公共安全事件预警信息发布系统：以电子政务网为纽带，实现国家预警发布系统与相关部门间的横向连通，实现"横向到边"；以地面宽带网和卫星通信为纽带，实现了国家、省、地

---

① 突发气象灾害预警信号图标一般呈长方形，长与宽之比为 6∶5。左上部是气象灾害种类的图形符号，颜色为信号颜色，底色为浅灰色；右上部是气象灾害种类的中文文字，底色为信号颜色；左下部是预警信号颜色的中文名称，右下部是气象灾害种类的英文文字，底色均为信号颜色。

三级预警发布管理平台和县级发布终端的纵向贯通，实现"纵向到底"。

（五）预警的调整和反馈

预警应根据危机状况和事态发展，按照有关法律规定，适时调整、取消或重发。有事实证明不可能发生突发公共安全事件或者危险已经解除的，发布警报的人民政府应当立即宣布解除警报，终止预警期，并解除已经采取的有关措施。

预警的调整离不开预警的信息反馈。信息反馈是对预警信息的跟踪监测，从而能够实时了解和掌握危机发生发展的情况，及时调整预警，减少预警失误、预警不当、预警过度等带来的人财损失和负面影响。

我国的国家突发公共安全事件预警信息发布系统现已开发反馈评估等子系统，具有实时接收各类预警发布情况反馈的功能，可实现预警信息发布的覆盖面、成功率、及时性、社会效益、媒体舆论等指标的收集统计和分析评估，从而为各预警发布单位实时反馈预警发布情况和效果。

以安全生产风险预警的信息反馈为例，信息反馈的内容主要包括：（1）发布预警信息在本辖区的波及范围、程度、强度等基本情况；（2）因恶劣天气或自然灾害造成企业停产停业、道路中断、厂房倒塌、设备设施破坏受损，或造成重大安全生产隐患等情况；（3）因恶劣天气或自然灾害引发生产安全事故、次生事故和造成人员伤亡等事故情况；（4）采取的主要应对措施以及其他需要说明的有关情况；等等。

第二节　公共安全风险预警的国际经验和研究方法

一、概述

目前，较为通用的风险预警方法以经验为基础。例如，情景分析法，即在想象和推测的基础上，对可能发生的未来情景加以描述，通过正式或非正式的、定性或定量的手段进行情景分析，以发现不同的风险情景；幕景分析法，即通过对未来状态的描述，找出可能的起因并进行仔细检查，并且作出今后避免风险带来损失的方案；人因可靠性分析法，即从人为因素角度出发，关注系统绩效中人为因素的作用，可用于评价人为错误对系统的影响，以对人为事故进行预警。

风险预测的准确性和及时性是风险预警智能化的前提。对于金融风险来说，早期预警系统（EWS）对金融危机的风险预警贡献最为突出[①]，该系统通过追踪金融危机指标的变化以判断危机是否将要到来，从而迅速采取行动以防范危机；佩特科内尔等人认为监控是自然和社会风险预警的重要手段[②]，如用传感器等物理信息传输设备能够对地震灾害风险[③]以及土木工程风险[④]展开预警；费罗等人通过数据分析，即静电场变化与历史数据的对比，开展雷电风险预警[⑤]。

国际上流行的公共安全风险预警方式主要分为：监测设备、数据分析、网络系统，各方式的情况对比如表 5 - 4 所示。

表 5 - 4　公共安全风险预警的方式对比

	监测设备	数据分析	网络系统
目标	通过监测及时感知风险	通过数据分析风险规律	通过集成平台实现预警自动化
类别	—	定量分析	
结果	预警信息	风险规律	预警信息
优点	信息相对准确	方便、易操作	集成化、自动化
缺点	布局和数量局限性	数据局限性	开发和维护成本高
难度	—	偏难	
示例	遥感卫星、地震监测设备、舆情监测设备	主成分分析、回归分析	美国 PAGER 系统、欧洲的 GDACS 系统、日本的 Phoenix 系统

二、监测设备：智能传感器

监测设备是通过物理设备进行监测事故信息的一类方法，智能传感器即为其中一种。智能传感器（intelligent sensor）是带有微处理器并兼有信息检测和

① YOON W J，PARK K S. A study on the market instability index and risk warning levels in early warning system for economic crisis. Digital signal processing，2014，29：35－44.

② PATÉCORNELL，ELISABETH M. Warning systems in risk management：the benefits of monitoring：risk analysis & management of natural & man-made hazards. ASCE，2011.

③ STOVER D. Earthquake sensors could finger criminals. Popular science，1993.

④ MINGZHUO W，HONGWEI H. Monitoring and pre-warning of risk visualization for civil engineering. Journal of disaster prevention & mitigation engineering，2015.

⑤ FERRO M A D S，YAMASAKI J，PIMENTEL D R M，et al. Lightning risk warnings based on atmospheric electric field measurements in Brazil. Journal of aerospace technology & management，2012，3 (3).

处理功能的传感器，它能够充分利用微处理器进行数据分析和处理，并能够对内部工作过程进行调节和控制，使得采集的数据最佳。与传统传感器相比，智能传感器将传感检测信息的功能与微处理器（CPU）的信息处理功能有机地结合在一起，从而具有了一定的智能性，弥补了传统传感器性能的不足，使得传感器技术得到发展。智能传感器的基本结构如图5-2所示。

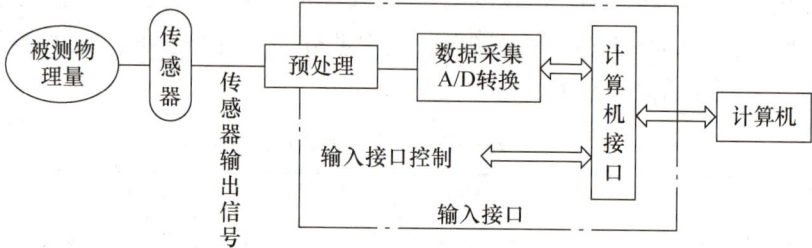

图 5-2　智能传感器的基本结构

集成化实现的智能传感器系统是采用微机械加工技术和大规模集成电路工艺技术，利用半导体材料硅作为基本材料来制作敏感元件，将信号调理电路、微处理器单元等集成在一块芯片上构成的。其外形如图5-3所示。

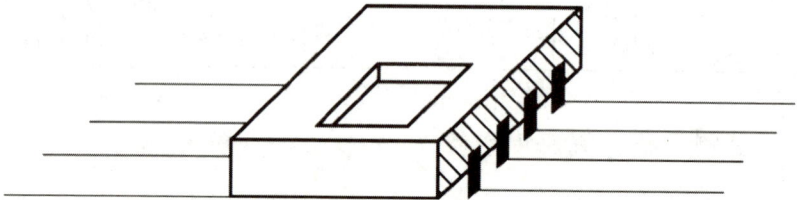

图 5-3　集成智能传感器外形图

地震监测网络在智能传感器基础上部署而成，使用有线监测方式是较为合适的选择。但是在应急情况下，可以随时部署获取数据的无线地震监测网络也具有相当的意义。比如在地震之后用以监测余震的发生，机械波的传递远远慢于无线电波，因此可以抢出宝贵的几分钟预警时间给救援人员后撤。

美国哈佛大学部署了一套类似的应急地震监测系统，主要部署在火山地区，用来监测因火山爆发而导致的地震信息。系统采用 TelosB 无线传感器节点，搭载 24 位 ADC 用以监测 MEMS 加速度计传送的微弱振动信息。节点以火山口为中心径向部署，间隔数百米部署一个节点，在部署完毕后可以监测出地震沿径向传播各点的振动信息。美国国家现代地震监测系统（ANSS）也是通过传感器监测设备测量地震数据，并进行汇集与分析，及时发布地震发生及其影响的可靠信息，为地震研究及危险性与风险评估提供数据。

三、数据分析：主成分分析法

数据分析是指通过历史数据或网络大数据进行数据统计、数据挖掘，从而得到风险规律的一类方法，主成分分析法即为其中一种。主成分分析法（principal component analysis，PCA）是皮尔逊于1901年首先提出，之后由霍特林于1933年发展起来的一种统计方法。该方法是把原来多个变量化为少数几个综合指标的一种统计分析方法，从数学角度来看，这是一种降维处理技术。假定有 n 个样本，每个样本共有 p 个变量描述，这样就构成了一个 $n \times p$ 阶的数据矩阵：

$$X = \begin{bmatrix} x_{11} & x_{12} & \cdots & x_{1p} \\ x_{21} & x_{22} & \cdots & x_{2p} \\ \cdots & \cdots & \cdots & \cdots \\ x_{n1} & x_{n2} & \cdots & x_{np} \end{bmatrix}$$

从多变量的数据中分析事物的内在规律性需要在多维空间中加以考察，为了克服这一困难，就需要进行降维处理，即用较少的几个综合指标来代替原来较多的变量指标，而且使这些较少的综合指标既能尽量多地反映原来较多指标所反映的信息，同时它们之间又是彼此独立的。综合指标选取最简单的形式就是取原来变量指标的线性组合，适当调整组合系数，使新的变量指标之间相互独立且代表性最好。此方法的主要过程如图5-4所示。

四、网络系统：全球地震响应快速评估系统

网络系统是用计算机程序开发的集成应用系统进行风险预警的一类方法，美国地质调查局（USGS）开发的全球地震响应快速评估系统（prompt assessment of global earthquakes for response，PAGER）即为具有代表性的系统之一。自然灾害中的地震灾害虽不可进行预测，但可以进行预警，其中PAGER系统即为具有代表性的地震灾害预警系统，该系统基于全球地震台网观测系统，可以评估受严重震动影响的定居点和居民数量，以及可能的人员伤亡和经济损

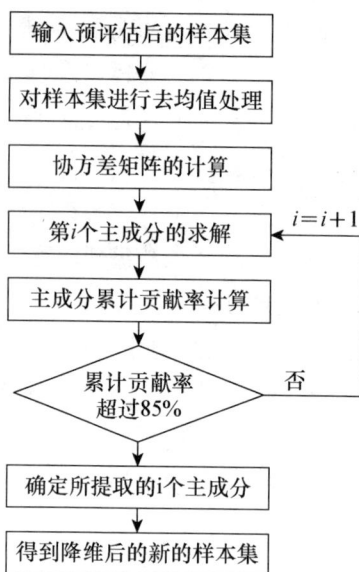

图 5-4　主成分分析法的主要过程

失情况，能够向世界各国提供地震信息与损失评估。

　　当一个地震的震级和震源位置被确定之后，PAGER 系统就会作出区域地面震动估计，随之转换成地震烈度图，列出邻近城市的地震烈度和人口。在此基础上，PAGER 系统依据曾发生地震产生的经济损失和人员伤亡数据，开发不同国别的模型来估计与震动相关的损失。然后依据人员伤亡和经济损失的范围确定警报的级别，由两者中较高的一个确定总的警报级别。

第三节　公共安全风险预警的经典案例分析或最佳标杆研究

◎ 重大疫情的社会综合风险预警

　　重大疫情的社会综合风险预警，是以科学应对疫情风险为中心、在全社会开展全流程和全要素的风险预警并启动应急和风控的一系列管理工作的总称。社会综合风险预警有五大目标：一是阻止疫情暴发，二是遏制疫情蔓延，三是防止应灾失误，四是提升应灾成效，五是改进本质安全。重大疫情时社会综合风险预警的要务如表 5-5 所示。

表 5-5　重大疫情时社会综合风险预警的要务

目标	预警方式	主管部门职能	应急管理任务
阻止疫情暴发	"组合式"权威预警	融媒体环境下，专业权威和行政权威的组合式权威预警，及时预警，触发应急响应。	新闻发布及时性，官方发布专业化。
遏制疫情蔓延	"场景式"精细预警	结合流行病学调查，针对高危场所，启动精准预警，实施危机干预。	危机干预精准化，应急处置精细化。
防止应灾失误	"底线式"内外预警	落实"补短板、堵漏洞、强弱项"，实施"保底线"预警，规范救灾行为、惩治违法违规行为、救助弱势群体。	应急主体规范处突，社会环境有序化，注重薄弱环节。
提升应灾成效	"关联式"动态预警	联防联控、统筹全国救灾的需求解决；卫健疾控等系统提供基础性预警，可实施"一票否决"等决策辅助；其他相关部门各司其职、联动保障。	跨行业跨地区的联动应急，危机决策科学化；切断"灾害链"、组合"应灾链"、增强"发展链"。
改进本质安全	"固化式"超前预警	结合疫情的周期规律固化定期宣教，改正陈规陋习，强化制度建设，提升本质安全。	宣教科普固定化，预防措施制度化，推进群防群治，本质安全自觉化。

根据我国国情，针对新冠肺炎疫情，参考国际经验，提出重大疫情社会综合风险预警的 5 项建议。

（一）重大疫情的信息噪音和"组合式"权威预警

国际上有两种公认的谣言公式：一是谣言＝信息的重要度×信息的不透明程度，二是谣言＝事件的重要性×事件的模糊性÷公众批判能力。这两种公式都表明：重大疫情必有信息噪音，其中新发传染病的噪音程度最高，因为权威信息不周全，又事关全体民众。

应对信息噪音的实例研究可绘制出"重大疫情信息管道模型"（见图 5-5），也即在社会信息管道中，为了处置信息噪音，权威预警要发挥两重功能：一是及时有效发布，对信息噪音实施"压制效应"；二是动态持续发布，对信息管道形成"疏导效应"。

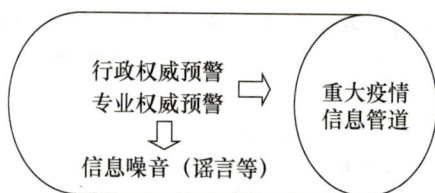

图 5 - 5　重大疫情信息管道模型

资料来源：唐钧. 公共危机管理. 北京：中国人民大学出版社，2019.

例如，2020 年新冠肺炎疫情期间的典型谣言，据不完全统计可分为 8 类：（1）造谣某地出现疫情；（2）造谣"封城""封路"等行政禁止行为；（3）造谣感染死亡；（4）造谣刑事案件；（5）造谣暂停营业、涨价；（6）造谣"健康养生"；（7）造谣开学；（8）造谣侮辱他人等。

谣言作为典型的信息噪音，其实质是由信息管道中权威预警信息不足引发的。因此，"专业权威＋行政权威"两种权威"组合式"预警作为对策，应尽快发挥作用。

（1）尽快扭转用"造谣定罪""舆论引导"来代替"权威发布"的被动局面。新冠肺炎疫情期间，媒体报道的岩田健太郎（日本）、保罗·科特雷尔（美国）、洪翼杓（韩国）、佐伊·加博特夫人（德比郡伯比奇小学校长，英国）、马特奥·达索（意大利）这些全球"吹哨人"的个体预警，客观上表明了新发传染病的权威预警确实是世界级的难题。专业人士担当"吹哨人"，其实质是行政权威预警机制存在滞后问题，要从理念上纠正仅用惩戒造谣等手段就能"净化信息管道"的误判，而要多措并举，尤其是用好权威发布来主导社会信息管道。

（2）行政权威预警都具有"依法求稳"的特征，因此专业权威要发挥更好的信息收集、苗头预警等机制。以新加坡为例，其疾病暴发应对系统（disease outbreak response system condition，DORSCON）建立于 2003 年非典（SARS）期间，使用至今。新加坡的疾病暴发应对系统包括 4 个警戒级别，分别为绿、黄、橙、红，代表不同的疫情程度，如图 5 - 6 所示。它能综合反映疫情在新加坡本地和海外的严重程度、病毒传播力度。在新冠肺炎疫情初期，因为该国并非疫情原发地，只要减少境外输入，严控境内存量，就能实现防控目标，新加坡将警戒级别定为第二级"黄色"。2020 年 2 月 7 日，由于新增病例中存在一个感染源头未知的病例，新加坡将疫情警报级别调至第三级"橙色"。"橙色"预警是指"疫情严重，且容易人传人，但尚未在新加坡普遍传染，疫情仍受控制"（2003 年 SARS 和 2009 年甲型 H1N1 流感疫情也是"橙色"预警）。
"橙色"预警对应着政府目前工作的重心将转向"努力避免疫情的进一步扩展"，
建议组织方取消或者延后非必要的大型活动。若疫情进一步扩大，预警级别上
升至"红色"，将会采取休学停课并且强制在家工作等对应措施。

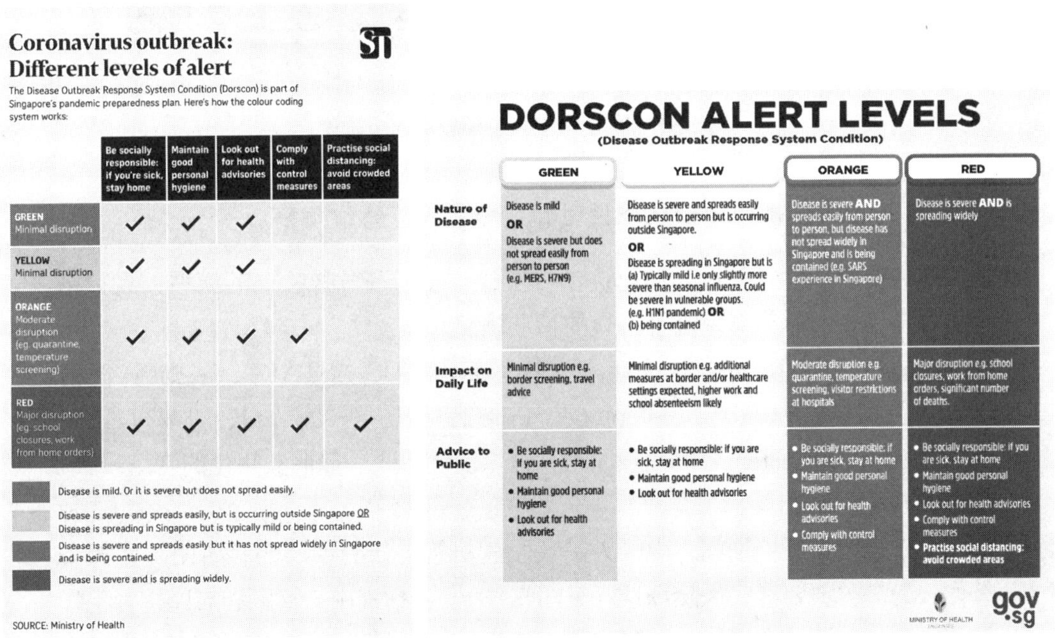

图 5-6　新加坡疾病暴发应对系统的预警

（3）建立健全"专业＋行政"的双重权威预警的运行机制。专业做决策支
持，行政做危机决策，建立健全联席会商研判机制。针对传染病的发展阶段，
设计面向不同群体的预警方式。以美国疾病控制与预防中心（CDC）《更新的流
感大流行防范和应对框架 2014》为例，其将疾病流行过程划分为六个阶段（见
图 5-7），并提供了每个阶段地方层级和中央层级的应对措施，其中"调查"和
"识别"是疫情暴发前的两个阶段，是否在此阶段进行内部预警，需要根据实际
情况稳妥设计。

重大疫情的"组合式"权威预警，实质上是融媒体环境下，专业权威和行
政权威的"组合式"权威预警，及时预警，触发应急响应；在应急管理层面上，
新闻发布及时性，官方发布专业化，都将有利于防疫宣传和社会动员，阻止疫
情暴发。

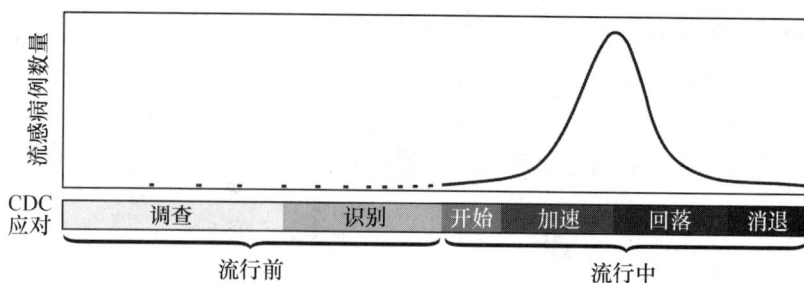

图 5-7　美国 CDC 疾病流行的六个阶段

（二）重大疫情的活动轨迹模型和"场景式"精细预警

重大疫情期间，通过活动轨迹，可形成"疫情高危风险"的模型：人员密集接触多、交叉感染概率高等场景的精准预警。

"场景式"精细预警的设计，可参考美国 CDC"STARCC 法则"：简洁（simple）、及时（timely）、准确（accurate）、关切（relevant）、可靠（credible）、一致（consistent）的六项原则，提供面向大众、简明实用化的"场景式"预警。

在新冠肺炎疫情期间，中国人民大学危机管理研究中心的科研团队将感染总体分为 7 类主要感染风险场景（见图 5-8），包括家中、社区和居民楼、工作场所、公共场所、交通运输、医疗卫生机构、社会福利机构，细分为 53 类感染风险区域和 255 个感染风险点位。

场景预警 1：家中一般为家属、亲戚、邻居的主要感染场景，门口、客厅、餐厅、厨房、书房、卧室、卫生间、储物间均为可能存在的感染区域。

场景预警 2：社区和居民楼感染场景中，电梯间、楼道走道、公共垃圾桶、社区公共活动场所、停车场均为可能存在的感染区域。

场景预警 3：工作场所感染场景中，门厅、过道、会议室、办公室、工作车间、公共卫生间、茶水间以及工作楼宇的电梯间、楼道走道、食堂、停车场均为可能存在的感染区域。

场景预警 4：公共场所感染场景，可细分为农贸市场、购物场所、住宿场所、餐饮场所、文化体育旅游场所、民俗宗教场所、美容美发场所、休闲娱乐场所、政务服务场所。

场景预警 5：交通运输感染场景，包括火车（高铁、动车等）、地铁、公共

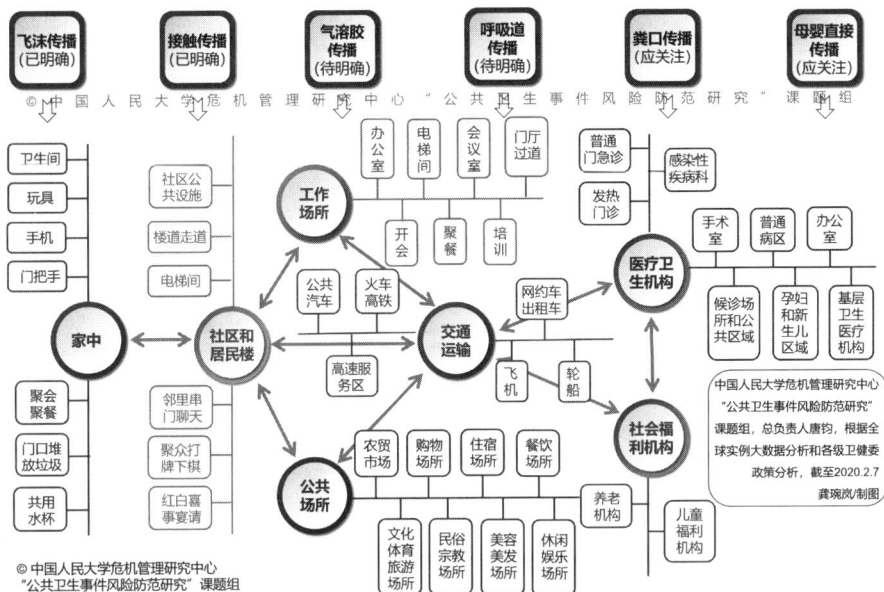

图 5-8　新型冠状病毒感染风险预警研究报告：新冠病毒易感风险地图

汽车（公交、大巴等）、小轿车（出租车、网约车、私家车等）、飞机、轮船等交通工具，也包括候车室、候机厅、公交站口等中转场所，还包括交通运输沿途的易感人员。

场景预警6：医疗卫生机构感染场景，咨询处（吧台）、普通门诊、急诊、发热门诊、感染性疾病科、普通病区（其他类型病患治疗区域）、手术室、医院办公室、孕妇和新生儿区域、其他公共部位和场所为可能存在的感染区域。

场景预警7：社会福利机构感染场景，可分为养老机构（含农村敬老院）、儿童福利机构（含未成年人救助保护机构）、残疾人服务机构和居家养老服务机构（准养老机构）。

重大疫情的"场景式"精细预警实质上是结合流行病学调查，针对高危场所，启动精准预警，实施危机干预。在应急管理层面上，危机干预精准化和应急处置精细化，将有利于遏制重大疫情的蔓延。

（三）重大疫情的秩序失范和"底线式"内外预警

国际经验表明：重大疫情将可能激发风险社会的全面暴发，必须做好"以人为中心"的社会秩序风险管理。新冠肺炎疫情期间，有发生破坏医疗秩序、违法违规的实例，据不完全统计可分为9类：（1）以危险方法危害公共安全、过失以危险方法危害公共安全；（2）生产、销售伪劣产品、假药、劣药、不符合标准的医用器材等；（3）非法经营；（4）诈骗；（5）编造、故意传播虚假恐怖信息；（6）泄露公民个人信息；（7）非法行医；（8）妨害公务、故意杀人；（9）妨害传染病防治。甚至还有极个别党政干部和公职人员违法违规的零星实例，据不完全统计可分为6类：（1）不担当、不作为、慢作为，履行管理监督职责、贯彻执行或检查督促落实上级决策部署不力；（2）搞形式主义、官僚主义，行动少落实差，脱离实际、脱离群众、拖沓敷衍、推诿扯皮；（3）弄虚作假，迟报谎报瞒报漏报有关信息，通报报送公布虚假信息；（4）失职渎职，玩忽职守，滥用职权，严重违反纪律，擅离职守、擅自行动等；（5）寻衅滋事、侮辱医护人员；（6）泄露患者隐私。

因此，为了防止重大疫情期间的秩序失范，为了在疫情期间集中精力做好抗疫重点，应该实施"底线式"内外预警。

（1）对外：实施民众违法违规的风险预警，形成利于抗疫的社会环境。民众违法违规风险，是指民众妨害疫情防控工作、危害公共安全和社会秩序的违法犯罪行为，增加疫情隐患、加剧恐慌氛围的"不文明"行为。其中，高危风险集中于：1）利用疫情囤积居奇，哄抬疫情防控急需防护用品、药品或其他民生物品的价格，趁火打劫、牟取暴利；2）制售假劣药品、医疗器械、医用卫生材料；3）暴力伤害医务人员，打砸、毁坏医疗设施，妨害公务，干扰医疗秩序和疫情防控秩序；4）假借研制、生产或者销售用于疫情防控的物品的名义骗取公私财物，捏造事实骗取公众捐赠款物，聚众哄抢公私财物特别是疫情防控和保障物资；5）编造、故意传播虚假疫情信息引发社会恐慌，严重扰乱社会秩序；6）故意传播新型冠状病毒，造成严重后果或者情节严重；7）破坏野生动物资源，非法猎杀、买卖、运输珍贵或濒危野生动物及其制品；8）破坏轨道、桥梁、隧道、公路、机场、航道、灯塔、标志等交通设施等。中国人民大学危机管理研究中心科研团队于2020年1月编写《疫情期间避免违法违规的风险防范指引》，发布"民众违法违规的风险预警"，该防范指引有助于形成集中精力抗疫的有益社会环境。

（2）对内：实施公务人员（含医护工作者）违法违纪的预警，形成提高群众安全感和满意度的工作氛围。公务人员违法违纪和失职渎职的风险，是指各级党政部门的领导班子、党员、干部及其他具有国家公职身份或其他从事公职事务的人员，在疫情期间违反法律法规和党纪条例，在防疫工作中不敢担当、作风漂浮、落实不力、推诿扯皮、搞官僚主义、搞形式主义、弄虚作假、失职渎职的风险。其中，高危风险集中于：1）不担当、不作为、慢作为，履行管理监督职责、贯彻执行或检查督促落实上级决策部署不力；2）搞形式主义、官僚主义，行动少落实差，脱离实际、脱离群众，拖沓敷衍、推诿扯皮；3）弄虚作假，迟报谎报瞒报漏报有关信息，通报报送公布虚假信息；4）失职渎职，玩忽职守，滥用职权，严重违反纪律，擅离职守、擅自行动等；5）不服从上级领导、统一指挥和调度协调，本位主义严重；6）未按规定采取预防控制措施、及时发布警报、履行监测职责、采取处置措施，或处置不当，造成后果；7）未按规定完成应急所需物资的生产、供应、运输和储备；8）故意泄露涉及个人隐私的有关信息、资料；9）未及时组织开展生产自救、恢复重建等善后工作；10）截留、挪用、私分或变相私分应急救援资金与物资，不及时归还（或补偿）征用财产（单位和个人的）；等等。中国人民大学危机管理研究中心科研团队于2020年2月编写《疫情期间党政干部和公职人员避免违法违规的风险防范指引》，发布"公务人员（含医护工作者）违法违纪的预警"，指出严明纪律，有助于形成提高群众安全感和满意度的工作氛围，捍卫公信力。

此外，实施"补短板、堵漏洞"预警，高度重视薄弱环节和弱势群体，以确保疫情防控无死角。"补短板、堵漏洞"风险，在新冠肺炎疫情防控中，集中体现为以下两类：

第一类：人员密集性强、流动性大且有连锁反应风险的场所。主要包括同一栋居民楼、大型商场超市或商业综合体、车站机场等客运场站和交通运输工具等。此类场所，一方面，存在"人传人"的聚集性疫情，感染概率高、防控难度大、危险性高；另一方面，由于存在交通运输和人口流动，受灾人群同步存在着跳跃式分散的特征，因此在排查中一旦发现确诊病例，其可能的密切接触者及其行程轨迹和涉足场所往往存在更大的不确定性。

第二类：存在弱势群体或特殊人群的场所。主要包括养老机构（老年福利院）、儿童福利院、精神卫生医疗机构、监狱、公安看守所、强制隔离戒毒所、未成年犯管教所等。此类场所的疫情防控较其他场所存在更多困难和秩序失范风险，突出表现为：（1）在老年人、幼童等高危易感群体所在的聚集区域中，若存在感染者则易出现传染；（2）精神病人、服刑人员、戒毒人员、未成年犯等聚集群体中，由于对象的特殊性，其日常管理已存在相对较高的失序风险，加之疫情防控特殊时期，风险等级可能升高；（3）此类场所的人员密集程度远高于家庭、工作场所、公共场所等其他场所，人员之间的日常密切接触程度高，一旦出现感染者则存在很高的传染风险；（4）此类机构在诊疗方面需与家属沟通，在专业支持方面需与政府沟通，在运营管理方面自我防控专业性和人手普遍不足。

重大疫情的"底线式"内外预警，实质上是落实"补短板、堵漏洞、强弱项"，实施"保底线"预警，规范救灾行为，惩治违法违规，救助弱势群体。在应急管理层面上，应急主体规范处突、社会环境有序化、注重薄弱环节，将有利于防止应灾失误。

（四）重大疫情的蔓延扩散和"关联式"动态预警

重大疫情的蔓延式扩散，会导致只要有传染源就会全面渗透和影响经济、社会等各领域，要求应对灾害"系统性持续发力"。因此，总对策是通过关联预警，切断"灾害链"、组合"应灾链"、增强"发展链"。

（1）微观"灾害链"预警：针对个体健康安全，主动干预"生理—心理—舆论"影响链条，以传染病为中心强化健康、安全、环境（HSE）等系统，积极发挥切断"灾害链"的功能。如新冠肺炎疫情期间暴露出来的心理问题虽然零星，但据不完全统计也可分为 5 类：1）担心患病或传染给他人的应激反应；2）个别民众不适应长期在家的压抑情绪；3）忧心家庭与工作的忧患情绪；4）极个别医护人员压力大导致的情绪问题；5）个别学生担心学业等负面情绪问题。因此，提前将"心理危机干预纳入疫情防控体系"，对于遏制传染病导致的包括医护工作者在内的个体极端言行、社会稳定风险等后续连锁反应，具有必要性。重大疫情期间，从服务管理民众个体健康和安全的角度，应急管理工作应该积极主动地从病患生理诊疗，深入到灾区民众的心理疏导，再扩展到网络舆情的引导和回应，在根本上做到以人为本、以每一位公民为中心的抗疫，有效切断社会风险的"灾害链"。

（2）中观"应灾链"预警：正视重大疫情的持续性，要打"系统仗"和"持久战"。针对救灾物资的生产、运输等保障，针对抗疫医护人员的生活保障等基础工作，各职能部门要主动统筹需求清单，提前沟通"应灾需求预警"等信息，有规划、有部署地组合全国的"应灾链"。重大疫情期间，应灾的人、财、物形成了全国"应灾链"，环环紧扣、相互支撑。应提前和主动规划需求，科学沟通"需求预警"，争取形成全面统一领导、统筹兼顾、运转高效、配合协调、保障有力、口径一致的"应灾链"。

（3）宏观"发展链"预警：紧扣传染病扩散，坚持总体国家安全观，在疫情防控、复工复产和安全发展的过程中发挥治理优势，增强"发展链"。新冠肺炎疫情期间，在疫情防控和社会经济发展方面，做好了"两手抓"和"多措并举"，在一定程度上形成了有力支撑抗疫和有序恢复生产的良好局面。重大疫情期间，发展既是支持抗疫，也是快速回归正常状态的根本措施，这也是应急管理的最终目标。"发展链"的构成，不仅需要投资、消费、出口的经济发力，更需要国家治理体系和治理能力的全面优化。在此过程中，卫健委和疾控系统应充分发挥专业功能，尤其是行使好"负面清单"和"一票否决"；其他相关机构则要各司其职、主动作为，有效保障安全发展和经济社会全面发展。

重大疫情的"关联式"动态预警，实质上是联防联控、统筹全国救灾的需求解决。在应急管理层面上，跨行业跨地区的联动应急，危机决策科学化，切断"灾害链"、组合"应灾链"、增强"发展链"，将有利于提升应灾成效。

（五）重大疫情的周期性规律和"固化式"超前预警

重大疫情中具有周期规律的风险要素，可超前预警并固化制度，提高应对重大疫情的成效。例如，我国古代农耕社会应用"二十四节气"进行预警瘟疫的规律：瘟疫始于大雪、发于冬至、生于小寒、长于大寒、盛于立春、弱于雨水、衰于惊蛰、完于春分、灭于清明。通过超前预警，固化有效的预防措施、防范流程、组织机构，提前设计联防联控机制。预警示例如图5-9所示。

（1）超前预警"频发高危"的疫情风险，例如常见疾病的定期预警制度。针对具有显性规律，尤其是周年规律、可能导致疫情的疾病，可采取超前预警的方式，主动防御和科学防范"频发高危"的疫情风险。以日本的《传染病发生趋势调查周报》（IDWR）为例。传染病发生趋势调查始于1981年（昭和56年），这一调查的目的在于通过准确地掌握和分析有关传染病发生的信息，及时向公众和医疗机构提供和披露结果，实施对传染病的有效、准确的预防、诊断和治疗，防止暴发和传播。根据1999年4月1日生效的《预防传染病和传染病

学校安全风险月历

2020 年 1.0 版

说 明
● 高危风险：
风险后果极其严重，责任直接且重大，人员伤亡数量特别大或社会影响极其恶劣，需尽快重点施策。

◎ 中危风险：
风险后果较为严重，责任较大，人员伤亡数量较大或社会影响较恶劣，需统筹处置。

● 低危风险：
风险后果一般，责任较小，无伤亡或社会影响较小，需持续关注。

中国人民大学危机管理研究中心
负责人：唐钧、龚琬岚
2020 年 1 月研发

2020 年 1 月

风险类型	风险等级	风险形成机理/风险治理路径
涉学生的公共卫生事件（传染病）	高危风险	1.冬季气温低，空气流通性差，人体免疫力下降，易发传染病等公共卫生事件。2.校园人员集中，学生群体易感染病。3.寒假期间，学生外出、走亲访友等，可能加剧传染病等公共卫生事件的蔓延。
校园火灾（含燃爆）致死伤	高危风险	1.冬季低温寒冷，校园电器使用增加，用电负荷大增。2.师生违规使用大功率电器，易引发火灾。3.冬季因干物堆集，火灾隐患大，易诱发各类火灾。4.因学校未按规定对清理食堂烟道，易引发火灾。
食药安全问题或中毒致死伤	高危风险	1.冬季采暖，室内通风不畅，学生在家庭及出租屋等校外场所因现煤气中毒。2.冬季人体免疫力弱，学校食堂、周边餐馆的食品质量问题易引发食药安全问题或中毒致死伤。
校外人员恶性伤害致死伤	高危风险	1.临近年末，部分城市存在"辞工潮"现象，可能导致个别临时务工人员因被辞退、降工资、降奖金而出现对学校用工方的怨恨不满（与学校有关的务工人员），或因情绪与报复心态（与学校无关的务工人员），进而对学校学生、教师等弱势群体或相关群体进行恶性伤害。2.上述心态和激进，也可能是出现在学生家长、教职工家属等群体中。
教师违规违纪与失职失德	中危风险	1.学生作为弱势群体易成为侵害目标。2.年终岁末，个别地区的教师群体因工作压力相对较大或面临调休、降薪等压力。3.部分地区的教师群体素质仍相对较低。
学生违法犯罪与不良言行	中危风险	1.中小学生易受到影视作品、游戏及社会不良行为影响，以致不当方式处理人际矛盾。2.西方校园血腥案的负面示范，可能诱使校方学持械犯罪。
交通安全事件（校车）致死伤	中危风险	1.冬季多发雨雪天气，多出现道路霜雪、结冰、湿滑，易发交通事故。2.中小学生如搭乘非法运营车辆，加之路况不佳，更易发生交通事故。
学生其他校园意外伤亡	低危风险	冬季易出现摔伤、烟花爆竹炸伤、运动摔死、高空坠物等意外事故。
学生自我伤害致死伤	低危风险	个别学生因期末考试压力较大，加上自身心理问题或家庭问题，易出现自残自杀等极端行为。
校内偷盗抢劫	低危风险	年终岁末，学生、社会人员可能违规进入学校，出现破环校内设施、盗窃财物等。

中国人民大学危机管理研究中心 | 负责人：唐钧、龚琬岚

图 5-9 中国人民大学危机管理研究中心研发的"风险月历"，以月度为单位预警下一年每个月的高危风险；2020 年 1 月第一位高危风险就是公共卫生事件（传染病）

患者医疗法》（以下简称"传染病法"），厚生劳动省和国立传染病研究所对全国范围内患有传染病法规定疾病的患者数量进行了调查，并与过去数据作了比较。基于此，厚生劳动省发布《传染病发生趋势调查周报》。

（2）超前教育和培养适应预警和科学应急的能力：联合教育系统、宣传系统，进行传染病等可能导致疫情的疾病预防的宣传教育和科普，宣传教育和科普工作要立足学校、普及全民。重大疫情依靠"联防联控"，也依靠"群防群控"。如新冠肺炎疫情期间，媒体广泛报道了多地社区、村的"大喇叭""条幅"等防疫宣传举措，但根本上还是要实施超前教育，提高全民对于预警的接受度、适应性和反应度。

（3）超前的制度化预警和防范：应用和升级与"重大行政决策""环境评价""社会稳定风险评估"相关的政策文件，把重大疫情的风险评估纳入重大活动、公共场所等事前风险评估之中，不达标不予开展或经营。重大疫情的预警要制度化。目前我国已有风险评估和风险管理的若干法律法规，例如：卫生部印发的《关于建立卫生系统重大事项社会稳定风险评估机制的指导意见（试行）》、中共中央办公厅和国务院办公厅印发的《关于建立健全重大决策社会稳定风险评估机制的指导意见（试行）》、国家发改委印发的《国家发展改革委重

大固定资产投资项目社会稳定风险评估暂行办法》、《国务院工作规则》、《重大行政决策程序暂行条例》等，基本规定了，凡是直接关系人民群众切身利益且涉及面广、容易引发社会稳定问题的重大决策事项，党政机关作出决策前都要进行社会稳定风险评估。建议在条件成熟时，将重大疫情的风险评估纳入重大活动、公共场所等事前风险评估之中，不达标不予开展或经营，提高风险预警的法律效力和社会约束力。

重大疫情的"固化式"超前预警，实质上是结合疫情的周期规律固化定期宣教，改正陈规陋习，强化制度建设，提升本质安全。在应急管理层面上，宣教科普固定化，预防措施制度化，推进群防群治，提高防疫抗疫的自觉化，将有利于改进本质安全。

综上，重大疫情的社会综合风险预警，考验的是整体的应急管理和社会治理能力，要依靠党委领导、政府负责、民主协商、社会协同、公民参与、法治保障、科技支撑的社会治理体系，才能实现及时预警、有效预警、科学应灾、群防群治，进而全面提高对于重大疫情的免疫力、预防力、处置力，切实提升群众的安全感。

◎ 新冠肺炎疫情的监测指挥信息系统

自新冠肺炎疫情发生以来，我国在党中央的领导下，迅速采取了一系列全面、严格、彻底的防控措施，及时有效地阻止了疫情的蔓延趋势。其中，基层单位作为防控疫情"最后一公里"的坚守人发挥着重要的基础性作用。然而，大疫如大考，疫情所带来的复杂困难局势暴露出了基层抗疫的"痛点"和"难点"。面对这一困境，众多科技公司响应国家政策，积极探寻基层抗疫难的科技解决方案，以疫情监测指挥信息系统等新兴技术为"武器"，充分发挥监测和预警作用，打响了"科技防疫战"。

（一）基层的抗疫"痛点"

自新型冠状病毒引发的肺炎疫情暴发以来，我国积极采取各项防疫措施。2020 年 2 月 7 日，面对疫情防控进入关键时期的现状，国家卫生健康委员会将控制传染源和切断传播途径作为关键着力点，提出了"四早"（早发现、早报告、早隔离、早治疗）和"四集中"（集中患者、集中专家、集中资源、集中救治）的防控和救治要求。然而，具体落实"四早"和"四集中"的要求需要基层单位的大量基础性的工作作为支撑。疫情所带来的复杂形势和防控的巨大压力是对基层单位的严峻挑战，基层单位逐渐不堪重负，一些问题难于应对、疲于应对，基层治理的短板和不足也随之暴露出来。

其一，"人传人"却需"人盯人"与"人管人"。新型冠状病毒传播途径广泛，在人与人之间的传染性强。为了防止病毒的传播和扩散，梳理排查人员情况、核查隔离涉及疫情人员和宣传教育防止人群聚集就成为基层防疫工作的首要任务。挨家挨户排查人员往来、测量体温、宣传防控知识、发宣传单、对疫区返乡人员进行跟踪监测、值守村头拦截可疑人员、村庄巡查、劝散聚会点等等，每一项工作都需要投入大量的人力和物力资源。这样的做法一方面使得基层工作人员不堪重负，另一方面也无法避免因人员接触、人员聚集所带来的二次传播。但是，由于短时间内无法找到更好的替代方案，许多地方还是只能采取"人盯人""人管人"的"土办法"，防控效率低下。

其二，"防疫""复工"并行，任务繁重。在坚持防控疫情的同时，生产生活也要逐步恢复正常。随着全国多省市逐步复工复产，返工人员的流动给城市管理和基层治理带来了挑战。为了防止疫情的输入输出和蔓延扩散，基层工作人员不仅需要高度关注从疫情高发地区（含境外）前来和从其他地方返程的人员，而且也要为居家观察和隔离的人员做好服务工作，还要为企业的正常复工复产提供保障和支持。"上面千条线，下面一根针"，基层工作无大事，但每一件衣食住行的小事加起来，都是人民生活的头等大事。一边是防控疫情，一边是保障复工，原本可能产生冲突的两件事并行，就需要基层工作深入下沉、精准细化，这给处于疫情压力下的基层政府提出了更高要求。繁重的任务给本已连轴转了多日的基层政府带来了巨大压力，一个网格员需要对应几十户甚至上百户人家，一个基层政府的工作人员需要对应几十家甚至上百家企业，人力物力捉襟见肘。

其三，科技支撑"强干弱枝"。随着互联网、人工智能、大数据和物联网等技术的普及，新兴技术在政府管理中发挥着日益重要的作用。然而，尽管全国已经有多个省市能够通过大数据、人脸识别等技术精确识别高危人群，提升疫情前期"找到人"的效率，但是在社区村镇等基层一线，"管住人"的防控末段依靠的仍旧是"人海战术"和"表格抗疫"等原始办法。基层数字化基础的缺陷使得信息共享只能自上而下单向传导，而缺乏自下而上传递的便捷方式。新兴科技在疫情趋势研判、人群精准识别、信息实时公开等方面发挥了重要的辅助作用，但在基层疫情防控的具体环节却未能发挥解放基层生产力的功能，甚至给基层疫情防控带来额外的工作和负担。政府的数字化和信息化仍是一个亟待发展的领域，此次疫情中所暴露出的政府科技支撑"强干弱枝"的现象仍有待在未来得以改善。

（二）新冠病毒疫情监测指挥一张图

针对各地基层在疫情防控中所暴露出的短板和不足，提升政府信息化水平、以"物"来代替"人"是解放基层生产力、提升疫情防控和防疫服务效率的长效机制。为充分发挥信息化在辅助疫情研判、创新诊疗模式、提升服务效率等方面的支撑作用，国家卫生健康委员会在总结各地典型做法的基础上，出台了《关于加强信息化支撑新型冠状病毒感染的肺炎疫情防控工作的通知》。该通知要求各地积极运用互联网＋、大数据等信息技术助力疫情阻击战，减少线下诊疗压力和交叉感染风险，减轻基层统计填报负担，对疫情发展进行高效跟踪、筛查、预测，为科学防治、精准施策、便民服务提供有力支撑。

对此，以四川百川四维信息技术有限公司和浙江佰佳信息技术有限公司为代表的科技公司积极响应国家政策，主动探索基层疫情防控"痛点"的科技解决方案。2020年2月12日，经过十多天夜以继日地工作，"新冠病毒疫情监测指挥一张图"平台系统（见图5-10）正式上线运行，供政府各级部门公益使用。同时，"新冠防疫监测一张图"平台系统作为姊妹版同步开发，并于2020年2月17日落地浙江省湖州莫干山高新区上线试运行。

"新冠病毒疫情监测指挥一张图"平台系统设计为区政府、街道、社区三级实时动态监测指挥系统，采用WEBGIS、云存储、移动互联网、大数据分析技术，能同步接收各级工作人员实时上传的疫情相关信息、相关处置措施等，实现指挥机构、应急处置力量和相关疾控部门之间信息的互通互联和共享（见图5-11）。该平台系统具备以下三个方面的功能：

（1）模拟业务流程：复原事件处置过程，及时将事件发生地点、照片、视频、相关描述、现场处置方法等信息上传到管理后台，更方便基层工作人员（网格员、服务专员）作业，做到一个后台同步发布到各上级部门，大大提升工作效率。

（2）物资调度管理：利用空间位置定位技术、叠加地图场景，展现人、应急物资等部署，建立后台管理数据库台账，实现物资的精细化调度配置，有助

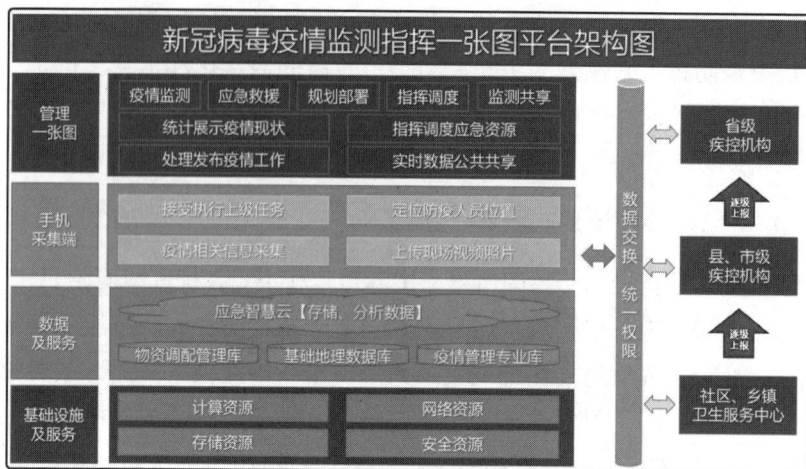

图 5-10 平台架构图 (一)

图 5-11 平台架构图 (二)

于领导快速准确决策。

（3）可视化呈现：利用大屏叠加二（三）维矢量及影像数据，把防控过程中碎片化信息全部分析整理，给领导、管理人员呈现有价值的高度聚焦的信息，建立智慧指挥控制中心。

通过"新冠病毒疫情监测指挥一张图"平台系统，基层政府能够有效摆脱现有困境，借助数字化、信息化的手段解决疫情防控中的"痛点"和"难点"。具体而言，体现在以下三个方面：

其一，疫情监测指挥信息系统能够打通自下而上的信息共享渠道，解放基层生产力，降低人员接触的次生风险。基层政府只能采取"人盯人""人管人"的传统管理手段的原因，一方面在于上下级之间信息共享渠道的不对称、不通畅，即疫情防控方案和要求已能实现迅速快捷地自上而下传达，但基层的基本信息和执行情况在自下而上传达时却面临着工作量大、手段老旧等问题；另一方面在于信息的来源少、难核实，一家一户的每日情况往往只由一个网格员负责采集和更新，村庄、社区入口往往只由几个工作人员负责看管和劝导等。"新冠病毒疫情监测指挥一张图"平台系统通过打通省、县、乡三级之间的信息共享渠道，实现数据交换、统一权限，减少逐级上报环节，使基层工作人员能够从费时费力的表格、文件中脱离出来，将更多的精力投入疫情防控一线。此外，"新冠病毒疫情监测指挥一张图"平台系统还提供了社会群众监测举报、信息共享的渠道，发动社会力量扩充信息来源、进行信息核实，既能够提升信息收集效率，又可以减少人员接触和人群聚集，防范疫情防控的次生风险。

其二，疫情监测指挥信息系统能够融合疫情防控和复工复产，实时动态监测，精准提供决策支持。"新冠病毒疫情监测指挥一张图"平台系统运用应急智慧云，叠加物资调配管理库、基础地理数据库和疫情管理专业库三个数据库，对地区防控疫情相关资源实现实时监控，对地区疫情发展变化情况实现动态预测，从而为及时调整应对方案、统一调度防疫资源、实现科学高效决策提供依据和保障。"新冠病毒疫情监测指挥一张图"平台系统借助多个数据库的叠加效应，将疫情防控和复工复产进行有机结合，统筹管理地区的疫情防控和复工复产状况，有效改善疫情防控特殊时期基层工作零散化、碎片化的状态，解放基层生产力，真正实现减负增效。

其三，疫情监测指挥信息系统建设所需资源少，培训简单，能够克服基层数字化基础弱的缺陷，高效快速地投入使用。当前，我国科技支撑"强干弱枝"的状况使得新兴科技无法迅速地在数字化基础较弱的基层进行普及。"新冠病毒疫情监测指挥一张图"平台系统充分考虑到基层的这一状况，在设计开发时就避开这一缺陷，依靠最少资源获得最大效能。"新冠病毒疫情监测指挥一张图"平台系统建设时间短，仅需一周就能够实现基本功能的在线服务；所需资源少，仅需几台硬件设备和一两个工作人员就能够实现服务。此外，"新冠病毒疫情监测指挥一张图"平台系统不仅支持指挥中心终端接入，也支持办公桌面的 PC终端接入，还支持移动手机、平板电脑等终端接入，借助普通设备就能迅速提升平台系统的普及率和利用率。平台系统建设方案如表 5-6 所示。

表5-6 "新冠病毒疫情监测指挥一张图"平台系统建设方案

建设时间	基本功能在一周实现在线服务（含手机端 App＋管理后台＋展示大屏三大核心功能系统建设）。
培训时间	培训需要半天时间，采用线上培训方式（微信群等）。
需政府提供支持	（1）需要安排办公室1间，配备工作人员1～2人； （2）配置65寸左右电视机1台，性能较好的台式机1～2台； （3）疫情大数据存储在阿里云上，政府需要购买云服务器。

（三）科技支撑的疫情防控和复工复产

以"新冠病毒疫情监测指挥一张图"平台系统为代表的新兴科技是助力打赢"科技抗疫战"、科学保障疫情防控和复工复产的重要"武器"。这些科技"武器"之所以能够发挥实际效用、产生正面效能，是因为解构了基层管理的具体环节，适应了基层治理的实际需要。

一方面，其改变了基层工作人员的工作模式，实现了"人防"向"技防"、"技防"向"智控"的提升。以"新冠病毒疫情监测指挥一张图"平台系统为代表的科技手段，将信息采集通过互联网交由终端（法人主体与员工本人）直接操作，工作人员在系统后台就可进行信息核实和信息利用。人员少跑路、系统多跑路，减少了人员扎堆聚集、削弱了交叉感染风险，完全释放了人力成本，基层工作人员能将更多精力投入到对地区疫情分布状况的实时监测、对医疗物资等资源的优化配置和对疫情防控方案的及时调整上。以"物力"替代"人力"，以"技术"利用"物力"，以"智能化"武装"技术"，疫情防控和复工复产中的科技保障实现了防控模式的不断升级，构筑起基层"人防""物防""技防""智防"相结合的坚固防线。

另一方面，其实现了科技的深入下沉，与基层政府的治理细节相适应。囿于基层政府数字化基础的缺失，疫情防控中，科技手段尽管在监测和决策层面发挥了巨大的功效，极大地提升了疫情前期人员识别和防控方案制定的速度，但在政策方案的具体实施层面却未能发挥应有功效。而新冠肺炎疫情防控中"新冠病毒疫情监测指挥一张图"平台系统等的有益尝试就在于避开了基层信息化基础的缺陷，利用普通设备实现智能化效果，在信息采集和资源配置等基层治理的细节化、碎片化环节引入人工智能手段，对基层政府零散细碎的工作细节进行整合，实现了科技的深入下沉，也有益于在未来形成基层治理的数字化、智能化。

　　此外，科技保障还渗透到基层治理的各个环节，形成全流程的科技闭环。疫情防控中的科技手段覆盖基层治理的各个环节，将采集录入的相关信息与地理信息三维平台等多个平台实现叠加互动，形成时空全息监测指挥一张图（见图 5-12），直观系统地进行大数据智能精准管控，为疫情防控和复工复产提供实时监测和动态决策支持。智能化对基层治理各个环节的渗透形成基层治理的全流程科技闭环，适应政府工作流程，在信息收集、决策支持、分级响应和实时监测等各个方面为基层政府的治理提供全套的科技支撑。

图 5-12　时空全息监测指挥一张图

　　数字化与信息化是未来基层治理发展的必然方向。在新冠肺炎疫情防控中，以疫情监测指挥信息系统为代表的科技手段化解了基层抗疫的"痛点"，构筑起基层抗疫的科技防线，为打赢"科技抗疫战"提供了坚强支持与保障。

第六章
公共安全风险预防

第一节　公共安全风险预防的机理和要务

一、公共安全风险预防的基本原理

公共安全风险预防，是指根据风险评估的结论，选择并执行一种或多种公共安全风险预防策略及其具体的计划措施，将公共安全风险控制在可承受范围的过程。风险预防即在风险兑现为危机之前，预先防范化解风险的过程，目的在于尽可能增大风险的正面影响（收益），尽可能降低风险的负面影响（损失）。

公共安全风险预防应当考虑各种环境信息，包括：相关的法律法规和政策要求，责任部门的法定职责、战略目标、价值观和社会责任等，风险预防的目标、资源、偏好和承受度等，风险预防策略的实施成本与预期收益，内外部利益相关者的利益诉求和价值观、对风险的认知和承受度等。

总体而言，公共安全风险预防应遵循以下基本要求和原则：

第一，针对性。应结合具体的行业领域、项目特点，针对主要的或关键的风险因素提出相应的措施，包括工程性防范、化解措施（减轻项目的不利影响）和社会性防范、化解措施（提高社会对项目的接受度）两方面，防范、化解可能出现的公共安全风险。

第二，可行性。风险预防措施研究应立足于现实客观，提出的具体措施应在技术上和财力、人力以及物力上可行，明确承担人和协助人以及可达到的直接效果和最终效果。

第三，经济性。应将防范、化解风险的措施所需要的成本、付出的代价与该风险可能造成的危害进行权衡，旨在寻求以最少的费用获取最大的风险效益。

第四，贯穿全过程。针对特定项目的公共安全风险预防，应在识别风险因素的基础上，针对风险程度，优先从规范审批流程、方案设计、施工组织上采取防范、化解风险的措施，同时从保障相关者利益、化解群众矛盾、组织保障措施和预案等角度提出风险防范、化解措施。

第五，多方参与。针对特定项目的公共安全风险预防，项目发起人和投资者应积极参与和协助进行风险防范、化解措施研究，并真正重视风险预防措施研究的结果；风险预防措施应当确定负责单位或者牵头单位，以利于任务分解。

二、公共安全风险预防的主要策略

公共安全风险预防的主要策略包括风险规避、风险消除、风险干预等。

（一）风险规避

风险规避是指决定不陷入风险，或者从风险状态中撤离的行为[1]，也可理解为直接避免某项风险发生的一种风险处理方法[2]，避免风险兑现并出现重大损失和严重后果，通过回避、停止或退出蕴含某一风险的活动或环境而避免成为风险的所有人。

单纯从处置特定风险的角度看，风险规避是最彻底的方法，但其适用性有很大的限制，且往往是因噎废食而具有很大的消极后果。因此，在实务工作中，应当具体问题具体分析，决定是否采用风险规避方法。是否采用风险规避方法以及如何规避风险，应当以相应的制度为依据，并借助外部专业力量，防止随意决策和非专业性操作。

公共安全风险规避策略的应用，通常有两种方式：一是不实施可能产生某种特定风险的活动或行为，如建筑或房屋应避免选在地质灾害、自然灾害、环境污染等具有高危风险的地区，为防止公众受伤而采取禁燃烟花爆竹等措施以终止某些传统项目或禁止某些日常行为；二是中途放弃可能产生某种特定风险的活动，如政府为保障安全、规避风险而取消、暂停、禁止某些公众聚集或公共活动。

江西省是全国 12 个山体滑坡、崩塌、泥石流地质灾害危害严重的省份之一，因地质灾害造成的经济损失在全省自然灾害中仅次于洪涝灾害和旱灾，造成的人员伤亡超过洪灾。为有效规避地质灾害对人民生命财产安全的威胁，省政府决定从 2011 年至 2013 年在全省开展地质灾害避灾移民搬迁工作，对居住在危害程度高、治理难度大的地质灾害隐患点的群众，在自愿的基础上，实施移民搬迁，使他们搬迁后的抗灾能力显著增强、居住安全环境和条件明显改善、生产生活水平有所提高。2011 年 5 月，江西省人民政府办公厅发布《关于在全省开展地质灾害避灾移民搬迁工作的通知》，要求按照自愿搬迁、政府主导、整

---

[1] 全国质量管理与质量保证标准化技术委员会. 风险管理术语. 北京：中国标准出版社，2009：4.

[2] 全国保险业标准化技术委员会. 保险术语. 北京：中国财政经济出版社，2009：10.

体搬迁的三原则，以"整体搬得出、长期稳得住、逐步富得起"为目标，按照开展搬迁对象核查、制定移民搬迁规划、做好移民搬迁前期准备、组织实施搬迁工作的四步骤，有序实施搬迁工作；避灾移民搬迁户的建房补助标准为人均4 000 元，其中省补助 3 500 元，设区市配套 400 元，县（市、区）配套 100 元，直接补助到搬迁户的资金人均应不少于 3 500 元。

2020 年和 2021 年春节期间，为持续有效做好冬春季新冠肺炎疫情防控工作，有效规避新冠肺炎疫情及其他传染病风险扩散和升级，保障社区人民群众身体健康和生命安全，全国多地就取消和限制聚集性活动采取一系列措施并发布相应通告，重点包括：（1）执行"五个一律"：农村集会一律取消，酒店承办宴席一律取消，丧事一律从简，喜事一律顺延，所有门店一律测温验码。（2）暂停各类宗教活动：严格对辖区内宗教场所进行检查，从即日起，所有宗教场所暂停对外开放，暂停举办聚集宗教活动，严格防范宗教场所的疫情风险。（3）暂停各类节庆活动：暂时取消春节期间民间社火、祭祀拜谒等民俗活动，取消各级各类体育赛事、文娱演出等室内外活动，取消各单位、企业、团体举办的大型会议、培训、团拜会、联欢会等活动，辖区各广场、麻将馆、歌舞厅等活动场所严禁人员聚集。（4）提倡原地居家过节。提倡在外工作生活的本地人和在外务工生活的外地人，原地就地居家过年，取消不必要的出行，减少春节探亲访友，可通过网络视频或者电话的方式拜年问候。

（二）风险消除

风险消除是指通对公共安全风险源采取可行且可控的消除方法，以彻底消灭危险源和安全隐患，实现根源治理。

对于难承受、可消除的风险，可采取风险消除策略，即对于特定情境中可消除的风险，消除风险源，实现根源治理。风险源的消除，以不超出承受力范围为底线，具体应用中应统筹考虑，规避因消除风险源而可能产生的其他风险。

公共安全风险消除策略的应用，通常有如下两种方式：一是技术整治，针对某些设施设备、技术工艺、场所环境等层面的安全风险，通过技术类的整改、更新、替换，彻底消除风险隐患，例如，强化城市基础公共设施安全日常管理，建立健全巡查机制，加强设施巡查维护，摸清现有公共设施布局是否合理、数量是否适度、功能是否完善、日常保养维修是否到位，推进公共设施新建和改造计划，确保安全隐患及时发现和处置；二是制度整改，针对某些由于管理问题引发的安全风险，形成深入制度层面的整改，通过修正原制度或出台新政策，争取在源头上处置问题，例如，按照《消防法》和《消防安全责任制实施办法》以及地方省市对于消防安全责任落实的相关法律法规和政策要求，切实落实消防相关管理规定和工作要求，消除安全火灾风险。

（三）风险干预

风险干预是指对风险采取降低发生可能性、减轻造成损失、降低风险等级、做好风险备灾等方法，控制风险事件发生的动因、环境、条件等，来达到减轻风险事件发生时的损失、降低风险事件发生的概率、阻止风险兑现和危机爆发、减轻风险兑现为危机后的损害后果等目标。

在风险干预策略的应用中，应科学研判风险或危机的等级，及时识别出风险升级、危机爆发或危机升级、连锁反应的"临界点"，在临界点采取相应的措施，提前干预危机。风险干预的措施一般涉及特定、具体细节，具有一定的专业性和技术性，应当建立健全相应的制度、配置相应的设施设备和人员、开展相应的培训和操作演练等，要使相关人员了解、遵守有关制度，掌握有关设施设备和技术的使用方法等。风险干预应根据需要借助外部专业力量，提升风险预防的专业性、科学性、系统性、有效性、经济性等。

风险干预可分为风险预防和风险抑制两种类型：在损失发生前尽可能降低损失发生概率的行为称为风险预防（或损失预防，可简称防损），在损失发生时和发生后尽可能减轻损失程度的行为称为风险抑制（或损失减少，可简称减损）。

公共安全风险干预策略的应用，通常有两种方式：一种方式是在公共安全风险兑现和风险事件发生之前，通过降低其发生概率或可能性来干预风险，包括风险降级、风险监测、风险预警等措施，例如，在校园教学和生活场所安装应急灯，以防止停电时发生师生伤亡事故，在食堂、宿舍、厕所等场所地面铺防滑垫，以防止人员滑倒，在教育教学中禁止使用不合格产品和设施设备。另一种方式是在公共安全事件发生后，通过采取快速应急响应、科学自救互救、专业处置救援、阻止次生灾害等措施降低或减少危害和损失，例如，发生火灾后紧急快速疏散人员，以尽可能避免和减少人员死伤，居民在保障自身安全的情况下将易携带的贵重物品带出，以减轻财产损失。

在现实操作中，要坚持预防为主的方针，推动事后处置向事前预防转变，通过采取一系列事前风险预防的措施，将风险损害降到最低。例如，在安全生产领域，构建风险分级管控和隐患排查治理双重预防工作机制，严防风险演变、隐患升级导致生产安全事故发生，实现把风险控制在隐患形成之前、把隐患消灭在事故前面。围绕国务院安委会办公室《关于实施遏制重特大事故工作指南构建双重预防机制的意见》（安委办〔2016〕11号）和各地方具体政策、各行业具体标准，社区内的企业单位需采取一系列风险预防措施，以实现双重预防工作机制的建设并发挥其作用，具体包括：（1）建立企业安全风险辨识评估制度，按照有关法律法规和标准规范，定期组织开展全方位、全过程的企业安全风险辨识并进行分类梳理评估、持续更新完善、动态分级管理，实现"一企一清单"；（2）建立安全风险管控制度，对安全风险进行分级分类管理，逐一落实管控责任，全面进行有效管控，实时监测、动态评估，调整风险等级和管控措施，确保安全风险始终处于受控范围内；（3）建立安全风险警示报告制度，设置安全风险公告栏、岗位安全风险告知卡、重大安全风险的明显警示标志等，强化危险源监测和预警，建立健全安全生产风险报告制度，定期向相关监管部门报送风险清单；（4）加强安全隐患排查，建立健全以风险辨识管控为基础的隐患排查治理制度，制定隐患排查治理清单，开展完善隐患排查、治理、记录、通报、报告等工作；（5）严格落实治理措施，按照有关行业重大事故隐患判定标准，制定并实施严格的隐患治理方案，做到责任、措施、资金、时限和预案"五到位"，实现闭环管理。

2021年3月1日，《中华人民共和国刑法修正案（十一）》正式施行，在《刑法》第134条修改了强令、组织他人违章冒险作业的内容，同时增加了"危险作业罪"。危险作业罪入刑，是我国刑法首次对安全生产领域，未发生重大伤亡事故或未造成严重后果，但有现实危险的违法行为提出追究刑事责任。将事故前的严重违法行为入刑，前移追责关口，采取将"惩恶于已然"和"防患于未然"相结合的风险干预措施，通过法律加大安全生产整治的力度，震慑和制裁安全生产重大违法行为，依法提高违法成本，维护法律的尊严，彰显法律的权威，充分展示了国家打击安全生产事前犯罪、防范化解重大风险的决心，对重大违法行为给予法律震慑和制裁，能有效督促人们自觉遵守法律法规，有效防范、化解生产安全事故和重大安全风险隐患。安全生产一直是企业生产经营的重中之重，一旦发生安全事故，不仅会造成人员伤亡和重大损失，企业相关责任人员也有可能因此而构成犯罪并承担刑事责任。在通常情况下，只有发生了重大事故的才会构成犯罪，但随着《刑法修正案（十一）》的出台，意味着即使没有发生事故，也有可能构成犯罪，这反映了我国对企业安全生产的高度重视和从严管理。危险作业罪的行为主体为自然人，包括对生产、作业负有组织、指挥或者管理职责的负责人、管理人员、实际控制人、投资人员，以及直接从事生产、作业的一线从业人员。危险作业罪入刑，将违法行为发生的危害结果以及存在的现实风险均纳入刑事追责范围，从以前的事后追责转变为"事前、事中、事后"全程追责，有效弥补了法律空白，补齐了刑法惩治危害生产安全犯罪的短板，促进了企业落实安全生产主体责任。

三、公共安全风险内部控制

（一）风险内部控制的内涵

公共安全风险内部控制，实质上是所有权人对利益相关群体不能容忍的公共安全风险，采用嵌入项目管理流程的方式，进行规避或降低风险的应对措施。

风险内部控制是从组织内部开展风险控制工作，是保障组织权力规范有序、科学高效运行的有效手段，也是组织目标实现的长效保障机制。内部控制既是一种业务组织形式和职责分工制度，也是防范风险的方法和手段。2006年，国资委印发的《中央企业全面风险管理指引》（国资发改革〔2006〕108号）提出，企业应本着从实际出发、务求实效的原则，以对重大风险、重大事件（指重大风险发生后的事实）的管理和重要流程的内部控制为重点，积极开展全面风险管理工作；内部控制系统，指围绕风险管理策略目标，针对企业战略、规划、产品研发、投融资、市场运营、财务、内部审计、法律事务、人力资源、采购、加工制造、销售、物流、质量、安全生产、环境保护等各项业务管理及其重要业务流程，通过执行风险管理基本流程，制定并执行的规章制度、程序和措施。2008年，财政部等四部门印发的《企业内部控制基本规范》（财会〔2008〕7号）提出，内部控制是由企业董事会、监事会、经理层和全体员工实施的、旨在实现控制目标的过程。2012年，财政部发布的《行政事业单位内部控制规范（试行）》（财会〔2012〕21号）提出，内部控制是指单位为实现控制目标，通过制定制度、实施措施和执行程序，对经济活动的风险进行防范和管控。2017年，财政部印发的《小企业内部控制规范（试行）》（财会〔2017〕21号）指出，内部控制是指由小企业负责人及全体员工共同实施的、旨在实现控制目标的过程。2020 年，国家卫生健康委会同国家中医药局联合印发了《公立医院内部控制管理办法》(国卫财务发〔2020〕31 号)，明确医院内部控制是指在坚持公益性原则的前提下，为了实现合法合规、风险可控、高质高效和可持续发展的运营目标，医院内部建立的一种相互制约、相互监督的业务组织形式和职责分工制度。因此，公共安全风险内部控制是通过制定制度、实施措施和执行程序，对经济活动及相关业务活动的运营风险进行有效防范和管控的一系列方法和手段。

(二) 风险内部控制的对象

风险内部控制的对象是可通过内部控制进行有效治理的风险，往往涉及组织目标、业务、职责、岗位等方方面面。《中央企业全面风险管理指引》指出，企业风险指未来的不确定性对企业实现其经营目标的影响。企业风险一般可分为战略风险、财务风险、市场风险、运营风险、法律风险等。《行政事业单位内部控制规范（试行）》提出，内部控制主要针对经济活动风险，包括预算管理情况、收支管理情况、政府采购管理情况、资产管理情况、建设项目管理情况、合同管理情况等方面的风险。《公立医院内部控制管理办法》提出，应加强内部控制的风险，进一步拓展为预算管理情况、收支管理情况、政府采购管理情况、资产管理情况、建设项目管理情况、合同管理情况、医疗业务管理情况、科研项目和临床试验项目管理情况、教学管理情况、互联网诊疗管理情况、医联体管理情况、信息系统管理情况等方面的风险。

(三) 风险内部控制的目标

风险内部控制的目标在于确保将风险控制在与总体目标相适应并可承受的范围内，确保相关活动合法合规、措施贯彻执行、经营管理科学、应急处置有效。《中央企业全面风险管理指引》要求企业开展全面风险管理，要努力实现以下风险管理总体目标：确保将风险控制在与总体目标相适应并可承受的范围内；确保内外部，尤其是企业与股东之间实现真实、可靠的信息沟通，包括编制和提供真实、可靠的财务报告；确保遵守有关法律法规；确保企业有关规章制度和为实现经营目标而采取重大措施的贯彻执行，保障经营管理的有效性，提高经营活动的效率和效果，降低实现经营目标的不确定性；确保企业建立针对各项重大风险发生后的危机处理计划，保护企业不因灾害性风险或人为失误而遭受重大损失。《企业内部控制基本规范》提出，内部控制的目标是合理保证企业经营管理合法合规、资产安全、财务报告及相关信息真实完整，提高经营效率和效果，促进企业实现发展战略。《行政事业单位内部控制规范（试行）》提出，内部控制是指单位为实现控制目标，通过制定制度、采取措施和执行程序，对经济活动的风险进行防范和管控。单位内部控制的目标主要包括：合理保证单位经济活动合法合规、资产安全和使用有效、财务信息真实完整，有效防范舞弊和预防腐败，提高公共服务的效率和效果。《小企业内部控制规范（试行）》指出，小企业内部控制的目标是合理保证小企业经营管理合法合规、资金资产安全和财务报告信息真实完整可靠。《公立医院内部控制管理办法》提出，医院内部控制的目标主要包括保证医院经济活动合法合规、资产安全和使用有效、财务信息真实完整，有效防范舞弊和预防腐败、提高资源配置和使用效益。

（四）风险内部控制的原则

借鉴企业等其他主体的内部控制规范，公共安全风险内部控制确定全面性、前瞻性、重要性、制衡性、适应性、共治性等原则。

第一，全面性原则。坚持全面推进，按照相关指导思想、政策要求、会议精神和具体制度规范，全面建立、有效实施内部控制，确保内部控制覆盖单位经济和业务活动的全范围，贯穿内部权力运行的决策、执行和监督全过程，规范单位内部各层级的全体人员。

第二，前瞻性原则。坚持科学规划，科学运用内部控制机制原理，结合自身的业务性质、业务范围、管理架构，合理界定岗位职责、业务流程和内部权力运行结构，依托制度规范和信息系统，将制约内部权力运行嵌入内部控制的各个层级、各个方面、各个环节。

第三，重要性原则。从实际出发，坚持问题导向，以对重大风险、重大事件（指重大风险发生后的事实）的管理和重要流程的内部控制为重点，针对内部管理薄弱环节和风险隐患，合理配置权责，细化权力运行流程，明确关键控制节点和风险评估要求，提高内部控制的针对性和有效性。

第四，制衡性原则。内部控制应当在单位内部的部门管理、职责分工、业务流程等方面形成相互制约和相互监督，充分发挥内部控制与其他内部监督机制的相互促进作用，形成监管合力，优化监督效果。

第五，适应性原则。内部控制应当符合国家有关规定和单位的实际情况，并随着外部环境的变化、单位经济活动的调整和管理要求的提高，不断修订和完善。

第六，共治性原则。坚持共同治理，充分发挥政府、单位、社会和市场的各自作用。各级财政部门要加强统筹规划、督促指导，主动争取审计、监察等部门的支持，共同推动内部控制建设和有效实施。单位要切实履行内部控制建设的主体责任。要建立公平、公开、公正的市场竞争和激励机制，鼓励社会第三方参与单位内部控制建设和发挥外部监督作用，形成单位内部控制建设的合力。

（五）风险内部控制的建设和实施

建立与实施有效的公共安全风险内部控制，应当包括内部环境、风险评估、控制活动、信息与沟通、内部监督等要素。

第一，内部环境。内部环境是实施内部控制的基础，一般包括治理结构、机构设置及权责分配、内部审计、人力资源政策、企业文化等。参考企业风险内控，要点包括：根据国家有关法律法规和企业章程，建立规范的公司治理结构和议事规则，明确决策、执行、监督等方面的职责权限，形成科学有效的职责分工和制衡机制；董事会负责内部控制的建立健全和有效实施，监事会对董事会建立与实施内部控制进行监督，经理层负责组织领导企业内部控制的日常运行；在董事会下设立审计委员会，审计委员会负责审查企业内部控制，监督内部控制的有效实施和内部控制自我评价情况，协调内部控制审计及其他相关事宜等；结合业务特点和内部控制要求设置内部机构，明确职责权限，将权利与责任落实到各责任单位；通过编制内部管理手册，使全体员工掌握内部机构设置、岗位职责、业务流程等情况，明确权责分配，正确行使职权；制定和实施有利于企业可持续发展的人力资源政策；加强文化建设，加强法制教育，将职业道德修养和专业胜任能力作为选拔和聘用员工的重要标准。

第二，风险评估。风险评估是及时识别、系统分析经营活动中与实现内部控制目标相关的风险，合理确定风险应对策略。参考企业风险内控，其要点包括：根据设定的控制目标，全面系统持续地收集相关信息，结合实际情况，及时进行风险评估；准确识别与实现控制目标相关的内部风险和外部风险，确定相应的风险承受度，风险承受度是指能够承担的风险限度，包括整体风险承受能力和业务层面的可接受风险水平；采用定性与定量相结合的方法，按照风险发生的可能性及其影响程度等，对识别的风险进行分析和排序，确定关注重点和优先控制的风险；根据风险分析的结果，结合风险承受度，权衡风险与收益，确定风险应对策略；综合运用风险规避、风险降低、风险分担和风险承受等风险应对策略，实现对风险的有效控制；结合不同发展阶段和业务拓展情况，持续收集与风险变化相关的信息，进行风险识别和风险分析，及时调整风险应对策略。

第三，控制活动。控制活动是指根据风险评估结果，采用相应的控制措施，将风险控制在可承受度之内。参考企业风险内控，其要点包括：结合风险评估结果，通过手工控制与自动控制、预防性控制与发现性控制相结合的方法，运用相应的控制措施，将风险控制在可承受度之内，控制措施一般包括不相容职务分离控制、授权审批控制、会计系统控制、财产保护控制、预算控制、运营分析控制和绩效考评控制等；根据内部控制目标，结合风险应对策略，综合运用控制措施，对各种业务和事项实施有效控制；建立重大风险预警机制和突发事件应急处理机制，明确风险预警标准，对可能发生的重大风险或突发事件，制定应急预案、明确责任人员、规范处置程序，确保突发事件得到及时妥善处理。

第四，信息与沟通。信息与沟通是及时准确地收集、传递与内部控制相关的信息，确保信息在内部、外部之间进行有效沟通。参考企业风险内控，其要点包括：建立信息与沟通制度，明确内部控制相关信息的收集、处理和传递程序；对收集的各种内部信息和外部信息进行合理筛选、核对、整合，提高信息的有用性；可通过财务会计资料、经营管理资料、调研报告、专项信息、内部刊物、办公网络等渠道，获取内部信息，可通过行业协会组织、社会中介机构、业务往来单位、市场调查、来信来访、网络媒体以及有关监管部门等渠道，获取外部信息；将内部控制相关信息在企业内部各管理级次、责任单位、业务环节之间，以及企业与外部投资者、债权人、客户、供应商、中介机构和监管部门等有关方面之间进行沟通和反馈；利用信息技术促进信息的集成与共享，充分发挥信息技术在信息与沟通中的作用；建立反舞弊机制，建立举报投诉制度和举报人保护制度。

第五，内部监督。内部监督是对内部控制建立与实施情况进行监督检查，评价内部控制的有效性，发现内部控制缺陷，应当及时加以改进。参考企业风险内控，其要点包括：制定内部控制监督制度，明确内部审计机构（或经授权的其他监督机构）和其他内部机构在内部监督中的职责权限，规范内部监督的程序、方法和要求；内部监督分为日常监督和专项监督，日常监督是指对建立与实施内部控制的情况进行常规、持续的监督检查，专项监督是指在发展战略、组织结构、经营活动、业务流程、关键岗位员工等发生较大调整或变化的情况下，对内部控制的某一或者某些方面进行有针对性的监督检查；制定内部控制缺陷认定标准，对监督过程中发现的内部控制缺陷，应当分析其性质和产生的原因，提出整改方案，采取适当的形式及时向相关方报告；结合内部监督情况，定期对内部控制的有效性进行自我评价，出具内部控制自我评价报告。

四、公共安全应急预案的建设与管理

公共安全应急预案是各级人民政府及其部门、基层组织、企事业单位、社会团体等为依法、迅速、科学、有序应对突发公共事件，最大程度减少突发公共事件及其造成的损害而预先制定的工作方案。应急预案解决的是政府应急管理的规范性问题，是工作的程序、规程，提供突发公共事件应对的标准化反应程序，是突发公共事件处置的基本规则和应急响应的操作指南。应急预案以预先指定应急工作方案的形式，将应急管理中涉及的体制设置、机制运行和法制保障融入其中，形成指导、预防与处置突发公共事件的规范性文件。

（一）应急预案的特点

应急预案作为突发公共事件的应对方案，具有以下 4 个特点：

第一，全面性。应急预案囊括事前预测预警、事发识别控制、事中应急处置和事后恢复重建，贯穿突发公共事件应急管理全过程。

第二，系统性。应急预案本身作为应急管理工作中的重要组成部分，是突发公共事件应对处置的操作指南，包括了应对工作的各环节；各个应急预案之间又相互衔接，形成预案体系。

第三，权威性。应急预案一般由各级政府及其部门等行政机关颁布施行，是政府的施政措施，体现法律法规要求。

第四，实用性。应急预案中所规定的预防应对处置的计划和方法，既有历史经验和理论概括，又有科学分析和成功做法，通用性、操作性强。

（二）应急预案的价值和意义

应急预案有助于识别风险隐患、了解突发公共事件的发生机理、明确应急救援的范围和体系，使突发公共事件应对处置的各个环节有章可循。建立

覆盖全国各地区、各行业、各单位的应急预案体系，在应对突发公共事件的过程中发挥着极为重要的作用，具体来讲，主要有以下 4 方面的意义：

第一，应急预案规定了应急处置的流程和步骤，为准确研判突发公共事件的规模、性质、程度并合理决策应对措施提供了科学的思路和方法，有利于对突发公共事件及时作出响应，科学规范突发公共事件应对处置工作，从而避免突发公共事件扩大或升级，最大限度地减少突发公共事件造成的损失。

第二，在应急预案中明确各级政府、各个部门以及各个组织在应急体系中的职能，以便形成精简、统一、高效和协调的突发公共事件应急处置体制机制。

第三，在应急预案中事先合理规划、储备和管理各类应急资源，从而在突发公共事件发生时，按照预案明确的程序，合理配置应对突发公共事件的相关资源，保证资源尽快投入使用。

第四，在应急预案中明确提升社会全员的意识和能力，有利于提高全社会的居安思危、积极防范社会风险的意识。

（三）应急预案的类别

应急预案种类较多，按行政区域可分为国家级应急预案、省级应急预案、市级应急预案、县级应急预案和基层单位应急预案；按基层单位可分为社区应急预案、乡镇应急预案、学校应急预案、企业应急预案和单位应急预案；按突发公共事件类型可分为自然灾害应急预案、事故灾难应急预案、公共卫生事件应急预案和社会安全事件应急预案；按预案适用范围可分为综合应急预案、专项应急预案、现场应急预案、单项应急预案；等等。根据我国实际情况，按照"统一领导、分类管理、分级负责"的原则，《国家突发公共事件总体应急预案》规定，全国突发公共事件应急预案体系分为总体应急预案、专项应急预案、部门应急预案、地方应急预案、企事业单位应急预案、重大活动应急预案 6 个层次。

（四）应急预案的体系建构

从新中国成立开始，我国相关领域就在探索建立国务院部门应急预案。20世纪 80 年代，地震、国防科工等部门借鉴国际经验，编制了破坏性地震应急反应预案、核应急计划等。2003 年"非典"发生后，国务院迅速成立突发公共事件应急预案工作小组，在全国范围内大规模推进应急预案编制工作，这是我国应急预案体系建设的正式起点。自 2006 年 1 月国务院颁布《国家突发公共事件总体应急预案》以来，我国应急预案工作不断修正完善，根据应急管理部官方通报，截至 2019 年 9 月，我国制定了 550 万余件应急预案[①]，形成了应对特别重大灾害"1 个响应总册＋15 个分灾种手册＋7 个保障机制"的应急工作体系，内容上已涵盖 4 类突发公共事件中常见灾种和高发危机的应急预案，层级上已搭建了从中央到地方、从政府部门到基层组织的预案体系，形成"横向到边、纵向到底"的立体化应急预案体系，自上而下涵盖总体应急预案、专项应急预案、部门应急预案、地方应急预案、企事业单位应急预案、重大活动应急预案6 个层次。

（五）应急预案的框架内容

不同类型的应急预案，其目的和要求有所不同，但内容方式只要能实现有效预防应对突发公共事件的核心目标，都是可行的。一般而言，应急预案的内涵体现在 7 个方面：

第一，突发公共事件应急处置的政策法规依据、工作原则和应对重点等基本内容。

第二，突发公共事件应急管理工作的组织指挥体系与职责，对应急指挥机构的响应程序和内容、有关组织应急救援的责任等的规定。

第三，预防准备情况：对所指向的尚未发生（潜在）的突发公共事件采取的预防控制、监测预警等措施，将突发公共事件消除在萌芽状态的初级阶段或及时响应、快速处置，防止扩大和蔓延。

第四，基本应急程序：针对发生不同级别突发公共事件的分级响应主体、应急处置程序、抢险救援流程，给出了组织管理流程框架、应对策略选择以及资源调配的原则。

第五，保障应急措施，以使得应急处置过程顺利进行。如人力、财力、物资、交通运输、医疗卫生、治安维护、人员防护、通信与信息、公共设施、社会沟通、技术支撑以及其他保障。

第六，事后恢复重建与善后管理，使生产生活、社会秩序和生态环境恢复到正常状态，对事后情况调查、应急处置过程总结评估及人员奖惩等所采取的一系列行动。

---

① 我国累计制定 550 余万件应急预案. (2019－09－19). http：www. anquanyue. org. cn/news/show-14960/.

第七，应急预案管理的日常性事务，为预防应对突发公共事件所作的宣传、培训、演练、调查评估，以及应急预案本身的修订完善等动态管理内容。

（六）应急预案的综合管理

随着法律法规和政策文件的出台，应急预案管理的科学性、规范性不断增强，其规划、编制、审批、发布、备案、演练、修订、培训、宣传教育、日常管理等一系列工作均需要规范性要求和专业化指导。以下主要介绍我国情况，借鉴参考部分国际经验。

1. 应急预案的编制

不同类型和级别的应急预案，编制程序也不尽相同。一般来说，编制级别越高、管辖范围越大、启动级别越高、体系结构越完整的应急预案，编制程序越正式、规范，过程也相对较复杂，如国家、省（自治区、直辖市）、市州级别的总体应急预案和各类专项、部门应急预案；编制部门级别低、管辖范围小、管理对象少、面对单一种类突发公共事件的应急预案，编制程序也较简单，如企事业单位内部安全应急预案、某一个重大活动专项应急预案等，一般没有规定程序，一切以预案实用性为标准。因此，预案编制并没有所谓的标准程序，按照《突发事件应对法》的相关要求和实际预案编制工作需要，一般包括应急预案立项→应急预案起草→应急预案审核批准→应急预案印发公布及备案→应急预案动态管理等5个环节。

2. 应急预案的评估与修订

应急预案应当建立定期评估、修订、更新制度，分析评价预案内容的针对性、实用性和可操作性，并做好相应的修订和更新，实现应急预案的动态优化。一般而言，在以下7种情形下应急预案需修订：（1）有关法律、行政法规、规章、标准、上位预案中的有关规定发生变化的；（2）应急指挥机构及其职责发生重大调整的；（3）面临的风险发生重大变化的；（4）重要应急资源发生重大变化的；（5）预案中的其他重要信息发生变化的；（6）在突发公共事件实际应对和应急演练中发现问题需要作出重大调整的；（7）应急预案制定单位认为应当修订的其他情况。

应急预案制定机关或者单位应当按照有关法规，定期或适时修订应急预案，一般来说，至少每3年修订一次。在突发公共事件应急处置或者应急演练结束后，也应及时对应急预案进行评估，总结经验教训，提出修订建议。修订应急预案时应当在风险分析和应急能力评估后，按照制定程序重新进行编制、审议、批准、备案和公布。各级人民政府应急管理办事机构应当对有关应急预案的修订情况进行监督检查，对没有按要求定期或适时修订应急预案的应当及时提出纠正建议。

3. 应急预案的宣传、培训、演练

应急预案的实效发挥通过人的切实掌握和有效执行来保障，对此应开展应急预案的宣传、培训、演练等工作。

应急预案操作性、实用性很强，很多预案的应急响应行动需要广大公众大力支持和积极参与。因此，要利用多种方式广泛公布应急预案，开展应急预案宣传解读。对需要公众广泛参与的非涉密的应急预案，编制单位应当充分利用互联网、广播、电视、报刊等多种媒体广泛宣传，制作通俗易懂、好记管用的宣传普及材料，向公众免费发放，使公众做到应知应会，积极参与；对预案中涉及公众生命安全保障的部分应当作为宣传、普及的重点内容；对涉及需要保密的内容，可制发应急预案简本，公布部分内容。

应急预案培训是应急管理队伍建设的基础性工作，也是提高各级领导干部、专兼职应急管理工作人员和广大公务员应对突发公共事件的整体素质和业务能力的重要途径。应急预案培训作为应急管理培训的重要内容，纳入领导干部培训、公务员培训、应急管理干部日常培训内容，通过编发培训材料、举办培训班、开展工作研讨等方式，对与应急预案实施密切相关的管理人员和专业救援人员等组织开展应急预案培训。应急预案的主责单位每年应组织1～2次应急预案培训，相关责任单位也应组织其职责范围内的业务培训。各级人民政府应急管理办事机构应当制定应急预案的培训大纲，定期组织党政领导和应急管理人员、学校、企业等基层单位负责人，专业救援人员等开展培训。同时，可根据不同的培训目标、对象和内容，分别研究制定培训质量评估和考核制度，纳入现行的干部教育培训考核体系，并适时开展检查。

应急演练是增强应急预案实用性，从而提升应急准备实效性的重要方法。应急预案编制单位应当建立应急演练制度，根据实际情况采取实战演练、桌面推演等方式，组织开展人员广泛参与、处置联动性强、形式多样、节约高效的应急演练。应急演练组织单位应当组织演练评估，鼓励委托第三方进行演练评估。应急预案演练可以验证预案的整体或关键部分的科学性和合理性，检验应急响应行动的可行性和有效性，检查各项应急工作的准备情况。应急预案的主责单位每年应根据各自部门行业特点，组织1～2次应急预案演练，编制应急演练策划指南，研究制定应急演练管理办法，提出应急演练频次、组织策划、现场控制、演练效果评价等方面的总体要求，指导开展应急演练工作。在应急演练结束后，及时对应急预案进行评估，总结经验教训，提出修订建议。

第二节　公共安全风险预防的国际经验和研究方法

一、概述

风险预防既要考虑现有的后果控制措施，也要关注可能影响后果的相关因素。米兰达等人通过抽样调查法对30家公司进行环境风险预防计划和职业健康监测计划分析，研究不同阶段职业风险的预防计划[①]；马泰契奇等人通过DNA修复机制的研究，探索遗传性癌症的预防[②]，为研发遗传病及癌症新疗法打下基础。

数据分析方法在风险预防中同样适用，索伦斯顿通过大数据空间分析进行犯罪事件的预防，进而研究智慧警务，保障社会治安[③]；古尔贝斯利为响应法国的"Risque Inondation 计划"，根据历史数据制作洪水特征图以对照洪峰参数，预防洪水风险[④]；尼斯卡宁通过工厂管理者与工人职业安全的回归分析，研究了化学品的安全使用与风险预防重点[⑤]。

除风险预警中提到的同样适用于风险预防的数据分析方法外，国际上流行的公共安全风险预防方式主要分为管理手段、制度规则、工程设施，各方法的情况对比如表6-1所示。

---

① MIRANDA C R, DIAS C R. Environment risk prevention programs and occupational health monitoring programs: audits, labor inspection, and social control. Cadernos De Saude Publica, 2004, 20 (1): 224-232.

② MATEJCIC M, SHABAN H A, QUINTANA M W, et al. Rare variants in the DNA repair pathway and the risk of colorectal cancer. Cancer epidemiology biomarkers & prevention, 2021.

③ SOLENSTEN B. Risk-based policing: evidence-based crime prevention with big data and spatial analytics. Theory in action, 2020, 13.

④ GOURBESVILLE P, CUNGE J A, CAIGNAERT G. Evaluation of flow speed in urbanized areas and flood hazard mapping in flood risk prevention schemes. Springer singapore, 2016.

⑤ NISKANEN T. Safe use of chemicals and risk prevention in the finnish chemical industry's work places. Integrated occupational safety and health management, 2015: 157-184.

表 6-1　公共安全风险预防的方法对比

	管理手段	制度规则	工程设施
目标	有效管控风险	指导风险预防过程	预防风险事件
类别	—	—	—
结果	管理措施	文件	工程设施
优点	灵活性强、效果快速明显	规范化、标准化	预防效果好
缺点	对管理者和执行者的素质要求高	执行过程需监督	建设成本高
难度	—	—	—
示例	航班延误后乘客闹事的风险临界点干预	风险预防国际公约	泰晤士河水闸

二、管理手段：以临界点干预为例

在公共安全风险预防的管理手段应用中，重要方法是风险容忍度分析与"临界点"干预：应科学研判风险或危机的等级，及时识别出风险升级、危机爆发或危机升级、连锁反应的"临界点"，在临界点采取相应的措施，提前干预危机。以航班延误后乘客闹事的风险临界点干预为例。根据群众对航班延误的容忍时间，选择恰当的时机作出风险干预的决策。一般而言，乘客对于航班延误、停滞等待的风险容忍度由等待时间的长短来决定，等待时间越长，容忍度越低，一旦达到甚至超过容忍的"临界点"，将可能引发闹事。民航乘客风险容忍度的一般指标如表 6-2 所示。

表 6-2　民航乘客风险容忍度的一般指标

容忍度状况	风险识别	容忍度的具体表现
高	平静期：2 小时以内	一般而言，乘客在航班延误 2 小时以内，如果航空单位做好细致的解释工作，大部分乘客能平静地予以接受和谅解。
中	焦躁期：2~4 小时	航班延误超过 2 小时接近 4 小时时，乘客在情绪上会越来越焦躁。
低	愤怒期：4~8 小时	航班延误超过 4 小时接近 8 小时时，部分乘客已经处于严重不满和生气的状态，同时会责备航空单位并提出很多要求。此阶段若航空单位处置不当，乘客的"怒火"会激化，乘客易出现"群体骚动"迹象。
极低	对抗期：8 小时以内	航班延误超过 8 小时时，乘客会表现出极大的不满，并要求航空单位进行赔付；若航空单位未能及时平息，事件可能进一步升级，直到冲突失控。

资料来源：根据案例总结，为不完全统计，具有相应的误差。

基于此，从乘客风险容忍度分析入手，在"临界点"进行风险干预，能够有效规避或阻止乘客闹事的公共危机产生。2016 年 7 月 21 日交通部出台的《航班正常管理规定》是精细化治理航班延误的典型做法，通过航班延误原因的具体分析、航班延误处置的规范性要求、航班延误后的全面服务等一系列精细化治理措施，综合防范和化解乘客闹事风险。具体操作如下：（1）航班延误信息 30 分钟周期性告知，满足乘客知情权，缓解乘客焦躁情绪。（2）对航班延误原因做精细化分析，将航班出港延误旅客服务分为"食宿服务由旅客自理的情况"和"旅客享受免费食宿服务的情况"，以此为基础，分类应对、厘清责任。（3）基于航班延误等候时间的人性化服务，在乘客容忍度的"临界点"进行干预，有利于缓和乘客情绪，对冲风险，具体而言，机上延误超过 2 小时（含）的，应当为机上旅客提供饮用水和食品；机上延误超过 3 个小时（含）且无明确起飞时间的，应当在不违反航空安全保卫规定的情况下安排旅客下飞机等候。（4）利用免费 wifi、免费供电、免费饮用水等风险对冲项，提高乘客的容忍度，延长"临界点"对应的时间，是减少直接干预次数、节约干预成本的有效方案。

三、制度规则：以国际公约为例

法律规范是指通过法律规范文件规定风险预防行为的一种方式，其中国际环境法中的风险预防原则最具代表性。风险预防原则最早起源于 20 世纪 60 年代的德国国内行政法，进入 20 世纪 90 年代，风险预防这一概念逐渐成熟，呈现出新的发展趋势。1990 年，《关于可持续发展的卑尔根声明》在其前言中就把风险预防原则与可持续发展联系起来。同年召开的第二次世界气候会议也在会议声明中指出，引入风险预防这一原则可有助于实现可持续发展。

风险预防原则自 20 世纪 90 年代得到人们的普遍关注以来，在大大小小的环境会议以及环境立法中都有提及，甚至贯穿于许多法律文件之中。如《联合国海洋法公约》以及《巴马科公约》等文件中，不仅涉及了风险预防原则，更提出了具体的风险预防措施用于指导国家行为，这些重要的法律文件对风险预防原则的发展具有重大的意义。

就风险预防原则而言，对风险的标准要求较低的情况是指对风险威胁的严重性程度没有严格要求的，常常表述为，只要存在具有潜在威胁的风险，这种风险可能对人类或者对自然造成损害，就应适用该原则采取防治措施。

四、工程设施：以泰晤士河水闸为例

工程设施是指通过建设工程或设施进行风险预防的一类方法，此类方法的风险预防效果最佳，国际上具有代表性的是泰晤士河水闸。

泰晤士河是英国伦敦的母亲河，然而，历史上泰晤士河多次决堤泛滥，威胁到伦敦人的生命和财产安全。1928 年，泰晤士河发生洪水灾害，致使 14 人丧生；1953 年北海大潮危及泰晤士河，引发的洪水致 300 余人死亡。

泰晤士河水闸工作原理如图 6-1 所示，该闸由 10 个高 20m 的独立的可旋转升降的扇形钢闸门组成，全长 520m，每个闸门都是中空的结构，重约 3 700 吨，能承受超过 9 000 吨的负荷。10 个闸孔中 4 孔为主航道，每孔净宽 61m；南岸 2 孔为副航道，北岸 4 孔不通航，每孔净宽均为 31.5m。中墩厚 7m～10m，内部为空腔，其中安装闸门启闭机械。水闸底板为预制的空腔结构，两侧各有圆形交通廊道一条。通航孔道底板顶面有一道与闸轴线平行的凹槽，凹槽底面为圆弧面，其圆心轴线即闸门的转轴线。闸门的启闭设备采用摆梁链杆装置，用液压油缸活塞连杆驱动摆梁，然后通过与闸门销接的链杆来转动闸门，以上升和下降。另外，还有一套锁定装置固定闸门，使闸门关闭有双重保险。

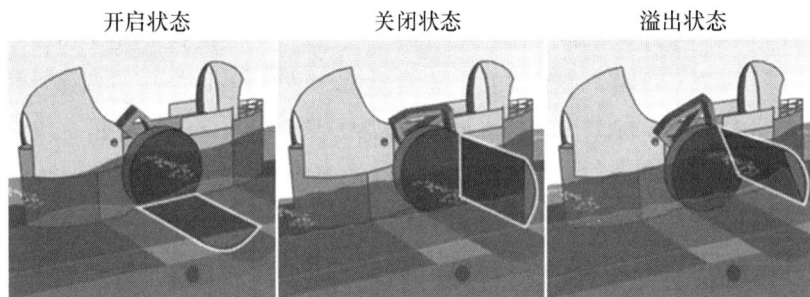

开启状态　　　　关闭状态　　　　溢出状态

图 6-1　泰晤士河水闸工作原理图

第三节　公共安全风险预防的经典案例分析或最佳标杆研究

◎ "九小场所" 安全风险评估和风险预防方案

近年来，随着我国经济发展，"九小场所" 作为重要的居民活动场所，数量不断增多。"九小场所"在为居民提供生活便利的同时，也为安全事故的发生埋下了隐患。基于当前"九小场所"量大面广、安全隐患复杂多样、主体安全意识淡薄但官方力量队伍及其专业性严重不足等问题，需要不断加强风险和隐患信息监督管理体系，有待引入第三方"专业＋技术"管控，引入契合燃气消防安全的物联监测、风险预警、人工巡检、安全咨询、隐患整改、培训宣教等专业服务，形成企业责任主体、政府监管机构（部门＋属地）、社会专业力量、技术辅助手段等多元参与和多力并举的风险防控模式。

（一）"九小场所"属于安全事故高发场所

据应急管理部消防救援局官方统计：2018 年全国共接报火灾 23.7 万起，亡 1 407 人，伤 798 人，已统计直接财产损失 36.75 亿元；2019 年 1—5 月全国共发生火灾 11.59 万起，造成 615 死、317 伤，直接财产损失 14.18 亿元。其中"九小场所"火灾事故高发，虽然近年来重点场所火灾稳中有降，但 94％的火灾发生在"九小场所"、"三合一"、沿街商铺等三级管理单位，小型生产经营性场所火灾占比大、伤亡多。

近年来，频发导致群死群伤的"九小场所"消防及燃气安全事故：江苏无锡"10·13"小吃店燃气爆炸事故致 9 死 10 伤，北京大兴"11·18"火灾事故致 19 死 8 伤，贵州遵义"3·3"烧烤店火灾致 7 死，广东清远"4·24"KTV纵火案致 18 死 5 伤，苏州姑苏区"5·29""三合一"火灾致 5 死 4 伤，上海宝山"8·2"电动车商铺火灾致 5 死，浙江天台"2·5"足浴店火灾致 18 死 18伤。截至 2019 年 10 月 31 日，全国公开的燃气安全事故共计 619 起，共导致 66死、782 伤，其中 395 起市内燃气爆炸爆燃，大多数室内燃气安全事故均发生在民居和商户，其燃气泄漏和爆炸的原因主要包括软管问题（老鼠咬破软管、软管老化、软管漏气、软管脱落）、阀门松动、使用不当、气罐压力过大、装修致管道破裂及更换燃气灶时操作不当等。

（二）"九小场所"现存 7 类安全隐患

随着城市经济社会发展，"九小场所"的数量激增，这些场所在带来居民生活便利、促进经济发展、增加劳动就业的同时，也因多属于家庭作坊式经营、从业人员安全意识淡薄、相关部门缺乏系统有效监管等存在大量安全隐患。

隐患 1：建筑设计不规范。不遵守消防设计规范和技术要求，违章搭盖严重，周边的消防水源、设施、器材等配置不到位等。

隐患2：人员集中，疏散难度大。集约化使用场所面积，导致人员可活动的场所面积小，且商品大量囤积于商贸场所，难满足应急疏散逃生的要求。

隐患3：可燃物多，火灾蔓延快。装饰材料多使用木板、纤维板、塑料板、窗帘、壁纸、地毯等可燃材料，拥有大量沙发、床上用品等；装修、保温、隔热等使用高分子化学材料，极易燃烧并产生有毒气体。

隐患4：管理不规范，消防安全性差。民用住房改造，其内部装饰装修、功能分区、电器线路敷设等未经消防达标审查；生产车间、物资仓库、起居生活等场所并联，属于严重的"三合一"或"多合一"场所。

隐患5：消防设施配置不足，逃生条件差。建筑耐火等级低、电线乱拉乱接且路线老化、设备超负荷运行、防火间距不足、消防设施缺乏、安全出口数量不足或被封闭、疏散通道堵塞占用、建筑空间狭小且疏散通道堵塞、门窗安装固定铁栅栏等。

隐患6：主体责任不落实，有效管理少。经营业主因追求经济利益思想的影响和自身经营成本的限制，消防安全责任意识淡薄，不愿在消防安全方面投入，不按要求配备消防器材，缺乏消防安全制度。

隐患7：应急处置素质弱，自救能力差。人员集中，成分复杂，缺乏消防法律法规知识，未经过消防培训，火灾事故发生时初期灭火、自我保护、疏散逃生等能力缺乏。

（三）政府监管量大面广但力量不足，客观导致"九小场所"成为盲区

"九小场所"消防安全和燃气事故的隐患多，源于其区位条件、外部环境、内部管理、主体素质等多方面问题，同时这些内部因素客观上导致"九小场所"成为部门和属地管理的"空白点"或"盲区"，成为常规性、一般性监督检查的"漏网之鱼"，甚至位于监管边缘地带。

一方面，"九小场所"点多、面广，易处于失控漏管状态。一般镇街等基层的"九小场所"数量在数百或数千家，有的在偏僻街巷或居民家庭住房中，分布散乱，更有甚者为躲避监督而进行遮掩，致使公安、消防、工商等部门和属地在监督抽查中很难发现。

另一方面，政府监督职权不明确、监管力量严重不足，易导致管理不到位。现有法律法规对"九小场所"的安全管理规定仍不明确，其规范标准、管理形式、检查频次、处罚依据等缺乏细化要求；相关部门和属地政府的监管力量严重不足，现有人员往往身兼数职、统管多片，且缺乏具备燃气、电气、消防等多方面专业知识的监管和执法人员。

（四）第三方"专业＋技术"管控，科学助力"九小场所"安全

"九小场所"安全，需要对规划建设、营业审批、安全审查等环节严格把控，把好源头关；需要强化单位消防安全责任主体意识；需要加大消防宣传培训力度，全面提升各岗位人员的消防安全意识；需要充分发挥各级管理网格优势，加强群防群治和综合治理。但基于当前"九小场所"量大面广、安全隐患复杂多样、主体安全意识淡薄但官方力量队伍及其专业性严重不足等问题，有待引入第三方"专业＋技术"管控，引入契合燃气消防安全的物联监测、风险预警、人工巡检、安全咨询、隐患整改、培训宣教等专业服务，形成企业责任主体、政府监管机构（部门＋属地）、社会专业力量、技术辅助手段等多元参与和多力并举的风险防控模式，切实形成党的十九届四中全会提出的"党委领导、政府负责、民主协商、社会协同、公众参与、法治保障、科技支撑的社会治理体系，建设人人有责、人人尽责、人人享有的社会治理共同体"。

由江苏安居应急技术股份有限公司（以下简称安居应急公司）研发的智慧安全应急网格化社会服务管理系统，契合政府网格化监管，引入"智慧平台＋硬件设施＋人防巡查"的智能化信息化管理体系。（1）平台管理的"技防"，基于 svg、canvas、webgl 数据构架技术的可视化管理平台，可扩充、可接入，接口方式灵活；（2）物联网设备的"物防"，包括空气监测仪 NB-IOT、烟雾报警器 NB-IOT 等；（3）隐患排查和巡检追踪的"人防"，具备可做到全覆盖"隐患排查＋宣传教育＋培训演练"的专业团队。综合而言，可实现政府、网格员、第三方和业主全社会共同参与，从而做到监测预警全天候、隐患排查无死角、压力责任层级化、安全教育全民化、事件流程痕迹化，真正让风险防范、应急管理落地有效。其中，"51 安居空气监测仪"提供智能物联网安全产品，实现从本地报警到无线报警的跨越，可对 TVOC、温度、湿度开展环境监测，对液化气、天然气、丙烷、甲烷等可燃气体和一氧化碳进行实时预警，并提供本地声光报警、远程短信、远程 App 推送、24 小时智能语音提醒的四重报警功能。"SCT 人工巡检追踪"提供专业隐患排查和宣教培训服务，可对沿街商铺、"九小场所"开展安全咨询、追踪、巡检服务；可结合多方面数据，进行隐患追踪整改方案的制订；可针对区域、风险危险源情况按网格化实施社会消防培训专业服务。

安居应急公司是国内唯一一家提供物联网软硬件＋人防巡查一体化解决方案的平台型公司，是国内安全应急服务平台建设领军企业，是政府和企事业单位安全咨询解决方案提供商、家庭安全管家服务商、安全应急综合服务平台供应商。安居应急公司针对"九小场所"提供的燃气消防安全方案，具有 5 大优势：（1）经验丰富，并提供苏州市"331"专项行动、徐州市教育系统风险评估服务、江东商贸区隐患排查服务等全国多省市的专项安全服务；（2）运营成本低，规模化运行管理和人工智能技术防范得以革命性地降低成本；（3）实现长效管理，24 小时全天候监测、365 天常态化运营机制；（4）平台技术成熟可靠，20 万台空气监测仪覆盖全国 30 个省份，20 余万客户的最终选择，并有官方媒介的宣传报道；（5）强落地，现有"千人规模"的落地服务团队，实施"全流程"的宣、教、练、评质量把控。

◎ 江苏省江阴市破解"厂中厂"安全生产难题的风险预防措施

"厂中厂"是指同一厂区内经出租存在两家及以上生产经营单位的企业。由于融资困难、企业改制等多方面原因，部分处于闲置状态的工厂将厂房租给小企业或者私人加工点进行违法生产经营，低租金的优势吸引不少人员密集型、生产粗放型的加工企业、物流仓储甚至私人加工点进行违法生产经营，租赁企业则被称为"厂中厂"。此类企业具有厂房基础条件差、企业规模小、隐蔽性强、行业杂、流动性大等特点，往往缺乏安全防范措施和污染防治设备，生产现场管理混乱，污染物直接排放，安全和环保风险隐患突出。"厂中厂"的存在，既是安全生产的忧患，也是城市发展的"风险点"，更是制约地区经济发展的"老大难"，亟待积极创新治理模式，有效根治安全隐患，从而推动实现本质安全。

（一）专项整治，展开"雷霆行动"

作为江阴公共安全体系建设"八柱"的"顶梁柱"，安全生产标本兼治是公共安全体系建设的重中之重，尤其是以项目工程、专项行动等手段解决当前安全生产的顽疾问题和短板问题，是江阴公共安全体系建设的重要任务。

江阴自 2019 年 11 月开始，以全域覆盖的公共安全体系建设为统领，按照严标准、严检查、严要求、严处置，责任压实、方案务实、排查扎实、整改落实的"四严四实"标准，全面深入开展全市"厂中厂"安全生产专项整治"雷霆行动"。江阴坚持源头治理、标本兼治，条块结合、以块为主，通过"关停取缔一批、规范达标一批、更新改造一批"，直击"厂中厂"整治难题，彻底排查整治，坚决扫除隐患，强化督查严惩，守牢安全底线，以整治做"减法"换取企业转型发展和产业优化升级的"加法"和"乘法"，全力夯实全市公共安全基层基础工作，为江阴继续当好新时代高质量发展领跑者提供坚强的安全保障。

2019年11月22日，江阴召开全市"厂中厂"安全生产专项整治"雷霆行动"动员部署会，时任江阴市委书记强调，把开展"厂中厂"安全生产专项整治"雷霆行动"上升到坚决落实中央部署的政治高度、维护一方平安的发展高度、提升治理能力的改革高度、极端敬畏生命的责任高度来认识，确保"厂中厂"专项整治思想自觉、行动自觉，以专项整治的雷霆之威、霹雳之势，出重拳、下重手，督到风声鹤唳、查到噤若寒蝉、惩到倾家荡产，确保全市安全隐患全面消除，安全防范能力全面提升。会上下发了《关于"厂中厂"安全生产专项整治"雷霆行动"的实施方案》《关于部门联动依法监管强力推进"厂中厂"专项整治"雷霆行动"的意见》两份文件，要求通过专项整治，实现全市范围内所有"厂中厂"租赁企业达到无违章、无乱点、无盲区，有证照税收、有安全保障、有风险管控、有责任落实，统一厂区管理办公室、统一应急救援队伍、统一管理制度、统一智慧监控平台、统一安全责任险等"三无、四有、五统一"整改标准。图6-2为动员部署会照片，图6-3为专项整治文件照片。

图 6-2 2019 年 11 月 22 日江阴召开全市"厂中厂"安全
生产专项整治"雷霆行动"动员部署会

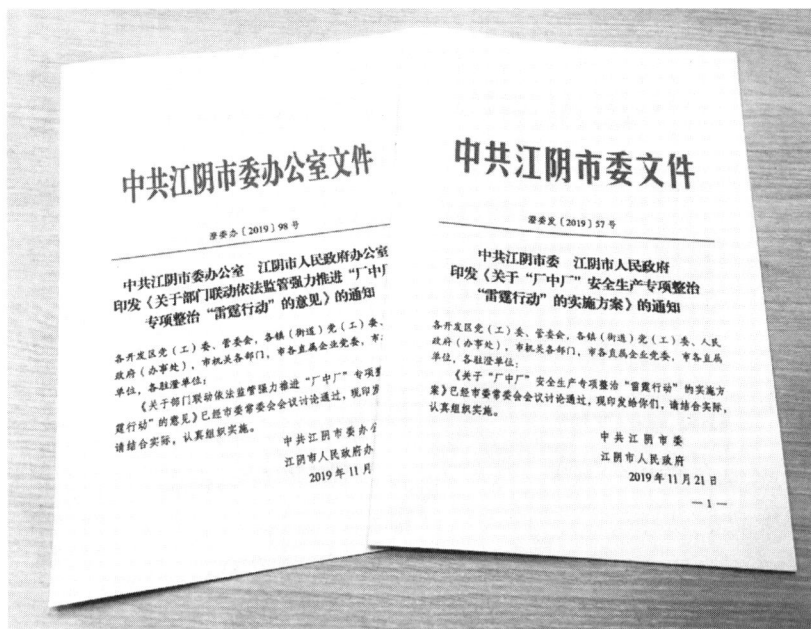

图6-3　江阴下发专项整治文件

（二）扎实推进，形成长效化治理格局

江阴"厂中厂"安全生产专项整治"雷霆行动"中的三大经验，确保整治工作落到实处，安全治理取得长效。一是突出重点、把握关键、动态管理，全面拉网排查，做到任务明、范围广、行动快、标准严、内容实，确保"不漏一处、不漏一房、不漏一人"；二是创新手段、分类分级、精准施策，做到关停取缔一批、规范达标一批、更新改造一批，确保达到排查见底、整改彻底的严格要求；三是强化联动、健全机制、技术支撑，把严标、严管、严查、严控、严处落实在日常平常，形成"厂中厂"安全生产常态化、长效化治理格局。

1. 摸清家底、动态管理

江阴"厂中厂"专项整治范围为市有关部门、各镇（街道）、开发区、各村（社区）将国有资产、集体资产出租给单位或个人用于生产、经营、储存、堆放，以及企业或个人将厂房（场地）出租给单位或个人用于生产、经营、储存、堆放的情形。

一方面，全面摸清家底，掌握"厂中厂"安全隐患底数情况。江阴市安委会组织市有关部门、各镇（街道）和开发区、各村（社区）成立联合摸排组，对本辖区所有"厂中厂"租赁企业开展"拉网式"排查，按照排查摸底表，对项目立项、土地使用、厂房的设计用途、现有用途、生产产品、安全条件和证照办理等情况登记造册，重点排查登记租赁厂房的合法性与安全性、厂房承租主体的合法合规性、安全管理责任落实、生产作业现场安全管理、厂区消防安全管理、用电用气安全管理、生产项目环评审批等情况，确保底数清、无遗漏。据官方公开资料，截止到 2020 年 3 月，"厂中厂"专项整治行动共排查出出租企业 943 家，承租企业 2 891 家，梳理出拟关停企业 744 家。

另一方面，形成动态管理，搭建"厂中厂"闭环管理机制。江阴"厂中厂"专项整治中，即以属地监管为抓手，要求各行政村（社区）对辖区内的"厂中厂"租赁企业情况进行全面排查摸底，"一企一档"报送各镇（街道）和开发区，要求各镇（街道）、开发区建立健全配套管理机制，构建辖区内出租企业动态数据库；同时以行业监管为支撑，各相关部门按照"谁主管、谁负责，谁许可、谁负责"和"管行业必须管安全、管业务必须管安全、管生产经营必须管安全"的原则，严格落实各自职责推进、保障专项整治工作，并对"厂中厂"排查出的企业进行登记造册，动态监管并纳入全市安全生产诚信申报系统管理，将租赁企业、承租企业的安全违法行为纳入企业失信档案，依法对认定为严重失信行为的企业实施联合惩戒。

2. 分类分级、精准施策

摸清家底是为了整改整治。在掌握"厂中厂"企业基本情况和安全隐患的基础上，江阴并未采取简单粗暴一关了之的"一刀切"做法，而是分类分级、因地制宜、因企施策，创新提出"关停取缔一批、规范达标一批、更新改造一批"的"三个一批"措施。

"关停取缔一批"，即对于国家明令禁止或淘汰、严重违法违规、存在重大安全隐患等 7 种情形的高危风险的企业，依法实施关停取缔，同时采取相应的断水、断电、断气、清场的"三断一清"措施，对存在安全隐患无法采取整改措施消除影响的违法建筑坚决予以拆除。

"规范达标一批"，即对于虽存在安全隐患和相关手续不齐全等问题（上述关停取缔类有关情形除外），但符合产业政策且具备条件的中危风险的企业，责令其进行整改，并限期规范达标，到期整改不到位或不达标的坚决依法予以关停，并创新提出了出租企业应达到的 11 条安全规范、承租企业应达到的 8 条安全规范、承租企业生产车间应达到的 10 条安全规范。

"更新改造一批"，即对于在原址规范达标难度较大，且符合产业政策、达到亩产效益综合评价标准的成长型企业、科创型企业、关键配套企业等存在低危风险的企业，采取统一搬迁入园方式，进入镇街工业集中区。

江阴按照"立查立改、分类整治、依法依规、限期到位"原则，由各镇（街道）、各相关部门成立专项联合执法检查组，对辖区所有租赁厂房（场所）进行"三个一批"的集中整治，取得了良好的管理成效：对一批违规企业进行关停取缔，保障了厂区的安全；对一批违规企业实行规范达标，促进了企业安全管理制度的健全和员工生产操作规范化；对一批企业更新改造，促进空间布局的优化（更新改造企业进入工业镇集聚区域）和厂区土地的合理使用。

3. 强化联动、健全机制

"厂中厂"企业具有隐蔽性强、行业杂、流动性大等特点，导致排查和整改中容易出现"漏网之鱼"和"集中整治一阵子，反弹回潮老样子"等问题。基于此，江阴"厂中厂"安全生产专项整治"雷霆行动"充分应用行政、技术、经济、社会等多种手段，建立健全条块联动、城乡联控的工作机制，确保整治成果能够得到巩固，以长效治理来提升本质安全。

一是专门出台了《关于部门联动依法监管强力推进"厂中厂"专项整治"雷霆行动"的意见》，形成多部门各司其职、密切配合、通力协作的工作机制，从企业生产经营的用电、危化品使用、危废处置、消防、用工、社保、用地、房屋建筑、违建、用气、用水、用车用船、职业卫生、工商登记手续、税收、环保排污等多方面要素入手，进行隐患排查、风险评估、关停并转、问题整改。

二是专门制定了定期"回头看"方案，并将"厂中厂"专项整治与2020年度30个行业领域安全生产专项整治行动、违法违规"小化工"百日专项整治行动、2020—2022年安全生产专项整治三年行动、2019—2025年公共安全体系建设等短中长期整治相结合，从被动应对向主动出击转变，从事后处置向事前预防转变，从单点抽查向全流程全环节监管转变。

三是充分借助"互联网＋"，除了对所有"厂中厂"租赁企业提出"统一智慧监控平台"的整改标准，还大力推广运用安全生产、环保监测、节能减排等新技术新手段，在对全市重点企业、重点污染源、危险源实现自动监控的基础上，加强对区域内"厂中厂"的严密监控，对租赁企业、承租企业的安全违法行为做到监测在前、防范在先、全过程整治。

四是法理情并重，在依法依规严肃整改的同时，基层执法人员逐企上门宣传、告知，讲明企业应尽义务，讲透"雷霆行动"利害关系，积极引导出租方、承租方走出"打小算盘、看眼前利"的思想误区，树立算大账、算长远账、算发展账的正确发展观，主动整改，全面落实专项行动各项要求，全力配合做好各项工作，并针对小型承租企业存在安全生产管理人员匮乏、事故风险管控能力较低、安全生产技术推广缓慢滞后、单独承担安全生产管理能力不足等共性问题和客观现实，通过园区统一安全管理、第三方专家入驻、安全托管等方式进行辅助援助。

江阴市"厂中厂"安全生产专项整治行动，是在全域全民、防救集成的公共安全体系规划与建设背景下大刀阔斧、真刀真枪开展的安全整治工作，旨在彻底扫清风险点源，促进实现全市安全生产隐患的全面压降、安全生产形势的根本好转，也在压深压实属地和部门安全监管责任、创新安全监管执法手段措施、引导全民树立科学安全发展观念、构建社会多元安全共建共治等公共安全体系建设的重点问题上，蹚出了可行道路、提供了宝贵经验。

第七章
公共安全舆情风控

第一节　公共安全舆情风控的机理和要务

一、公共安全舆情风控的基本原理

（一）舆情的界定和要素

公共安全的舆情（sentiment）是指，公共危机事件相关的新闻报道、网民意见、媒体评论，及其映射的群众对于危机管理主体及其工作"满不满意、高不高兴、答不答应"的社会心态。基于当前所处的信息化时代，舆情已逐渐脱离纸媒宣传和人口相传的传统场域，转向互联网空间这一重点场域；同时，由于互联网的开放性特征和全球化趋势，舆情的物理空间常常从某一地区，拓展至全国乃至全球。

舆情包含 4 个元素，通俗可称为"谁在说""说什么""怎么说""谁在听"，具体而言：

第一，"谁在说"是舆情的主体。舆情主体的性质、地位、影响力等都会对舆情的发展态势产生作用。当前任何具备通信基础工具的个体或组织均可能成为舆情主体，传统媒体与新兴媒体、官方媒体与商业媒体、网民自媒体和社交平台交流，均可能成为舆情的发源。

第二，"说什么"是舆情的客体，也即舆情的主题和内容。舆情客体是主观性与客观性的统一，一方面舆情受到主体的主观性影响，另一方面，在传播过程中其全面程度、精确程度、真实程度等可能受到舆情传播客观规律或因素的影响。

第三，"怎么说"是舆情的方式和渠道。不同的舆情表现方式对群众和媒体的影响力也不同，例如对突发事件现场报道的文字、图片、视频，对群众而言其可信度不同，群众更容易相信"眼见为实"的报道；舆情传播的渠道和平台也可能对群众态度产生影响，例如对公共危机人财损失情况的报道，官方媒体与商业媒体和自媒体相比，对群众而言一般更具有可信度。

第四，"谁在听"是舆情的受众。受众的特征差异将导致其会对舆情形成不同的反应，例如受众文化素质、年龄、性别、地域、职业等差异会影响其对舆情的反应态度，利益相关者和围观群众的态度和结论也有所不同。

（二）舆情风控的目标和要求

舆情风险控制是公共安全风险治理的重要策略，我国相关政策文件对舆情风险控制给出了具体规定和详细要求，如表7-1所示。

表7-1 舆情风险控制的具体要求

相关法律和政策	舆情风险控制的具体要求
《国家突发公共事件总体应急预案》	突发公共事件的信息发布应当及时、准确、客观、全面。所谓及时，就是要在事件发生的第一时间向社会发布简要信息，随后发布初步核实情况、政府应对措施和公众防范措施等，并根据事件处置情况做好后续发布工作。
《突发事件应对法》	履行统一领导职责或者组织处置突发事件的人民政府，应当按照有关规定统一、准确、及时发布有关突发事件事态发展和应急处置工作的信息。
《政府信息公开条例》①	行政机关应当及时、准确地公开政府信息。行政机关发现影响或者可能影响社会稳定、扰乱社会管理秩序的虚假或者不完整信息的，应当在其职责范围内发布准确的政府信息予以澄清。
《关于进一步加强政府信息公开回应社会关切提升政府公信力的意见》②	建立健全舆情收集、研判和回应机制，密切关注重要政务相关舆情，加大网络舆情监测工作力度，重要舆情形成监测报告，建立重大政务舆情会商联席会议制度，建立政务信息发布和舆情处置联动机制，妥善制定重大政务信息公开发布和传播方案，共同做好政府信息发布和舆论引导工作。
《关于全面推进政务公开工作的意见》③	建立健全政务舆情收集、研判、处置和回应机制，加强重大政务舆情回应督办工作，开展效果评估。对涉及本地区本部门的重要政务舆情、媒体关切、突发事件等热点问题，要按程序及时发布权威信息，讲清事实真相、政策措施以及处置结果等，认真回应关切。

---

① 《政府信息公开条例》于2007年1月17日国务院第165次常务会议通过，2007年4月5日发布。

② 《关于进一步加强政府信息公开回应社会关切提升政府公信力的意见》（国办发〔2013〕100号），2013年10月18日发布。

③ 《关于全面推进政务公开工作的意见》（中办发〔2016〕8号），2016年2月17日发布。

续表

相关法律和政策	舆情风险控制的具体要求
《关于在政务公开工作中进一步做好政务舆情回应的通知》①	进一步明确政务舆情回应责任，把握需重点回应的政务舆情标准，提高政务舆情回应实效，加强督促检查和业务培训，建立政务舆情回应激励约束机制。
《〈关于全面推进政务公开工作的意见〉实施细则》②	明确舆情回应责任，突出舆情收集重点，做好舆情研判处置，提升舆情回应效果。

资料来源：根据网络公开资料整理，为不完全统计。

（三）舆情风控的科学流程

舆情风险控制是指针对公共安全事件的舆情风险，做好其收集、会商、研判、评估、回应、引导、处置等一系列工作。对此，国务院办公厅印发的《〈关于全面推进政务公开工作的意见〉实施细则》（国办发〔2016〕80号）作出规定，要求建立健全政务舆情收集、会商、研判、回应、评估机制，对收集到的舆情加强分析研判并进行分类处置。

舆情风险控制主要分为舆情风险评估和舆情风险应对两大板块，进而细分为4个环节：

第一，舆情风险的现状画像，全面收集和汇总舆情相关事件过程、舆情基本情况、舆情传播状况、舆情受众状况等情况，从而对舆论场的公共危机整体现状进行描述画像。

第二，舆情风险的全面分析，通过多要素的舆情定性分析、多种方式的舆情风险定级，对舆情进行更深层次的分析与解读。

第三，舆情风险的趋势预测，在舆情状况呈现和全面分析的基础上，针对舆情的发展趋势，从量化、质性、风险3个维度进行预测。

第四，舆情风险的科学应对，基于舆情分析的结果，在现场和舆论场，通过"全媒体信息管道""利益相关群体的社会倒逼"等科学模型和实用方法，有效填充、疏导、净化舆情，规避、化解或干预舆论场的舆情风险，阻止、消除、处置现场的危机。

---

① 《关于在政务公开工作中进一步做好政务舆情回应的通知》（国办发〔2016〕61号），2016年8月13日发布。
② 《〈关于全面推进政务公开工作的意见〉实施细则》（国办发〔2016〕80号），2016年11月15日发布。

舆情风险控制的上述 4 个环节相辅相成，形成动态循环。

二、公共安全舆情风险评估

舆情管理的首要工作是舆情风险评估，对舆情整体状况、关键要素、存在风险等进行全面识别和充分评估，在此基础上开展舆情管理工作。

（一）舆情风险的现状画像

舆情风险评估的基础工作是舆情的现状画像，简称"舆情画像"，是指在舆情收集的基础上，对舆情事件、基本情况、传播状况、受众状况进行描述画像。

1. 舆情的信息收集

舆情相关的信息收集是舆情画像的前提。在公共危机管理中，舆情收集的重点包括 7 个方面的内容：（1）涉及重要决策部署的政务舆情信息；（2）涉及公众切身利益且可能产生较大影响的媒体报道；（3）引发媒体和公众关切、可能影响政府形象和公信力的舆情信息；（4）涉及重大突发事件处置和自然灾害应对的舆情信息；（5）严重冲击社会道德底线的民生舆情信息；（6）对政府及其部门重大政策措施存在误解误读的舆情信息；（7）严重危害社会秩序和国家利益的不实信息等。

基于此，在舆情收集的过程中，应根据舆情信息来源所在的平台，尽可能开展覆盖全媒体、全网络、多渠道的舆情收集。舆情收集的渠道主要包括即时社交媒体、自媒体新闻平台、网络论坛/BBS、网络新闻、新闻跟帖、博客空间、视频播客、网络调查等，如表 7-2 所示。

表 7-2　舆情收集的渠道和要点

渠道类型	典型代表	不同渠道中舆情收集的要点
即时社交媒体	微博、微信、抖音、快手、豆瓣、知乎、QQ、人人、陌陌、抱抱等。	以社会关系为基础，具有相对保密性，话题内容更为私密，在很大程度上显示了网民的真实意见。
自媒体新闻平台	微信公众号、今日头条号、微博签约自媒体、百度百家号、搜狐自媒体、凤凰号自媒体、UC 自媒体、360 自媒体、知乎自媒体、大鱼号、网易号、一点资讯、简书等。	以个人订制或兴趣推送的方式关注，形成焦点事件的发布平台，在一定程度上显示了网民的关注导向。

续表

渠道类型	典型代表	不同渠道中舆情收集的要点
网络论坛/BBS	天涯社区、百度贴吧、猫扑社区、凤凰论坛、搜狐论坛、网易论坛、凯迪社区、新浪论坛、中华网论坛、大旗网论坛等。	（1）根据帖子热度和跟帖讨论的内容，评估网民的倾向性意见；（2）搜集全国性舆情时重点关注典型代表中的论坛；（3）搜集地方舆情时重点关注各省市级地方地域性论坛；（4）关注相关行业、单位、企业的官方网站、论坛与留言板。
网络新闻	（1）新浪、网易、腾讯、谷歌等商业性新闻网站；（2）人民网、新华网、央视网等官方权威性网站。	（1）根据新闻热度，可在一定程度上评估网民态度偏好；（2）兼顾商业性新闻网站和官方权威性网站，部分还应关注境外舆情。
新闻跟帖	人民网、新华网、网易、搜狐、新浪等各大门户网站。	根据新闻跟帖热度和跟帖讨论内容，可在一定程度上评估网民意见。
博客空间	新浪博客、搜狐博客、百度空间、QQ空间等。	根据发帖的主题、内容、热度，可汇总并整理形成网民的意见。
视频播客	优酷（土豆）、爱奇艺、搜狐、芒果、Bilibili站、AcFun站、凤凰视频、56视频等视频网站。	（1）根据视频热度和跟帖留言，可在一定程度上评估网民的意见；（2）重视视频和播客的价值，及时抽取有价值的内容。
网络调查	（1）直接开展网络调查的平台，如第一调查网、问卷星等；（2）介绍或引用网络调查结论的网帖、文章。	（1）运用网络调查方式就某一社会热点事件、话题和现象进行民意的征集和测试，是最直接了解特定话题舆论和民意的途径；（2）网民意见已通过调查进行了汇总整理和初步统计分析；（3）网络调查存在相应误差。

注：不完全统计，具有相应的误差。

舆情收集可通过人力操作或人工智能来实现，其基本原理是"信息抓取→信息匹配→信息筛选"。一是基于相关性的信息抓取，在互联网上搜索并获取与目标相关的信息，其核心在于如何全面、快速获取有关信息；二是基于关键词的信息匹配，即提炼与舆情事件紧密相关且具备敏感性的关键词，以此为索引，与抓取的信息进行扫描比对，查看信息中是否按已定规则存在已定关键词；三是基于有用性的信息筛选，对于抓取和匹配的信息进行审查和判定，筛除无用或可用性较低的信息，找出可利用的有效信息。基于此，获取与舆情相关的有效信息，为舆情画像呈现提供原材料和依据，也为接下来的舆情风险评估和趋势预测打下基础。

2. 舆情的事件画像

在舆情收集的基础上，对于舆情所呈现出的公共危机事件本身作出描述画像，主要从以下两方面作出初步呈现：一是对舆情核心事件的过程进行梳理，包括该事件的背景、起因、经过、后果、调查处理等方面的最新进展和整体情况；二是对事件所有舆情的分阶段进行梳理，对事件舆情过程进行分时段或分阶段梳理，一般而言，舆情可分为酝酿期、升温期、高潮期、消退期，不同时期的舆情传播数量和舆论侧重点不同。

3. 舆情的传播画像

公共安全舆情传播状况的画像，应尽可能全面仔细，从传播数据、传播路径、传播焦点、传播走势等方面做全方位展现。

一是舆情传播数据，包括新闻媒体、网络自媒体两类传播数据。其中新闻媒体包括官方媒体、专业媒体、商业媒体等，一般对其影响力、类型等进行分级分析；网络自媒体包括营利性自媒体平台和非营利性社交平台等，一般按照论坛贴吧、微博、微信、问答平台、网络直播等进行分类分析。综合这两种媒体，对于全网的舆情热度、舆情声量等也可作相关统计分析。当前，多种舆情监测和分析软件，基本能够对舆情传播数据予以分析和展示，但由于数据抓取工具、数据分析指标等主客观情况不同，最终结果存在相应的误差。

二是舆情传播路径，是指舆情在一定时间内从产生到扩散，以转载、转发媒介（媒体及自媒体）等为节点构成的传播过程。

三是舆情传播焦点，是指舆情传播过程中关注度最高的关键词、关联词、敏感词、媒体报道热点、网民话题热点等。

四是舆情传播走势，一般以小时、天等时间单位为节点，检索舆情事件各个时段的传播数量和关注焦点，绘制传播走势图，以此观察舆情发酵的状态和趋势。

下面以 2017 年 4 月"某县学生跳楼死亡"舆情事件为例予以说明，某舆情监测和分析软件对事件的舆情传播路径分析，如图 7-1 所示。

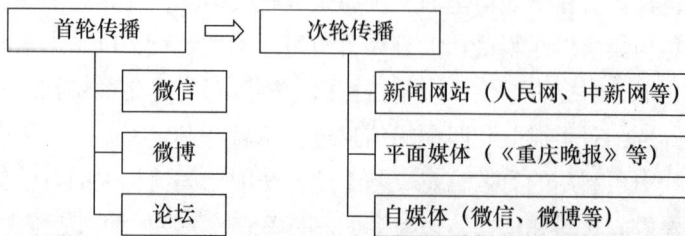

图 7-1 "某县学生跳楼死亡"舆情事件的部分传播路径

4. 舆情的受众画像

公共危机事件的舆情受众是指舆情接受、回应、评论、转发转载甚至制造二次舆情的主体（个体或群体、个人或单位），包括舆情接受者、关注者、二次传播者等。互联网空间中的舆情受众已不再受物理空间限制，可能遍布全国乃至全球，舆情受众的身份、特征、态度等也呈现多样化特征。基于此，舆情受众画像应尽可能全面仔细，从受众的属性和反馈两方面做全方位展现。

舆情受众的属性画像是指，对舆情受众本身的分析，既包括舆情受众在网络环境中的身份特征、活跃状况、参与平台、粉丝数量、表达习惯、兴趣分布等的"舆论场"属性特征，也包括对舆情受众在现实环境中的地理位置、身份特征、职业、年龄、学历、收入状况等方面的"现场"属性特征，从而绘制舆情受众属性特征的全方位、立体化画像。

舆情受众的反馈画像是指，对舆情受众的态度、看法、意见、言论的分析以及对其支持、理性、共识等的程度测量。一般而言，舆情受众反馈可分为4种态度、6类情绪、16种心态，如表7-3所示。

表7-3 舆情受众的态度、情绪、心态汇总

分析维度	细化情况	对应舆情展现形态
态度（4种）	正面倾向、中立态度、负面倾向、不确定态度	关键词等
情绪（6类）	支持、乐观、中立、质疑、担忧、畏惧、反对	关键词、表情、标点符号等
心态（16种）	(1) 基于信任官方基础上的支持；(2) 对利国项目的支持（保障国家安全、增进国家利益、维护国家形象等）；(3) 对利他项目的支持（方便他人、扶助弱势群体、带动地区经济发展等）；(4) 对利己项目的支持（提高个人收入、降低生活成本、带来生活便利、提高生活质量等）；(5) 对不损己项目的中立态度；(6) 对任何事件无所谓的态度；(7) 充分了解、全面认识、理性思考基础上的辩证态度；(8) 尚未表态的不明确态度；(9) 对可能产生纠纷的担忧；(10) 对安全、污染等共性问题的担忧；(11) 邻避效应（Not In My Back Yard）"不要建在我家附近"的心理；(12) 对属地政府和相关部门管理能力的不信任；(13) 对责任主体的怀疑；(14) 对未知事物的畏惧；(15) 对特定项目的畏惧；(16) 绝对反对的逆反心态	关键词、表情、标点符号等

注：该表为不完全概括，具有相应的误差。

（二）舆情风险的全面分析

舆情风险的全面分析，主要从舆情定性、社会心态、风险定级三个维度开展。

1. 舆情的定性分析

公共危机的舆情应从舆情源头、舆情传播、舆情受众、舆情环境四要素予以定性。

第一，舆情源头的定性是指对舆情所涉及公共危机事件中的"人"和"事"进行定性分析，其中"人"是指舆情相关群体，"事"是指舆情相关事件。一方面，对舆情涉及的主体（个体或群体、个人或单位）进行定性分析，分析主体的特征属性和利益诉求，尤其是对主体是否存在合法合理诉求未被满足、存在不合理诉求或过高期望、是否涉及境外反动势力、是否为公共安全高危人群等问题予以分析研判；另一方面，对舆情相关事件进行分析，对舆情涉及具体事件进行定性分析，尤其是对该事件是否涉及敏感群体、敏感事件、敏感地区、敏感时段等问题予以分析研判，如表7-4所示。

表7-4　舆情相关事件的定性

定性的指标	指标内涵
敏感群体	舆情相关事件是否涉及政治人物、社会知名人士、特定身份人士、特定群体等敏感群体，是否将由此引发全国乃至全球的舆论关注。
敏感事件	舆情相关事件是否涉及政治、军事、国家安全、社会稳定、国计民生、"下一代问题"等敏感事件，是否将由此引发全国乃至全球的舆论关注。
敏感地区	舆情相关事件的发生地点是不是政治、经济、文化中心城市，是否在国内其他重要地区引发舆论连锁反应等。
敏感时段	舆情相关事件的发生时间是否处于重大节日、重要活动期、关键节点等，是否会引发异于平时的舆论连锁反应等。

资料来源：根据公开资料整理，为不完全统计。

第二，舆情传播的定性是指对舆论制造传播者和舆论传播状况的定性分析。一方面，对制造传播舆情的主体（个体或群体、个人或单位）予以定性，尤其是对发布、曝光、转发、转载、评论的主体是否涉及造谣传谣、敏感群体、境外势力、公共安全高危人群等问题予以分析。另一方面，对舆情传播情况进行分析，主要从时间和空间两个范畴开展定性分析：对舆情传播空间进行定性分析，包括舆情地域空间关联性、舆情地点特殊性、舆情地域连锁反应等；对舆情传播时间进行定性分析，包括舆情时间历史关联性、舆情事件敏感性、舆情传播和发展的时间规律和趋势等。

第三，舆情受众的定性是指对舆情受众的情绪态度、意见倾向、身份情况、实际行动等进行的定性分析，具体包括：一是舆论总倾向和网民态度分析，二是关注该舆论事件的人群分类分级，三是媒体与网民对舆论事件当事人、责任方的态度分析，四是网民对事件本身的反应程度。

第四，舆情环境的定性是指将舆论事件置于公共危机管理"现场"和"舆论场"的整体社会环境中进行深入考察，利用心理学、社会学、统计学、新闻传播学、公共管理学等学科理论方法，对舆情源头、舆情传播、舆情受众进行深化的定性分析。具体从3方面展开：一是评估网络舆论的风险程度，即舆论事件引发群众的反应程度，是认知层面、表达态度还是会走向实际行动乃至引发社会骚乱；二是评估舆论反映的群众的利益诉求，"保底诉求"和"超额诉求"，"合法诉求"和"不合法诉求"，"合理但超出政策预期的诉求"和"不合理的过高期望诉求"等，列出群众的需求清单；三是分析舆论反映的社会心态，包括正向、中立、负向的社会心态及其具体情绪和心理原因。

2. 舆情的社会心态分析

新媒体时代的社会心态呈现出1∶8∶1的比例分布，简称为"181心态模型"[①]，具体是指：正常状态下的社会心态呈正态分布，其中80%是总体倾向于中立的态度，另外两个10%分别为极端支持态度和极端反对态度，如图7-2所示。

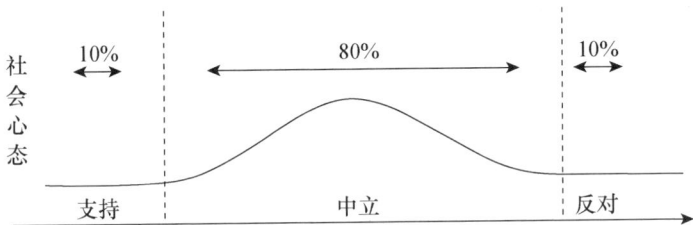

图7-2　社会心态"181"分布规律示意图

对此，需重点关注社会心态中占80%的主流意见，并密切关注两端各占10%的"极端言行"，具体包括：一是分析和了解中间态的主流意见，积极争取"主流80%"的认同与配合；二是妥善处理"极端10%"，一方面应重视和照顾最弱势群体的合法权益，另一方面要避免被10%误导，得罪90%大多数，寻求

① 唐钧. 政府风险管理. 北京：中国人民大学出版社，2015.

"最大公约数"；三是统筹"主流80％"和"极端10％"，既要满足大多数人的合理需求，又能"人性化服务"兼顾极少数人的合法权益。

3. 舆情的风险定级

舆情的风险定级，即对舆情可能产生的风险等级进行分析，通常有如下两种方法：

第一，"后果危害度–社会关注度"定级（Hazard-Attention，H-A定级），根据舆情事件的后果危害程度和社会关注程度对舆情风险进行等级研判，如图7-3所示。在实际操作中，后果危害度和社会关注度，将通过定量化或可操作化的分级指标予以明确，如表7-5所示。

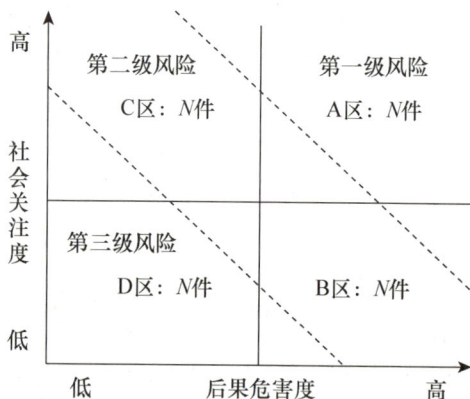

图7-3 舆情"后果危害度–社会关注度"风险定级示意图

表7-5 舆情"后果危害度–社会关注度"风险定级标准示例

级别	分级标准	
	后果危害度指标	社会关注度指标
特别重大（I级）舆情	(1) 属地内发生严重危害国家安全、具有明显政治倾向事件； (2) 产生对属地公共安全和社会秩序造成严重影响的突发负面舆情； (3) 可能导致大规模群体性事件、政治性煽动事件或其他易被政治势力利用事件； (4) 需要统一指挥、协调属地有关部门和力量进行紧急处置的舆论事件。	(1) 境内主要重点新闻网站大量报道有关信息，引发大量网民留言或论坛讨论的事件； (2) 境内主要商业网站大量转载有关信息，引发大量网民留言或讨论、评论； (3) 境内有关微博网站大量网民转发评论，出现行动性、煽动性言论； (4) 境内主要知名论坛大量炒作相关负面信息； (5) 境外主流媒体和网站报道相关负面信息。

续表

级别	分级标准	
	后果危害度指标	社会关注度指标
重大 （II级）舆情	（1）在较大范围内对属地公共安全和社会秩序造成重大危害和影响； （2）易由此引发政治性事件或授人以柄的突发负面舆情； （3）需要统一指挥、协调相关部门和力量进行紧急处置的舆情事件。	（1）境内重点新闻网站报道有关负面信息，引发一定数量的论坛讨论； （2）境内知名商业网站转载有关负面信息，引发一定数量网民留言； （3）境内有关微博网站有一定数量网民转发评论； （4）境内主要知名论坛进行相关讨论； （5）境外少数媒体和网站进行相关报道。
较大 （III级）舆情	（1）在一定范围内对属地公共安全和社会秩序造成一定危害和影响的突发负面舆情； （2）需要指挥协调有关力量进行紧急处置的舆论事件。	（1）境内少量新闻网站转载有关负面信息； （2）引发少量论坛讨论； （3）境内有关微博网站有少量网民转发评论； （4）境内主要知名论坛有相关讨论但未成为热点。
一般 （IV级）舆情	（1）在小范围内对本属地公共安全和社会秩序造成一般的危害和影响的突发负面舆情； （2）需要协调有关力量进行处置的舆论事件。	（1）境内少量商业网站报道有关负面信息； （2）境内少量论坛、微博网站有相关讨论但未形成热点。

资料来源：根据《印江自治县突发事件网络舆情处置应急预案》总结改编，为不完全统计。

第二，"社会责任-负面影响"定级（Responsibility-Influence，R-I定级），根据舆情事件中相关主体的社会责任和舆情所产生的社会负面影响进行风险等级研判，如图7-4所示。

"后果危害度-社会关注度"定级和"社会责任-负面影响"定级，在实际操作中可根据图7-3和7-4形成清单，如表7-6所示。

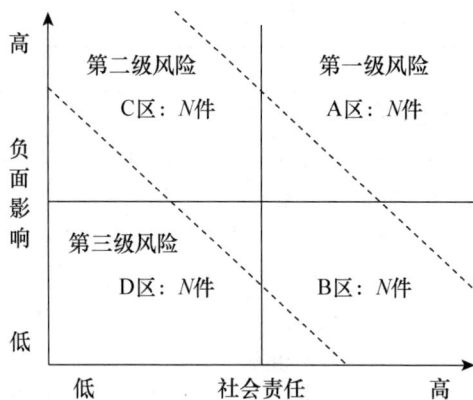

图7-4 舆情"社会责任-负面影响"风险定级示意图

表7-6 舆情"后果危害度-社会关注度"/"社会责任-负面影响"风险定级（示例）

等级 项目	第一级风险	第二级风险	第三级风险
风险定级	高危风险	中危风险	低危风险
所处区域	A 区	B 区，C 区	D 区
风险数量	N 件	N 件	N 件
风险列表	(1) (2) (3) (4) (5)	(1) (2) (3) (4) (5)	(1) (2) (3) (4) (5)

注：该表为不完全概括，具有相应的误差。

（三）舆情风险的趋势预测

舆情可通过采取定量和定性相结合的方法，根据舆情演变规律和原理，进行趋势研判。

1. 舆情趋势的量化预测

舆情趋势的量化预测一般应用舆情发布者状况、舆情传播状况、舆情受众状况的指标，如表7-7所示。

表 7-7　舆情趋势的量化预测指标（示例）

舆情预测范畴	舆情预测要素	舆情量化预测指标
舆情发布者状况	（1）影响力变化	业界地位、社会地位、粉丝数量、关注群体、转载量、关系网等
	（2）活跃度变化	发帖量、回帖数等
	（3）价值观变化	舆情发布语义信息等
舆情传播状况	（1）主题深挖或衍生	公共安全、民生权益、政策法规、医疗卫生、生态环保、官员问题、伦理道德等
	（2）关注度	参与评论人数、点赞数量等
	（3）信息主题危害度	高、中、低、无
	（4）舆情形式	照片、视频、录音、文字等
	（5）传播媒体和平台	报纸、杂志、电视、广播、门户网站、网络论坛、博客/个人空间、短信邮件、微博微信、移动客户端等
	（6）传播媒体影响力	总流量、日流量、点击率等
	（7）舆情传播度	转载量、报道次数等
舆情受众状况	（1）负面指数	回帖总数、负面回帖总数、中性回帖总数等
	（2）受众影响力	影响力地域范围、舆情回复语义信息等
	（3）参与频度	点击量、评论数、回复量、转载量等
	（4）网民分布状况	IP 地址等

资料来源：根据网络公开资料和案例总结整理，为不完全统计。

2. 舆情趋势的质性预测

舆情趋势的质性预测，是指对舆情走向和发展趋势的研判，一般从舆情事件或现象的传播扩散、传播焦点转移、各方观点倾向变化、相关方介入情况、应对结果和成效及舆情环境等入手进行预测，为后续舆情风险应对提供较全面参考，如表 7-8 所示。

表 7-8　舆情趋势的质性预测指标（示例）

舆情预测要点	舆情预测的参考标准
舆情传播扩散路径的预测	（1）来自网民爆料的敏感信息，需在梳理网民观点、跟进关注情况的同时，研判媒体介入报道的可能性和报道方式等内容；（2）来自媒体首发报道的信息，需预判有关报道内容在网民中可能引起的反响，评估报道在社交媒体的扩散情况等。

续表

舆情预测要点	舆情预测的参考标准
舆情焦点转移变化的预测	(1) 传播焦点转移经常出现在舆情事件发展的中后期；(2) 传播焦点的转移，根本原因是舆论关注矛盾焦点的转移；(3) 促成焦点转移的因素，可能是新事实或细节的披露，或媒体或涉事单位的主动引导等。
舆情受众观点态度变化的预测	(1) 舆情多渠道扩散或舆情关注焦点转移，将引发舆论场观点倾向的变化，是舆情走向的直接显性表征；(2) 反转舆情可能导致舆论态度和观点的颠覆性变化等。
舆情相关方介入影响的预测	应视情况考虑监管部门、新闻媒体、专家学者、竞争对手、合作方、受害方、律师等各方面因素，研判其介入时机、介入方式、介入程度和产生的影响。
舆情风险应对结果和成效的预测	应从官方响应、信息发布、公信力、动态反应、问责处理、应对技巧6大角度进行梳理，评估舆情风险应对的特点、优点、缺点、经验、教训、态度、策略等内容。
舆情环境因素变化的预测	(1) 社会思潮、公众心理和社会矛盾基本面等环境因素对舆情的影响；(2) 行业特点、政策背景、历史因素、关联话题、媒介传播特点等环境因素对舆情的影响等。

资料来源：根据网络公开资料和案例总结整理，为不完全统计。

三、公共安全舆情风险应对

在舆情风险评估基础上，公共危机的舆情风险应对，既要全面掌握"全媒体信息管道"原理，动态管理信息；也要科学认识利益相关群体的"舆论倒逼"局面，争取群体认同，最终形成现场和舆论场均可、标本兼治的良性循环。

（一）舆情风险应对的"全媒体信息管道"原理

舆情风险应对的核心是信息管理，对此应先了解舆情的"全媒体信息管道"原理，掌握信息发展和舆情演变的特征和规律。

舆情的演变发展呈现出"信息管道"的特征：公共危机事件发生后的特定时间内，官方来源和民间来源的多方面信息在一定时间内充满信息管道，其中官方信息和谣言及小道消息之间存在博弈关系，信息管道若未被官方信息填充满，空隙的地方就会滋生谣言和小道消息，如图7-5所示。

近年来，我国逐步进入全媒体时代，传统媒体和新兴媒体融合共生、"个人门户"时代下自媒体迅速发展、"互联网＋"带来传播新模式、移动客户端和网络直播兴起等诸多特征，让舆情的"全媒体信息管道"变得更加复杂，如图 7‑6 所示。

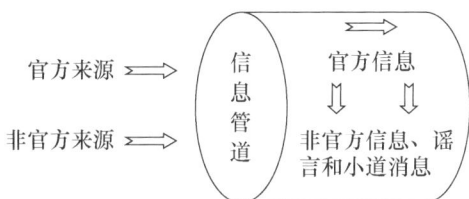

图 7‑5 舆情的"信息管道"效应

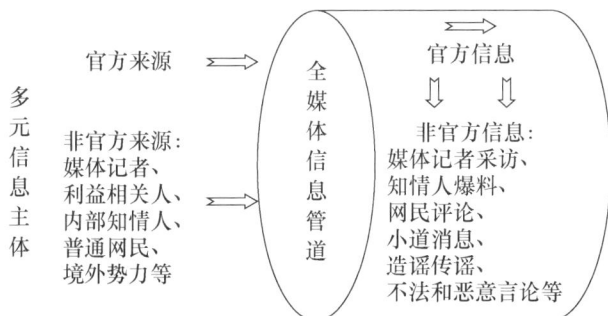

图 7‑6 舆情的"全媒体信息管道"原理示意图

基于此，公共危机管理中舆情风险应对的中心目标是：官方信息应尽早尽多地填充到"全媒体信息管道"中，发挥"挤出效应"，排除"非官方信息"尤其是造谣传谣、小道消息、不法和恶意言论等。

动态管理"全媒体信息管道"，应综合应用舆情填充、舆情疏导、舆情净化的三重策略。

1. "全媒体信息管道"的舆情填充策略

"全媒体信息管道"中官方信息和非官方信息的博弈，要求官方信息发挥"挤出效应"，挤出谣言和小道消息。基于此，应采取舆情填充策略。官方信息在发挥"挤出效应"、填充"全媒体信息管道"的过程中，全面有效填充，防止给造谣传谣和小道消息留下"生存空间"。根据全流程的特征，官方信息的传播也要有阶段性的区分和有侧重地开展，如图 7‑7 和表 7‑9 所示。

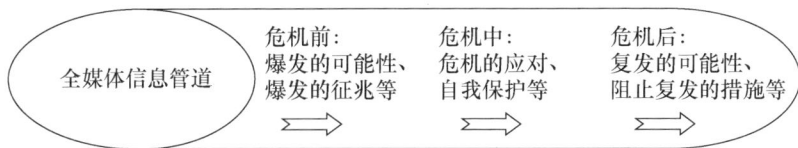

图 7‑7 舆情填充策略的"全流程信息传播"模型

表 7 - 9 舆情填充策略的"全流程信息传播"具体要求

环节	具体要求
公共危机前的信息传播	发布安全警戒和风险预警，提醒保护和防范的同时，通过发布危机爆发可能性的信息，有效抑制谣言和小道消息。
公共危机中的信息传播	发布政府针对公共危机事件所采取的应急措施和手段，实时通报应急进程和现状进展，有效抑制谣言和小道消息。
公共危机后的信息传播	发布有关危机重发可能性的官方和正规信息，提前抑制谣言和小道消息。

资料来源：根据网络相关资料和公开案例整理，为不完全统计。

2. "全媒体信息管道"的舆情疏导策略

"信息管制悖论"表明：舆情"宜疏不宜堵"，采取舆情疏导策略，对"全媒体信息管道"中的非官方信息进行有效和有序疏导，有利于规避舆情风险、化解舆情危机。

舆情疏导策略的实施应遵循以下基本原则：一是舆情疏导的党性原则，体现党的意志和主张，维护党中央权威，同党中央保持高度一致，并坚持党性和人民性相统一；二是舆情疏导的"四个力"原则，重视传播手段建设和创新，切实提高官方新闻舆论的"传播力、引导力、影响力、公信力"[①]；三是舆情疏导的正面宣传原则，官方舆情应为团结稳定鼓劲，以正面宣传为主；四是舆情疏导的针对性和时效性原则，要推动传统媒体和新媒体的融合发展，要体现时度效要求，要加强国际传播能力建设。

舆情疏导策略的操作可采取"分众化迎合"策略，强化用户意识和内容意识，做好受众细分和内容创造，以"适应分众化、差异化传播趋势"[②]，促进官方信息的分众传播和精准传播。具体而言：一是根据舆情受众特点，实行精准推送；二是研究舆情受众需求，积极提供人民群众需要、喜爱的功能和服务；三是强化内容意识，增强优质内容的创造能力；四是在重大问题或关键节点上勇于发声且善于发声，科学地设置议题和挖掘层次等。

3. "全媒体信息管道"的舆情净化策略

"全媒体信息管道"中存在多种舆论炒作风险，亟待通过舆情净化策略来使

---

① 习近平总书记在党的新闻舆论工作座谈会上（2018 年 1 月 3 日）指出要尊重新闻传播规律，创新方法手段，切实提高党的新闻舆论传播力、引导力、影响力、公信力。

② 习近平总书记在党的新闻舆论工作座谈会上（2018 年 1 月 3 日）指出要适应分众化、差异化传播趋势，加快构建舆论引导新格局。

信息管道恢复明朗和清净。舆情净化策略在具体实施中，应依据我国在互联网管理方面的相关法律法规和政策文件，对于互联网信息、新闻、出版、表演、文化、视听节目等可能引发或加剧舆情事件产生或传播的相关行业领域，依法依规强化管理，如表 7 - 10 所示。

表 7 - 10 我国舆情净化策略的相关法律法规和政策文件

法律法规和政策文件	相关内容
《互联网信息服务管理办法》（国务院第 292 号令，2000 年 9 月 25 日发布）	互联网信息服务提供者不得制作、复制、发布、传播含有反对宪法所确定的基本原则，危害国家安全，泄露国家秘密，颠覆国家政权，破坏国家统一，损害国家荣誉和利益，煽动民族仇恨、民族歧视，破坏民族团结，散布谣言，扰乱社会秩序，破坏社会稳定等方面的信息。
《互联网新闻信息服务管理规定》（国信办第 1 号令，2021 年 6 月 1 日施行）	提供互联网新闻信息服务，应当遵守宪法、法律和行政法规，坚持为人民服务、为社会主义服务的方向，坚持正确舆论导向，促进形成积极健康、向上向善的网络文化，维护国家利益和公共利益等。
《互联网文化管理暂行规定》（文化部第 51 号令，2011 年 2 月 17 日发布，4 月 1 日起施行）	从事互联网文化活动应当遵守宪法和有关法律、法规，不得提供载有危害国家统一、主权和领土完整，泄露国家秘密、危害国家安全或者损害国家荣誉和利益，煽动民族仇恨、民族歧视，破坏民族团结，或者侵害民族风俗、习惯，宣扬邪教、迷信等方面的文化产品。
《互联网等信息网络传播视听节目管理办法》（国家广电总局 2004 年 6 月 15 日通过，10 月 11 日起施行）	禁止通过信息网络传播含有危害国家统一、主权和领土完整的，扰乱社会秩序、破坏社会稳定的，宣扬淫秽、赌博、暴力或者教唆犯罪的，侮辱或者诽谤他人的，侵害他人合法权益的，危害社会公德或者民族优秀文化传统的等方面的视听节目。
《互联网视听节目服务管理规定》（国家广播电影电视总局、信息产业部第 56 号令，2007 年 12 月 20 日发布，2008 年 1 月 31 日起施行）	发展互联网视听节目服务要有益于传播社会主义先进文化，视听节目不得含有反对宪法确定的基本原则，危害国家统一、主权和领土完整，扰乱社会秩序、破坏社会稳定，诱导未成年人违法犯罪和渲染暴力、色情、赌博、恐怖活动，危害社会公德等方面的内容。

续表

法律法规和政策文件	相关内容
《网络出版服务管理规定》（国家新闻出版广电总局、工信部 2016 年 2 月 4 日通过，3 月 10 日起施行）	网络出版物不得含有反对宪法确定的基本原则，危害国家统一、主权和领土完整，泄露国家秘密、危害国家安全或者损害国家荣誉和利益，煽动民族仇恨、民族歧视，破坏民族团结或者侵害民族风俗、习惯，诱发未成年人模仿违反社会公德和违法犯罪行为等方面的内容。
《互联网用户账号名称管理规定》（国家互联网信息办公室 2015 年 2 月 4 日发布，3 月 1 日起施行）	互联网信息服务使用者注册账号时，应当与互联网信息服务提供者签订协议，承诺遵守法律法规、社会主义制度、国家利益、公民合法权益、公共秩序、社会道德风尚和信息真实性等 7 条底线。任何机构或个人注册和使用的互联网用户账号名称，不得有违反宪法或法律法规规定，危害国家安全，泄露国家秘密，颠覆国家政权，破坏国家统一，损害国家荣誉和利益的，损害公共利益等方面的情形。
《关于加强网络表演管理工作的通知》（文化部 2016 年 7 月 1 日颁布）	表演者应当依法依规从事网络表演活动，不得开展含有低俗、色情、暴力等国家法律法规禁止的利用人体缺陷或者以展示人体变异等方式招徕用户，以恐怖、残忍、摧残表演者身心健康等方式以及以虐待动物等方式进行的网络表演活动，以及使用违法违规文化产品开展的网络表演活动。
《北京市移动互联网应用程序公众信息服务自律公约》（首都互联网协会，2014 年 11 月 27 日起施行）	坚决抵制违法不良信息。恪守"七条底线"，落实主体责任，强化内容审核。承诺并诚请广大用户不利用 APP 制作、复制、发布、传播违法违规不良信息，不给任何有害信息提供传播空间等。
《互联网搜索引擎服务自律公约》（中国互联网协会，2012 年 11 月 1 日发布）	自觉执行《互联网搜索引擎服务商抵制淫秽、色情等违法和不良信息自律规范》的规定，坚决抵制淫秽、色情等违法和不良信息通过搜索引擎传播，积极构建健康、文明、向上的互联网搜索引擎传播秩序等。
《互联网跟帖评论服务管理规定》（国家互联网信息办公室 2017 年 8 月 25 日公布，自 2017 年 10 月 1 日起施行）	跟帖评论服务使用者应当严格自律，承诺遵守法律法规、尊重公序良俗，不得发布法律法规和国家有关规定禁止的信息内容；跟帖评论服务提供者及其从业人员不得为谋取不正当利益或基于错误价值取向，采取有选择地删除、推荐跟帖评论等方式干预舆论；跟帖评论服务提供者和用户不得利用软件、雇佣商业机构及人员等方式散布信息，干扰跟帖评论正常秩序，误导公众舆论等。

资料来源：根据网络公开资料整理，为不完全统计。

（二）舆情风险应对的利益相关群体模型

舆情的发声者是民众，其本质是民众的言论，尤其是利益相关群体的声音。基于此，深层次舆情风险应对的关键是利益相关群体。

在舆情风险分析的过程中，需要重视和回应的是利益相关群体。事实上，制造、助推、炒作、围观舆情的全部受众均为利益相关群体，具体包括四类群体：直接利益相关群体、间接利益相关群体、别有用心群体、旁观群体，如图7-8所示。

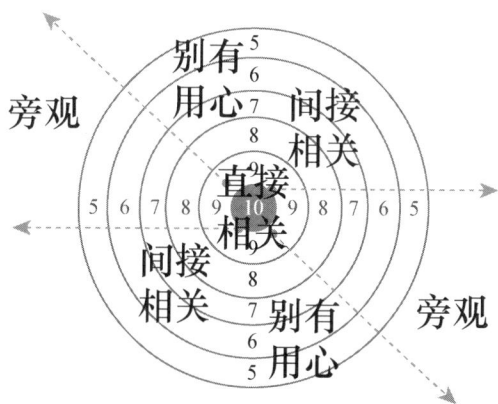

图7-8　四类利益相关群体模型分析

对此，应根据利益相关的远近大小，细分受众群体，从直接利益相关的群体入手，逐步到旁观的群体，并对其利益诉求进行准确甄别和区别对待，对其可能出现的行为方式予以风险评估和有效防范，具体如表7-11所示。

表7-11　四类利益相关群体模型分析

四类相关	主要诉求	主要行为方式
第1类：直接利益相关群体	（1）情绪发泄；（2）物质赔偿；（3）精神补偿；（4）责任人查处；（5）制度整改、永不再犯。	（1）讲述个人遭遇，表达悲伤、愤怒、不满等情绪；（2）爆料内部情况，指责官方失误或责任；（3）个体极端行为，危害公共安全或社会秩序；（4）现场抗议和闹事；（5）向上级部门、中央部门、信访部门、纪检监察部门等投诉；（6）发动网络请愿、签名、投票；（7）召集现场游行集会。

续表

四类相关	主要诉求	主要行为方式
第2类：间接利益相关群体	（1）知情权；（2）自保自护，免于被牵连或受影响；（3）免被害权，希望"下一个受害者不是我或我的下一代"；（4）制度整改、永不再犯。	（1）对于热点舆情的报道和文章进行转载、转发、跟帖、评论；（2）对热点舆情事件中受害者的不幸遭遇表达愤慨、同情、担忧；（3）对于热点舆情事件中责任方的违法违规、违背公序良俗或失职不作为的行为等表达质疑、愤怒、谴责；（4）发动或参与网络的捐款、请愿、签名、投票、举报。
第3类：别有用心群体	（1）谋取非法利益；（2）损害他人信誉、组织声誉、官方公信力；（3）扰乱现场和舆论场秩序；（4）挑起意识形态斗争；（5）颠覆国家政权；（6）推翻社会主义制度；（7）危害国家安全和社会稳定。	（1）在互联网上恶意攻击、造谣中伤、诽谤抹黑其他人员、组织、部门、机构；（2）编造和传播虚假信息，扰乱社会秩序；（3）在公共场所非法聚集滋事；（4）炒作热点事件；（5）攻击国家法律制度和司法体制；（6）利用舆论挑起和煽动不明真相的群众仇视政府、颠覆国家政权。
第4类：旁观群体（利益无相关或弱相关）	（1）知情权；（2）满足围观和看客的好奇心态；（3）自保自护，不被牵连或影响；（4）免被害权，希望"下一个受害者不是我或我的下一代"；（5）制度整改、永不再犯。	（1）对热点舆情事件予以关注；（2）对热点舆情的报道和文章进行一定范围的转载转发；（3）"潜水"中，谨慎评论或跟帖，不表达个人情绪或明确态度；（4）利用社交平台或自媒体频道，针对舆情背后的深层次问题，给出整改建议。

资料来源：根据网络相关资料和公开案例整理，为不完全统计。

基于四类利益相关群体的主要诉求和主要行为方式，提出相应的应对原则，如表7-12所示。

表7-12 四类利益相关群体的应对原则

应对原则	具体要求
（1）突出"直接利益相关群体"	妥善解决"直接利益相关群体"的合法合理诉求，依据法律法规和政策规定，处置好其物质赔偿和精神补偿的工作，并尽可能"全程无责"，规避工作过程中的失误和风险。

续表

应对原则	具体要求
（2）重视"间接利益相关群体"	高度重视"间接利益相关群体"的合法诉求，免于其产生"下一个受害者是我或我的下一代"的恐慌，积极整改不合理的制度。
（3）警惕"别有用心群体"	全面警惕"别有用心者"的不法言论，实时监控、识别、预警"别有用心者"的存在，及时在网络空间发布官方信息、辟谣，在现场调查取证、管控，掌握网络舆论场主动权、主导权，坚决反对和抵制各种错误思潮，维护网络社会秩序和意识形态安全。
（4）慎待无利益相关或弱利益相关的"旁观群体"	冷静分析无利益相关或弱利益相关的"旁观者"，保障其合法权益，接受其合理化建议。

资料来源：根据网络相关资料和公开案例整理，为不完全统计。

（三）舆情风险应对的责任模型

责任状况是制定舆情风险应对策略的重要考量因素，是否存在责任及其大小决定了舆情风险应对的方向和战略。基于此，我们提出舆情风险应对的"责任模型"，以公关主体的责任研判为核心，同步考虑现场和舆论场情况，并结合环境分析和能力评估，形成科学的舆情风险应对决策模式，如图7-9所示。

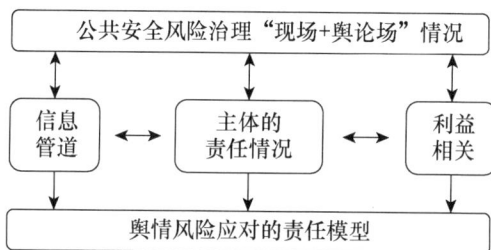

图7-9　舆情风险应对责任模型的示意图

突发事件发生后，公关主体应将责任作为新闻发布和舆情风险应对的决策标准，根据管理方的责任采取相应的舆情风险应对模式。单一责任下的"责任模型"给出常见的三种责任情况及其对应的舆情风险应对模式。

1. 无责任的速战速决模式

无责任的速战速决模式是指，在主体处于无责任的情况下，采取速战速决的舆情风险应对策略，基本要求包括：

第一，快速调查，迅速展开全面和深入的调查；

第二，快速定论，尽快定性和定责；

第三，快速澄清，及时辟谣，并广而告之。

舆情风险应对的无责任的速战速决模式通常适用于造谣传谣的情况。在调查清楚的情况下，澄清和辟除谣言，既要速度快，也要力度到位。

以河南西华公安辟谣"女童遭两名老师多次性侵"为例。2017年7月4日14时17分，微博名为"白衣天使茉莉花"的网友发起一条求助信息。自称是"受害者"姑姑的何女士声称，其侄女何佳佳（化名）就读于某小学五年级，被该校副校长和教导主任强奸达十七八次，报警后有关公安机关不予立案并威胁恐吓"受害者"不让说出真相。该微博同步发布多张照片，发布后迅速得到关注和转发。对此，官方迅速辟谣，兼顾速度和力度。7月4日20时21分，当地县公安局官方微博发布名为"关于对网民'白衣天使茉莉花'在新浪微博发布严重失实信息的情况通报"，称"该信息制造炒作噱头，吸引网民眼球，扰乱网络公共安全秩序。经公安机关调查其所发信息严重失实，随后公安机关将澄清事实真相并将对信息发布者依法严惩"。某官方媒体记者采访了涉事女童何佳佳（化名）及其姑姑何争先（化名，网民"白衣天使茉莉花"），并在7月10日凌晨通过新闻报道发布两个当事人编造和传播假消息的最新说辞，并公开了两人的采访道歉视频，有力澄清谣言、说明真相。

2. 完全责任的以退为进模式

完全责任的以退为进模式是指在主体处于完全责任的情况下，采取以退为进的舆情风险应对策略，基本要求包括：

第一，诚恳认错，主动表态，承认错误，作出相应的承诺，彰显诚恳的态度；

第二，控制事态，积极作为，遏制事态发展，努力降低伤亡和损失；

第三，主动修改制度缺陷，亡羊补牢，消弭恐慌，争取规避同类危机的爆发。

以某市地铁"问题电缆"事件的企业负责人下跪道歉和企业配合相关部门整改为例。2017年3月13日，一名自称在某电缆公司工作的网民爆料，某市地铁3号线整条线路的电缆都来自该公司，地铁线路使用"劣质材料和偷工减料的电缆"等不合格产品，很有可能引发火灾。爆料帖引发广泛关注和传播。市政府及时回应并证明涉事企业负有全部责任。基于此，涉事企业采取"以退为进"策略。3月21日，公司法人代表王某某在接受媒体的采访中下跪道歉，采访视频中王某某承认违法行为并悔罪道歉。6月，涉事公司根据国务院的问责决定，在以下方面进行配合或整改：（1）由某省依法对涉案违法生产企业8名犯罪嫌疑人执行逮捕；（2）由某省依法依规撤销涉案违法生产企业的全部认证证书和著名商标认定，吊销营业执照和工业产品生产许可证；（3）全面深入排查涉及的工程项目，尽快完成"问题电缆"全部拆除更换等。

3. 部分责任的社会协商模式

部分责任的社会协商模式是指在主体处于部分责任的情况下，可采取社会协商的舆情风险应对策略，基本要求包括：

第一，运用中立第三方的意见，获得权威解释、专业论证，或其他具有较高公信力方面的认可；

第二，运用"意见领袖"的态度，尤其是争取"异见领袖"转变成见，帮助获得大众的认同支持；

第三，运用"民间"的看法，获取利益相关群体的广泛理解和支持，争取最大基数的认可。

现以"东方之星"沉船事件后的新闻发布为例。2015年6月1日晚发生"东方之星"沉船事件，媒体和网民对现场救援情况、客船倾覆原因、救援实施细节等问题给予重点关注和详细询问。对此，多次官方新闻发布会均聘请相关部门、科研院所、社会组织的技术专家进行现场解说，对事故发生的不可抗力、救援实施的客观难度等进行详细说明，客观上有利于取得社会理解。其中：武汉中心气象台台长专业解释事发时江面龙卷风达12级是小概率事件，沉船事故属偶发事件；重庆船舶设计院院长专业解释船体侧面风压超抗覆能力，客观说明被龙卷风吹翻而发生事故是不可抗力；大连海事大学救助与打捞专业教授专业解释扶正过程中船体需要受力均匀，救援节奏不能过快；水弹性力学与船舶力学专家、中国工程院院士专业解释客船发生事故时发出求救信号的技术困难，增加救援实施时间的可接受度。

第二节 公共安全舆情风控的国际经验和研究方法

一、概述

舆情风控是风险管理中最为棘手的问题，各区域建立了公共关系组织以应对大范围的舆情风险，如欧洲公关联盟、泛太平洋公共关系协会。

舆情风控需关注风险信息传播。卡斯波森等人提出了风险的社会放大理论（social amplification of risk），该理论又称"社会涟漪效应"①，其主要观点是危险与社会、心理、制度、文化等相互作用，可能会放大或缩小公众对于风险事件的反应。放大分为两个阶段：关于风险的信息传递和社会的应对机制，其中每一个风险放大点称为社会放大站（包括传达风险的科学家、新闻媒体、文化团体等）。基于这样一种理念，卡斯波森本人带领下的学术团体对 128 项灾难案例和 6 个个案分别进行了定量分析和实地研究，得出了一系列有价值的试验性的结论，验证了风险社会放大框架的解释力，同时也为后续的经验研究提供了重要的参考。武尔佩等人正是在这一理论的基础上分析了欧洲 28 个国家人民对新冠病毒疫苗的犹豫效应，为疫苗普及提供理论基础②。风险的社会放大理论为舆情防控提供了理论基础，目前该理论已广泛地应用于风险影响与舆情防控之中。

随着互联网时代的到来，网络社交媒体平台为舆情风控提供了数据支撑。肯尼思等人依据推特数据，通过基于危机管理理论的风险沟通（CERC）模型对应急管理机构的影响进行分析，认为应急管理机构充分使用社交数据平台有利于舆情防控工作的开展③；科斯曼等人基于推特收集的数据，将风险的社会放大理论框架应用于公众对人工智能风险的感知机制，认为专家的公共定位是风险感知的真正推动者；阿德卡洛认为现有风险的社会放大理论中"谁"的因

---

① KASPERSON R E, RENN O, SLOVIC P, et al. The social amplification of risk: a conceptual framework. Risk analysis, 1988, 8 (2): 177-187.

② VULPE S N, RUGHINIS C. Social amplification of risk and "probable vaccine damage": a typology of vaccination beliefs in 28 European countries. MPRA paper, 2021.

③ KENNETH A, LACHLAN A, PATRIC R, SPENCE B, et al. Social media and crisis management: CERC, search strategies, and Twitter content-science direct. Computers in human behavior, 2016, 54: 647-652.

素忽略了影响公共卫生与安全风险沟通中社会放大（或衰减）过程的关键性基础因素和显性因素[①]，可进行一定的改进。

国际上现有的公共安全舆情风控方式主要分为三种：社交大数据、舆论引导、民意平台，各方式的情况对比如表7-13所示。

表7-13　公共安全舆情风控的方式对比

	社交大数据	舆论引导	民意平台
目标	挖掘社交舆情信息	形成正确、统一的舆论认识	提供民意阐述渠道
类别	定性分析/定量分析	—	—
结果	舆情图表或文本	新闻或公告	评价
优点	实时监测，智能化	可信度高	广泛征集意见
缺点	数据非规则化	容易引起副作用	形成新的舆论点
难度	偏难		
示例	情感分析法、词频统计、热度图	风险的社会放大理论、社会涟漪效应	盖洛普民意测验所

二、社交大数据：情感分析法

社交大数据是利用社交媒体平台的数据进行分析得到舆情信息的一类方法，情感分析法即为其中一种。情感分析法（sentiment analysis），又称倾向性分析、意见抽取、意见挖掘、主观分析，它是对带有情感色彩的主观性文本进行分析、处理、归纳和推理的过程。通过对热点话题的评论采用情感词分析，了解网民对这个热点话题的观点及态度，识别出其情感倾向及演化规律，更好地理解用户的行为，分析热点舆情，从而为政府、企业或其他机构的决策提供重要的依据。情感分析法的开展基于社交大数据，其实现过程依赖于计算机编程，通过叠加多个算法实现情感值的输出，其流程如图7-10所示。

三、舆论引导：风险的社会放大理论

舆论引导是指通过对舆论社会传播各个阶段的分析和引导对舆情进行防控的过程，其代表性理论是风险的社会放大理论。风险的社会放大理论

---

① ADEKOLA J. The role of power and expertise in social amplification of risk//Power and Risk in Policymaking. 2020.

```
            开始
             │
         网民评论信息
             │
         评论的预处理
             │
          是否为单句 ──否──┐
             │是           │
    ┌────────┴───┐    是否是由
   否           是    关联词组合成的 ──否──┐
 是否                  复句              │
 符合短语              │是               │
 模式            根据不同复句        单句情感值
  │              权值规则计算        累加计算
┌─┴──┐
仅有一个情感  按短语模式
词按单个情感  算法计算
倾向值赋值
  │
句型分析
  │
情感值权
重计算
             │
         情感值输出
             │
            结束
```

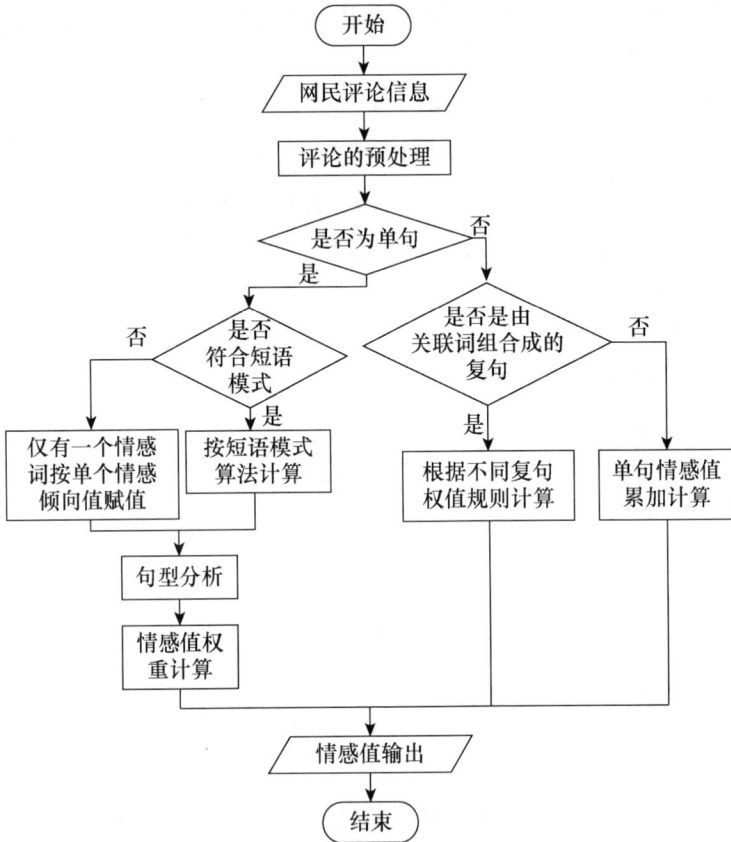

图 7-10　情感倾向值计算流程图

（social amplification of risk）由卡斯波森等人于 1988 年提出，该框架将风险的技术评估、风险感知和风险相关行为的心理学、社会学研究以及文化视角系统地联系起来，认为风险事件与心理的、社会的、制度的和文化的过程之间的相互作用会增强或减弱公众的风险感知度和相关的风险行为模式，以及继而产生的次级的社会或经济后果，也有可能增加或减少物理风险本身。次级效应激起对制度反应和保护行动的需求，或相反（风险减弱的情况下）阻碍必要的保护行动。这样，风险体验的社会结构和过程，对个体和群体认知产生的后果，以及这些反应对社区、社会和经济造成的影响，共同组成了一个风险的社会放大现象，如图 7-11 所示。

卡斯波森等人认为组成社会放大的信息系统和公众反应的特征是决定风险的本质和严重性的主要因素。信息通过社会以及个体"放大站"加工。"放大

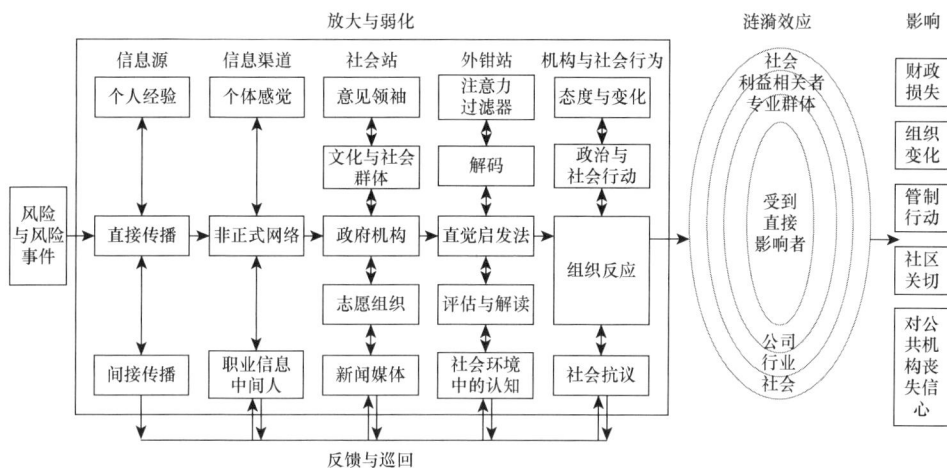

图 7 - 11　舆论风险的社会放大理论与涟漪效应

站"一般包括：技术评估专家、风险管理机构、大众媒体、社会团体中的舆论领袖、同辈和参考群体组成的个人网络等。"放大站"通过沟通渠道（媒体、信件、电话、直接交流）制造和传输信息，每一个信息接收者都参与放大过程进而成为"放大站"。基于此，舆论风险的放大机理可分为两个步骤：

第一步关注的是风险事件、各"放大站"之间的关系，以及"放大站"与公众感知和第一阶段行为反应之间的关系。在这一过程中进行信息过滤、信息编码、信息传递，将社会价值附于信息从而为管理和政策制定提供参考，与文化和同辈群体互动以理解和证实信息，形成忍受风险或采取行动抵制风险的行为意图。

第二步关注的是次级效应。在此，风险感知和行为的放大与次级影响之间具有直接的联系。根据卡斯波森等人的阐述，次级效应包括：持久的心理认知、图像和态度（反对技术的态度、对物理环境的疏离、社会冷漠、对环境或风险管理者的污名化），对地方经济活动的局部影响，政治和社会压力（如政治需求、政治气候和文化的变化），对其他技术的影响（如较低的公众接受度）和对社会制度的影响（如对公众信任的腐蚀），等等。次级效应扩散的模式也即"涟漪效应"①。一个不幸事件可类比为将一块石头扔进一个池塘，波纹向外扩散，首先波及直接受害者，然后是责任公司或部门，并到达其他的公司、部门和

---

① SLOVIC P. Perception of risk. Science，1987，236：280-285.

产业。

需要指出的是，风险的放大并不只有一个向度。卡斯波森等人在对风险放大的相关问题进行澄清时强调，风险放大的形成过程可以是扩大（放大）或降低（衰减）风险对社会造成的负担。风险的减弱也很重要。在日常生活中，风险减弱的例子随处可见，如吸烟等，由于低估和较少采取措施，同样可以导致潜在而严重的消极影响。风险的减弱是隐藏型灾难产生的根源。

四、民意平台：盖洛普民意测验所

民意平台是指通过搭建网络或实体部门的民意平台研究民意或提供民意阐述渠道的一种方法，盖洛普民意测验所即为其中之一。盖洛普民意测验所（Gallup Poll），又称美国舆论研究所（Institute of Public Administration），是美国最大的民意测验机构。盖洛普民意测验是指由盖洛普设计的用以调查民众的看法、意见和心态的一种测试方法。此方法产生于 20 世纪 30 年代，它根据年龄、性别、教育程度、职业、经济收入、宗教信仰等 6 个标准，在美国各州进行抽样问卷调查或电话访谈，然后对所得材料进行统计分析，得出的结果具有相当高的权威性。图 7 - 12 为根据盖洛普民意测验数据的综合国力变化示例图。

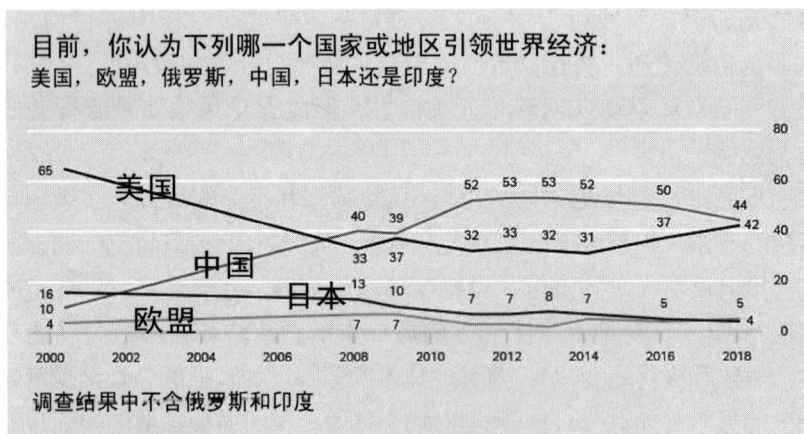

图 7 - 12　根据盖洛普民意测验数据的综合国力变化

第三节　公共安全舆情风控的经典案例分析或最佳标杆研究

◎ 公安新媒体在抗击疫情中的作用分析——以中国警察网为例

2020 年 2 月 24 日，中国警察网发布的一条"董存瑞外甥警察艾冬牺牲"微博上了当天新浪微博的"热搜榜"，位置仅次于"日本天皇寿宴如期举行"，排在第二位，远超一众明星。中国警察网这条微博的阅读量很快过了千万，各大媒体纷纷跟进报道。于是，北京市公安局法制总队信访支队民警、战斗英雄董存瑞的外甥艾冬，因急性脑出血不幸牺牲在抗击新冠肺炎疫情防控第一线的故事迅速传遍网络，网友们在感慨"革命家庭辈辈英雄"的同时，更多的是对牺牲在抗疫一线公安民警的致敬。

像这样的事例还有很多。自新冠肺炎疫情发生以来，网上最常见到的是两种颜色：白色和藏蓝色。白衣天使冲锋在前，不惧生死救死扶伤；人民警察忠诚奉献，不顾危险坚定守护。这其中，以中国警察网为代表的公安新媒体表现抢眼。

近年来，随着移动互联时代的到来，各类新媒体蓬勃发展，新闻舆论的主阵地逐渐由网下移到网上。公安机关作为政府中较早感知互联网效能的部门之一，提前介入新媒体领域，从早年的微博开始，到微信，再到抖音、快手、头条、B 站……公安新媒体蓬勃发展，几乎占据了政务新媒体的半壁江山，现已成为公安机关政务信息公开、沟通服务群众的主要渠道。

中国警察网是公安部主管、人民公安报社主办的大型综合性门户网站，也是全国公安唯一拥有互联网新闻信息服务许可证的网站，被中宣部和中央网信办确定为 26 家中央级新闻网站可转载信源之一。近年来，中国警察网在新媒体建设方面一直全力推进，在 14 个平台上开通 37 个号和 1 个客户端，粉丝总数近 4 000 万。自新冠肺炎疫情发生以来，中国警察网火力全开，每天发布各类文图视频约 500 条，日均阅读量（播放量）近 1 亿，在主流舆论场中牢牢占据了一席之地，发挥了重要作用。

作用一：贯通上下，传递解读

抗疫期间，中央政治局多次召开常委会，研究应对新冠肺炎疫情工作，强调要做好宣传教育和舆论引导工作，统筹网上网下、国内国际、大事小事，强信心、暖人心、聚民心，更好维护社会大局稳定；要提高新闻舆论工作的有效性，做好党中央重大决策部署的宣传解读，深入报道各地统筹推进疫情防控的好经验好做法，完善疫情信息发布，广泛宣传抗疫一线的感人事迹，主动回应社会关切。

毋庸置疑，新冠肺炎疫情发生以来，如何打赢疫情防控的人民战争、总体战、阻击战，成为全国最大的新闻场。加上移动互联时代，每个人面前都有麦克风，各种声音纷至沓来，热闹非凡。

如何在众说纷纭中听到党的声音？

让我们来看看中国警察网是怎么做的。

——及时发布。中国警察网紧跟中央主流媒体，充分发挥了贯通上下的作用，利用《人民公安报》和中国警察网微博、微信（人民公安报社的官方新媒体账号均由中国警察网代运维），及时将党中央的声音特别是习近平总书记关于疫情防控的系列重要讲话、重要指示精神传递到全警、全社会，并及时配发评论员文章，迅速传达和做好解读。同时，收集、归纳各地民警辅警学习领会、贯彻落实的反响反映，进行二次传播，为统一全警思想做好扎实的舆论工作。

——及时传递。第一时间将国务委员、公安部党委书记、部长赵克志和公安部党委对全警如何打好疫情防控阻击战、依法开展疫情防控工作和关心关爱民警辅警工作提出的明确要求推送上网。为了保障抗疫一线民警辅警的安全，公安部通过中国警察网及时发布了《公安机关应对疫情防护实操指引》系列微视频和《公安民警疫情应对身心健康手册》，阅读量和播放量均在百万以上。

——及时解读。在疫情防控的不同阶段，相关部门出台了一系列制度、规定和通知要求。作为全国公安的门户网站，中国警察网责无旁贷地担负起了政策法规解读的任务。比如最高人民法院、最高人民检察院、公安部、司法部联合下发《关于依法惩治妨害新型冠状病毒感染肺炎疫情防控违法犯罪的意见》；教育部发布 2020 年第 1 号预警——《全国治理教育乱收费联席会议办公室关于谨防有人利用疫情防控期间线上教学名义进行网上收费诈骗的预警》。

作用二：凝聚警心，激励斗志

"我将和我的战友共同守护火神山医院，有我们在，请全国人民放心。" 2020 年 2 月 1 日，武汉火神山医院警务室责任民警燕占飞面对中国警察网记者的镜头，向全国人民作出承诺。

《孙子兵法》云：上下同欲者胜。

　　新冠肺炎疫情是新中国成立以来在我国发生的传播速度最快、感染范围最广、防控难度最大的一次重大突发公共卫生事件。疫情阻击战一打响，中国警察网就敏锐意识到这是一个大新闻场，立即在网站开设了"众志成城 坚决打赢疫情防控阻击战"的专题，设置了要闻、人物、视频、众志成城、重要言论、疫情通报、防控知识、辟谣等栏目；在微信端开设了"战疫报道"专题，全面展示全国公安抗击疫情的感人故事。

　　——用一线的感人故事激励全警。《人民公安报》、中国警察网有4名党员记者在湖北武汉连续奋战了89天。在这个没有硝烟的战场上，他们始终与一线民警辅警并肩作战，发回了数百篇独家报道。根据武汉前方拍摄素材制作的新媒体作品总播放量达5.02亿次，围绕方舱医院、武汉解封等主题策划的直播活动累计观看人次达1 227万。中国警察网利用新媒体平台"放大器""倍增器"的作用，将这些新鲜、独家、感人的报道，多平台推送，在网上引发广泛好评。专题"众志成城 坚决打赢疫情防控阻击战"网络版和手机版点击量达8 800万。微博话题"疫情当前 警察不退"阅读量12.3亿人次。武汉一线的民警辅警既为全国其他地方的战友树立了榜样，也向广大群众展示了危难时刻公安民警的担当和勇气。

　　——用群众的暖心之举鼓舞士气。蹲着吃饭的民警身后，路人一个默默地鞠躬；派出所接警台前，小伙突然放下两盒口罩；执勤点的警车旁，男子丢下两大袋东西就跑；警务室里，一位外国留学生放下一叠现金扭头就走……中国警察网敏锐地捕捉到这些温暖人心的细节，通过新媒体特别是短视频的方式，呈现给全警和广大网友。民警们纷纷表示被感动，也增添了他们战胜疫情的决心和勇气。截至2020年2月29日，中国警察网有50个新媒体作品被学习强国、人民号、央视频、人民日报全国党媒信息公共平台等在首页推荐，有的直接引爆网络。如快手短视频《你别跑，我就是想对你说声谢谢!》，单条点赞数过千万、播放量达8 668万。

　　——用不同形式的宣传激发斗志。《明人不说暗话，我想见你》让16个熊猫警探抗疫表情包迅速走红；全网首发12期《抗疫漫笔》，以九宫格漫画的形式，嬉笑怒骂间传递着正能量；每天一张"战疫日记"海报，讲述平凡人的不平凡故事；到武汉方舱医院进行现场直播，现场感受一线民警辅警的坚守不易；还有H5、vlog、动图……中国警察网利用各种形式，来动员发动，来鼓劲打气，来激励斗志。

——用多种体裁的文艺作品助力战"疫"。全国公安文联还动员所属会员，积极开展文艺创作活动，将大量优秀的诗歌、散文、歌曲、朗诵、摄影、书画作品通过中国警察网对外展播，让广大民警辅警和群众都能感受到文艺的力量，一起助力战"疫"。

作用三：讴歌英雄，展示形象

"我有一壶酒，足以慰风尘。警中有禁令，多年未沾唇。赤心战魍魉，年损数百人。巍巍烈士陵，一日一新坟。"曾经，这首诗在网上流传甚广。

习近平总书记曾经说过，公安队伍是和平年代牺牲最多、奉献最大的一支队伍。新冠肺炎疫情发生以来，公安机关的工作任务陡增：既要保持原先的打击犯罪、服务群众任务不变，又要执行好疫情防控的各项指令，维持好社会秩序。短短一个多月时间，全国公安就有 49 位民警辅警牺牲在抗疫一线。湖北省有 400 余位民警辅警感染新冠病毒，其中有 4 名民警因感染新冠病毒去世。

时代呼唤英雄，而这些在大灾大难面前逆行而上的人，就是英雄。宣传报道好他们的英雄事迹是公安宣传部门义不容辞的责任。作为全国公安网络宣传主阵地的中国警察网理所当然冲在前面，充分利用各个新媒体平台的特点，多方位、多角度、多形式地讴歌英雄，让老百姓真切地感受到这支队伍的付出与贡献。

——微博平台：主动设置议题，及时跟进发布。2020 年 2 月 1 日，"8 名警察牺牲在疫情防控一线"话题登上了新浪微博热搜榜第一的位置，而中国警察网主持的微博话题"疫情当前 警察不退"的阅读量达 12.3 亿人次，参与讨论的人数达 32.7 万。

——微信平台：以小见大，用故事打动人。将因公牺牲的民警辅警的事迹重磅推出，基本都在头条位置；将抗疫一线平凡民警辅警的"不平凡"故事做成"早安帖"，成为广大网友每个工作日的必备"早餐"；将每周抗疫中的感人和搞笑场景汇聚到"敬言茶舍"，成为全警的"周末减压器"。

——抖音、快手平台：展示细节，直击人心。深夜冻得跺脚、做操的执勤民警；站在小板凳上拿着小喇叭对着楼下喊"爸爸"的民警女儿；拄着拐棍仍坚守在卡点的"铁拐杨"……现场画面配上不同的背景音乐和提纲挈领的字幕提示，将抗疫一线发生的点点滴滴很具象地呈现给广大网民。中国警察网抖音号和快手号创造了多个单日短视频播放量过亿的纪录，同时助推"疫情当前 警察不退"快手话题播放量超 107 亿、抖音话题播放量超 28 亿。

…………

从第一位抗疫牺牲的民警——山东泰安民警李弦开始，中国警察网每天推出两张"一线抗疫英雄谱"海报，在微博、微信、学习强国、今日头条、人民号、百度百家号等平台推出。这其中，有因公牺牲的民警辅警，也有战斗在一线的先进集体和个人。每天，全国公安新媒体矩阵都会组织各省、市、区（县）公安机关的官方新媒体账号联动转发，将英雄事迹广为传播，在网上形成一浪高过一浪的宣传热潮，极大地推动"亲民爱民、无私奉献、守护平安"的公安形象深入人心。

作用四：维护秩序，净化空间

疫情防控期间，虽然很多城市被按下了"暂停键"，但一小撮"坏人"并没有消停，他们利用人们急切购买防护用品的心理，销售假口罩，实施网络诈骗，四处散播谣言，强行闯卡，肆意破坏防控设施……甚至有的人认为警察们都忙着防疫去了，竟然做起了毒品交易。

违法不分网上网下，犯罪没有疫内疫外。

以中国警察网为代表的公安新媒体主动站了出来。

——权威发布，稳定民心警心。《公安部：依法严厉打击妨害疫情防控和复工复产犯罪活动》《公安机关依法严厉打击利用疫情哄抬物价犯罪活动》《公安部政治部：采取切实有效措施进一步关爱民警辅警》《公安部交管局：有序恢复窗口服务　切实保障复工复产》《支持行业企业复工复产，国家移民管理局出台十项新措施》……一系列权威信息通过中国警察网等公安新媒体及时对外发布，有效地稳定了民心和警心。

——以案说法，普及法律知识。隔离期间聚众赌博，销售假劣口罩，利用疫情实施网络诈骗，殴打辱骂卡点执勤人员……针对种种违法犯罪行为，中国警察网设计了一个"日签"模板，每天选取一个新近发生的真实案例，制成海报发布，以案说法，警醒大众。

——友情提示，做好防控防护。"不信谣、不传谣""拒绝野味""做好防护""在线消毒""不聚会、不串门""开窗通风""强身健体""配合检查"……中国警察网原创的 16 个熊猫警探表情包一经推出，就受到广大网友的热烈欢迎。拍摄制作如何洗手、正确戴口罩等安全防护小视频，通过抖音、快手等短视频平台播出，网友纷纷点赞。

——展示战果，震慑魑魅魍魉。公安部食品药品犯罪侦查局公布：截至 2020 年 3 月 1 日，全国公安机关侦办涉及野生动物的刑事案件 948 起，收缴野生动物 9.2 万头（只）；山东宣判首例涉嫌妨害传染病防治案；隐瞒病情接触史，造成他人感染的嫌疑人被刑事处理；潜逃了 10 多年、20 多年的逃犯，因为疫情防控过于严格而不得不到公安机关投案自首……既有官方发布的战果战况，也有各地的"疫"外收获。中国警察网发布的这些警方严打涉疫违法犯罪的消息和故事，既让老百姓拍手称快，也有效地震慑了违法犯罪。

——设计工具，及时辟谣止谣。"喝酒能防疫""京东司机感染新冠肺炎死亡""韩国人来青岛不用强制隔离""快递会传播新冠肺炎"……中国警察网联合清博大数据，开发设计了一款在线实时查询工具——"疫情谣言粉碎机"，方便网民快速查找、识别谣言，进而不信谣、不传谣。一些关注度高、影响较大的谣言，中国警察网还会第一时间专门发文辟谣，及时公布处理结果，有效净化网络空间。

——拓展合作，推出便民惠警服务。战"疫"过程中，中国警察网注重多领域拓展，助力"微心战疫"，免费开通了面向全国公安民警辅警的心理关怀专属通道；通过公安部新闻宣传局，梳理出"疫情应对手册"，供全警和群众学习、下载；和国家移民局合作，推出"出入境信息一键通"，为疫情期间的出入境人员提供便捷服务；联合清博大数据，推出了防疫小工具，可以便捷准确查询疫情信息，提供同程人员查询、知识问答等；携手华图教育，为民警辅警家庭准备了专属免费课程。

第八章
公共安全风险共治

第一节　公共安全风险共治的机理和要务

一、公共安全风险共治的基本原理

风险共治是指与存在利益相关或责任关联的主体（其他组织或个人），共同承担风险损失、分担风险管理责任和风险事件后果，共同开展风险治理工作和参与风险治理活动的行为。风险共治与风险所有权紧密相关。风险所有权是指公共安全风险治理中各相关部门、单位、人员应尽的职责。多元主体在明确各自风险所有权的基础上，还应共同承担应急管理和风险治理的相关责任义务，以期形成优势互补、信息互通、共建共治共享的风险治理格局。

公共安全风险共治，应坚持责任共担、优势互补的两个原则。一是责任共担的原则：基于各社会主体的能力和职责，需对整体的公共安全和社会风险管理责任予以切割和分担，一部分由主责部门自留承担，一部分由主责部门分割或转移出去，让其他部门承担，还有一部分由主责部门和其他部门紧密合作来共同承担。二是优势互补的原则：社会主体各有优势和劣势，其中党委政府有权威性和内部的整合力，但是专业性和人数规模存在劣势；社会组织具有专业性优势，但是权威性和人力资源方面有欠缺；广大民众虽然在权威性和专业性上明显不足，但在人数和规模上具有绝对优势，因此，若能调动民众承担应急管理和防灾减灾的社会责任的积极性，则能充分发挥占人数规模绝对优势的"人海战术"，能有效弥补党政和社会组织的人力不足。

风险共治的核心是风险共担，与风险自留相反，其实质是将风险转移给其他主体，因此风险共治一般也可理解为风险转移，转移后的风险所有权发生改变。转移风险不会降低其可能的严重程度，只是从一方移除后转移到另一方，根据形式可分为直接转移和间接转移（见表 8-1）。直接转移是指组织或个人将与风险有关的财产或业务直接转移给他人，主要包括转让和转包等；间接转移是指组织或个人在不转移财产或业务本身的前提下，将与财产或业务有关的风险转移给他人，主要包括租赁、保证、保险、签订责任免除协议等。

表 8-1　风险共担（风险转移）的主要形式

分类	主要形式	内涵
直接转移	转让	可能面临风险的标的，通过买卖或赠与的方式将标的的所有权让渡给他人。
	转包	可能面临风险的标的，通过承包的方式将标的经营管理权让渡给他人。
间接转移	租赁	通过出租财产或业务的方式将与该财产或业务有关的风险转移给承租人。
	保证	保证人和债权人约定，当债务人不履行债务时，保证人按照约定履行债务或者承担责任的行为。
	保险与协议	通过支付保费购买保险，将自身面临的风险转移给保险公司的行为；签订责任免除协议，是在不转移带有风险的活动的前提下，通过订立免除责任的协议而转移责任风险。

二、公共安全风险共治的主体和机制

在我国，公共安全风险共治坚持政府主导、社会协同、全员参与的原则，坚持各级政府在防灾减灾救灾工作中的主导地位，在党的领导下实现政府和社会优势互补、良性互动，同时创新专群结合、组织发动群众的思路和方式，充分发挥人民群众、市场机制、社会力量的重要作用，充分调动群众的积极性、主动性和创造性，更加注重发挥市场机制作用，完善各方联动机制，加强区域协同、城乡协同、行业领域协同、军地协同。

（一）人民群众的自发参与和基层自治

人民群众是突发事件的直接利益相关主体，是风险共治的最主要力量；每一个民众自发参与到应急管理与风险治理的工作中，是风险共治的最重要形式。"基础不牢，地动山摇；基础扎实，坚如磐石。"突发事件大多首先发生在基层，第一时间的应对也主要在基层。基层是应急管理的前沿阵地，是发动人民群众参与应急管理工作的重要依托。2015 年 5 月 29 日，习近平总书记在中共中央政治局就健全公共安全体系进行第二十三次集体学习时强调，各级常委和政府要切实肩负起"促一方发展、保一方平安"的政治责任，把基层一线作为公共安全的主战场，重心下移、力量下沉、保障下倾；2020 年新冠肺炎疫情发生后，习近平总书记多次强调，社区是疫情联防联控的第一线，也是外防输入、内防扩散最有效的防线，要充分发挥社区在疫情防控中的重要作用，充分发挥基层党组织战斗堡垒作用和党员先锋模范作用，防控力量要向社区下沉，加强社区防控措施的落实，使所有社区成为疫情防控的坚强堡垒。

面对日益严峻的公共安全形势，加强基层应急管理工作，发动人民群众开展基层自治，以夯实应急管理和风险治理的社会基础，是当前人民群众参与风险共治的做法。以平安中国建设为例，以创新基层社会治理为基础，把小矛盾小问题解决在基层，坚持和发展新时代"枫桥经验"，推动"枫桥经验"由乡村治理向城镇社区治理延伸、由社会治安向各个领域扩展，健全基层社会治理体系，不断夯实平安中国建设的根基。一要建强基层组织。发挥基层党组织核心作用，总结推广党支部党小组建在网格上、建立区域化党建协调机制等经验，推动形成党建网格与平安网格"双网融合"、基层党建与平安建设互促互进的良好局面。发挥基层自治基础作用，健全完善充满活力的基层群众自治制度，在城乡社区治理、基层公共事务中实现自我管理、自我服务、自我教育、自我监督。把网格作为基层社会治理的基本单元，探索"社区＋物业"工作新机制，推动基层治理力量真正落到每个楼（门）栋、每个家庭，激活社会治理体系的基层细胞。二要夯实基础工作。深入推进基础工作信息化、规范化、精细化，加强综治中心标准化、实体化建设，推进社会矛盾纠纷调处中心建设，统筹好公安派出所、社区警务站、检察室、人民法庭、司法所、信访等基层资源力量，做实基层治理实战化平台。三要提升基本能力。提高政治能力，增强政治敏锐性和政治鉴别力。提高改革攻坚能力，善于用改革的思路破解难题，用创新的举措推动落实。提高依法办事能力，善于运用法治思维谋划推动工作，用法治方式化解矛盾、防控风险、维护稳定。提高群众工作能力，善于用群众喜闻乐见、易于接受的方法组织发动群众。提高应急处突能力，坚持"平战结合"理念，健全平战迅速切换的指挥响应机制，有效处置各类突发事件。

英国是社区建设的发源地，早期的社区建设具有较强的自发性质。随着社区在社会问题和社会挑战中作用的日益提升，英国政府越来越重视社区在应急管理体系中的作用和地位，具体表现为：第一，完善社区服务中心功能，英国政府将社区服务中心作为社区宣传减灾救灾知识的重要阵地，社区服务中心与政府机构、非营利组织、慈善机构和志愿者一起，构成了完善的社区服务网络；第二，建立"我为人人，人人为我"的社区互动减灾救灾模式，在社区减灾救灾建设中，协调政府、社会组织和个人的力量，以"联合生产"的方式，通过充分沟通协作，共同管理社区公共事务，提供社区公共服务，社区居民在社区运作中同时充当设计者、提供者和使用者；第三，建立"社区防灾数据库"来推广好的经验和做法，在系统抗灾力这一理念指导下，社区系统性学习、改进与创新具体做法，英国政府在内阁办公室内成立"社区防灾论坛"，专门搜集英国境内社区在减灾救灾中的成功案例，并分析和总结各自成功的经验和主要做法，信息上传到全国统一的网站上，以帮助社区形成应对灾害的成熟预案和社区快速回应灾害的能力；第四，建立"社区应急方案模板"以形成统一、完整的社区应急方案保障体系，该模板包括社区风险评估、社区资源和技能评估、应急避难场所地址选取、应急联系人员、沟通联系方式"树状图"、社区中可提供服务的组织机构名称、应急响应机制、社区应急小组会议地点、联络中断的备用方案等；第五，建立"社区灾害回馈机制"，英国社区充分利用"社区灵活论坛"平台，定期召开由消防、警察、地方医疗机构等组成的"社区灾害回应员"群体会议，分析和排查社区里的灾害隐患，并帮助补充形成完整的应急方案。

（二）专家队伍的作用发挥和智库建设

应急管理的专家队伍具备专业优势和专业权威，覆盖高等院校、研究机构、咨询部门、咨询公司、企事业单位等的应急、科技、管理、法律、新闻、技术等应急管理与风险治理各相关行业领域的专家，是风险共治的重要力量和资源。基于此，应加强应急管理专家队伍建设，充分挖掘和发挥专家的作用和价值。

总体而言，专家队伍的主要职责是：为应对突发事件提供决策咨询和工作建议，必要时参加突发事件应急处置的技术援助工作，充分发挥各领域专家在决策咨询、战略参谋、标准制定、安全诊断、应急会商等方面的作用，为应急管理提供科学有效的理论支撑和经验研究，与政府部门共同探讨和解决具有重大理论、现实意义的应急管理问题。一是通过发挥专家的咨询参谋作用，促进应急管理按照科学规律办事，提高决策科学化程度，做到科学决策、科学执行。二是通过专家可以对突发事件进行识别、评估和风险评价，提出针对具体突发事件的处置方案和措施，并参与处置突发事件的行动过程。三是通过组织各领域专家，有针对性地研究危险源识别、预防、监测、控制、应急救援等环节的核心技术，有利于加快应急管理研究成果的转化利用，推动公共安全科技发展。四是通过专家对突发事件进行释疑解惑，有利于帮助提高公众心理防御能力，缓解心理压力，克服精神障碍，消除突发事件带来的精神后遗症。

从全球实践来看，加强应急专家队伍建设，具体工作一般包括：政府及其有关部门开展专家信息收集、分类、建档工作，建立相应数据库，逐步完善专家信息共享机制，形成分级分类、覆盖全面的应急专家资源信息网络；加强应急管理智库建设，培育由专家组成的多学科的，为决策者在处理社会、经济、科技、军事、外交等各方面问题上出谋划策，提供最佳理论、策略、方法、思想等的公共研究机构；完善专家参与预警、指挥、救援、救治和恢复重建等危机决策咨询工作的机制，开展专家会商、研判、培训和演练等活动。

2005 年，我国正式组建应急管理专家组，这不仅是应急管理工作实践经验的深刻总结、全面加强应急管理工作的内在要求，更是应急管理工作实行科学民主决策的需要和实施人才战略的重要举措。应急专家组第一批专家共 40 名，涉及自然灾害、事故灾难、公共卫生、社会安全和综合管理 5 大类 33 个领域。自"十一五"规划开始，应急管理专家全面参与提升我国应急管理能力的各方面工作，专家组及广大科技工作者加强应对和处置各类突发公共事件的技术研究，为应急管理工作提供决策咨询和技术支撑；加强应急管理工作的理论研究，为建立健全应急体系献计献策；大力推进公共安全学科建设，加快应急管理人才培养。之后逐步形成国务院应急管理专家组、国家减灾委专家委员会、国家安全生产专家组等国家级的专家智库。其中，国家减灾委专家委员会是国家减灾委员会领导下的专家组织，为我国的减灾工作提供政策咨询、理论指导、技术支持和科学研究，现国家减灾委专家委员会由 38 位委员和若干位专家组成，分为应急响应、战略政策、风险管理、空间科技与信息、宣传教育和减灾工程6 个专家组，基本涵盖防灾减灾领域的所有专业，具有广泛的代表性。针对危化品安全生产的难点问题，我国持续组织开展专家指导服务，帮助地方政府和企业解决管理和技术方面的难题。2019 年，应急管理部部署全面展开危险化学品重点县专家指导服务和化工专家聘任工作。国务院安委会印发《关于危险化学品重点县聘任化工专家工作的指导意见》，指导推动地方政府加强专业能力建设，快速提升危险化学品安全监管水平。

（三）社会力量的有机协同和有序参与

能够有效参与突发事件应急管理的社会力量主要有社会组织、社会工作者、社区自治组织、社区群众、企业和志愿者等，组织灵活多样，具有亲和力，往往更加靠近突发事件现场，是应急管理的重要力量，也是风险共治的重要支撑。

根据应急管理、防灾减灾救灾等工作不同阶段的任务和特点，支持和引导社会力量充分发挥优势，积极参与，具体包括：（1）常态减灾阶段：积极鼓励和支持社会力量参与日常减灾各项工作，注重发挥社会力量在人力、技术、资金、装备等方面的优势，支持社会力量参与或组织面向社会公众尤其是在中小学校、城乡社区、工矿企业开展防灾减灾知识宣传教育和技能培训，协助做好灾害隐患点的排查和治理，参与社区灾害风险评估、编制灾害风险隐患分布图、制订救灾应急预案，协同开展形式多样的救灾应急演练，着力提升基层单位、城乡社区的综合减灾能力和公众防灾减灾意识及自救互救技能；（2）紧急救援阶段：突出救援效率，统筹引导具有救援专业设备和技能的社会力量有序参与，注重发挥灾区当地社会力量的作用，协同开展人员搜救、伤病员紧急运送与救治、紧急救援物资运输、受灾人员紧急转移安置、救灾物资接收发放、灾害现场清理、疫病防控、紧急救援人员后勤服务保障等工作，不提倡其他社会力量在紧急救援阶段自行进入灾区；（3）过渡安置阶段：有序引导社会力量进入灾区，注重支持社会力量协助灾区政府开展受灾群众安置、伤病员照料、救灾物资发放、特殊困难人员扶助、受灾群众心理抚慰、环境清理、卫生防疫等工作，扶助受灾群众恢复生产生活，帮助灾区逐步恢复正常社会秩序；（4）恢复重建阶段：帮助社会力量及时了解灾区恢复重建需求，支持社会力量参与重建工作，重点是参与居民住房、学校、医院等民生重建项目，以及参与社区重建、生计恢复、心理康复和防灾减灾等领域的恢复重建工作，鼓励和引导具有救灾宗旨的基金会、慈善组织等社会组织以及爱心企业、社会公众，根据灾区需求参与救灾捐赠活动，倡导以捐赠资金为主，募集资金主要用于帮助灾区做好抢险救灾、灾后恢复重建等工作。

我国积极推动社会力量全方位地参与减灾救灾、应急救援、灾后重建等工作。国务院办公厅印发的《国家综合防灾减灾规划（2016—2020年）》（国办发〔2016〕104号）提出，加强对社会力量参与防灾减灾救灾工作的引导和支持，完善社会力量参与防灾减灾救灾政策，健全动员协调机制，建立服务平台；加快研究和推进政府购买防灾减灾救灾社会服务等相关措施。民政部等部门高度重视发挥包括志愿者在内的社会力量作用，采取多种措施支持引导社会力量有序参与，提升救灾工作整体水平。2009年民政部出台《关于加强救灾应急体系建设的指导意见》，提出要坚持政府主导和社会参与相结合的原则；2015年10月民政部出台《关于支持引导社会力量参与救灾工作的指导意见》（民发

〔2015〕188 号），要求把支持引导社会力量参与救灾作为创新和完善社会治理的重要手段，支持引导社会力量在常态减灾、紧急救援、过渡安置和恢复重建阶段积极发挥作用。

支持引导社会力量参与应急管理、防灾救灾、处置救援等工作，应坚持"政府主导、统筹协调，鼓励支持、引导规范，效率优先、就近就便，自愿参与、自助为主"的基本原则，政府作为责任主体应履行统一指挥、综合协调的职责，通过政策保障、资金支持、完善服务、激励表彰等方式，鼓励和支持社会力量与有关部门加强联系，因地制宜、因时制宜、量力而行、就近就便参与，自愿参与而不摊派任务，具备一定的专业能力和自我保障能力。党政部门在支持引导社会力量参与的过程中，应以社会力量参与救灾面临的问题和需求为导向，完善支持引导社会力量有机协同、有序参与的保障条件，具体包括：第一，完善政策体系，结合各地工作实际和相关部门工作职责，研究制定社会力量参与的有关政策法规、支持措施、监督办法，制定社会力量参与的工作预案和操作规程；第二，搭建服务平台，争取建立常设的社会力量参与的协调机构或服务平台，为灾区政府、社会力量、受灾群众、社会公众、媒体等相关各方搭建沟通服务的桥梁；第三，提供支持补贴，积极协调财政等有关部门将社会力量参与防灾减灾救灾纳入政府购买服务范围，制定政府购置救灾设备、装备提供给社会力量用于救灾的办法；第四，强化信息导向，按照灾害属地管理原则，汇总整理属地参与救灾的有关社会力量基本情况，分类建立系统、规范的社会力量信息数据库，为科学调度、有序协调社会力量参与救灾提供信息支持；第五，加强监督管理，强化对社会力量参与救灾行动的指导和监督，推动社会组织强化自律，建立健全行业标准和行为准则，严格落实救灾捐赠信息公开制度；第六，加强队伍建设，指导社会应急力量开展多种形式的培训、训练和演练活动，组织社会应急力量的技能竞赛活动，系统筹划社会应急力量的培训选拔工作，推动形成社会应急力量人才梯队。

（四）市场主体的参与和安全产业发展

生产经营单位等市场主体作为社会治理的主体，在安全产业的发展下发挥风险共治的作用。安全产业是为风险预防、应急准备、监测预警、处置救援、安全生产、防灾减灾提供专用产品和服务的产业，是国家重点支持的战略产业。发展安全产业能为防范和应对突发事件提供物质保障、技术支撑和专业服务，提升基础设施和生产经营单位本质安全水平，提升突发事件应急救援能力，提升全社会抵御风险能力，对于保障人民群众生命财产安全、维护国家公共安全具有重要意义。此外，发展应急产业是提升应急技术装备核心竞争力、带动相关行业领域自主创新和技术进步的重要途径，是培育新的经济增长点、调整优化产业结构、增强经济活力、扩大社会就业的重要内容，具有多方面的社会效益。

自 2012 年以来，我国高度重视安全产业发展，2014 年出台《国务院办公厅关于加快应急产业发展的意见》（国办发〔2014〕63 号），2018 年工业和信息化部、应急管理部、财政部、科技部联合出台《关于加快安全产业发展的指导意见》（工信部联安全〔2018〕111 号）。在国家的大力支持下，安全产业作为战略产业逐渐发展壮大，正在进入良性发展的阶段；同时，各地方也对安全产业逐步重视，根据各自发展优势，进行差异化发展，对有产业优势、区位优势和突发事件易发地区，鼓励发展安全产业，安全产业示范园区和应急产业示范基地建设竞相展开。根据《中国安全和应急产业地图白皮书（2020 年)》，我国安全产业目前已经初步呈现出集群化分布特征，形成"两带一轴"的两业融合总体空间格局。第一带是北起吉林省长春市、南至广东省深圳市，从长白山沿海南下，直至珠江口的产业"东部发展带"；第二带是西起新疆乌鲁木齐、南下至贵州贵阳，从天山脚下到云贵高原的产业"西部崛起带"；一轴则是指由安徽省合肥市到湖南省长沙市，包含安徽、江西、湖北、湖南中部四省的"中部产业连接轴"。这些地区依托原有资源和产业基础、人才优势，大力推进安全产业和应急产业融合发展。自 2009 年我国首个国家级安全应急产业基地批准建设以来，我国陆续建设了 11 个国家安全产业示范园区（含创建单位）和 20 个国家应急产业示范基地。产业园区主要分布在东部地区，园区的发展或以科研技术为支撑，或以配套服务为平台，或以市场需求为导向。重点园区中尤其以徐州、合肥、南海、西安、温州、唐山等发展最为迅速，其中徐州是打造领跑全国的园区标杆，合肥是信息技术引领的典范，南海是积极筑造智能制造与安全服务的高地，西安是构建西部产业发展的桥头堡，温州是全力打造应急安全融合发展的集群，唐山是智能应急装备制造的基地。

三、公共安全风险共治的理念和模式

在实践中，公共安全风险共治在不断优化理念、完善模式，以提升治理的效果和效能；在全球范围内，日本防灾减灾的"自助-共助-公助"理念、美国

应急的"全社会参与"理念、西方社区安全的"邻里守望"模式、我国基层治理的"三治融合"是具有典型性和代表性的公共安全风险共治模式。

（一）日本防灾减灾的"自助-共助-公助"理念

日本公共安全风险共治的"自助-共助-公助"理念由政府提出并达成社会共识，与日本"地方分权自治"传统一脉相承，与社会大众防灾教育成效相契合，并在日本应对地震、海啸等灾害中不断总结反思并通过完善法律和优化制度得以落实。

"自助-共助-公助"是指，无论是事前预防还是事后救助，均需依靠本人和家人的力量来保障生命财产安全的"自助"，依靠邻居互助及社会组织、志愿者团体等力量互相帮助的"共助"，依靠由国家、都道府县、市町村、行政相关组织等公共机构进行救助救援活动的"公助"，三者须协同一致发挥合力，才能将灾害损失降到最低。

"自助-共助-公助"的理念源于1995年阪神大地震。阪神大地震后的救援主体调查结果显示，34.9%的人依靠自救获生、31.9%的人依靠家人获救、28.1%的人依靠朋友和邻居获救，依靠救援队获救的仅有1.7%。图8-1显示了阪神大地震中的救灾主体及救助人数情况。自此，日本社会开始形成一种共识：灾害面前，民众个人和家庭的自助、社区邻里和志愿者的共助、政府和公共机构的公助，三者必须协同一致，发挥合力，才能将灾害损失降到最小范围。阪神大地震后日本对防灾减灾的国家根本大法《灾害对策法》进行修改，在以前强调国家、地方自治体等的公共救助的基础上，将社会组织的"共助"和国民个人的"自助"纳入法律中。

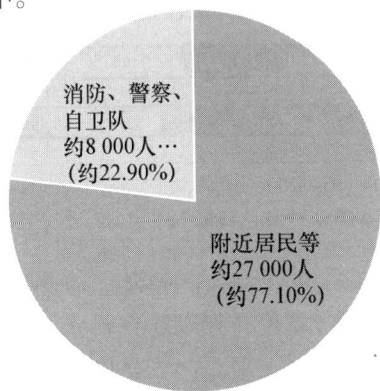

图8-1　阪神大地震中的救灾主体及救助人数

2011 年的"3·11"东日本大地震后,日本国民的防灾主体意识进一步提升,对于"自助-共助-公助"的理解和认知更加深刻。根据 2018 年 1 月日本内阁府发布的《防灾舆论调查》,39.8%的人认为灾害发生时应更关注"自助",24.5%的人认为应更关注"共助",仅有 6.2%的人认为应更关注"公助",另有 28.8%的人认为"自助"、"共助"和"公助"之间应有所平衡。相比于 2013 年度实施的调查,日本国民对"自助"的重要性认知上升了 18.1%,对"共助"的重要性认知上升了 13.9%,而对"公助"的重要性认知下降了 2.1%,这说明大多数日本国民已逐步培养出"将防灾当作自己的事"的主体意识,而非被动地等待政府救济(见图 8-2)。

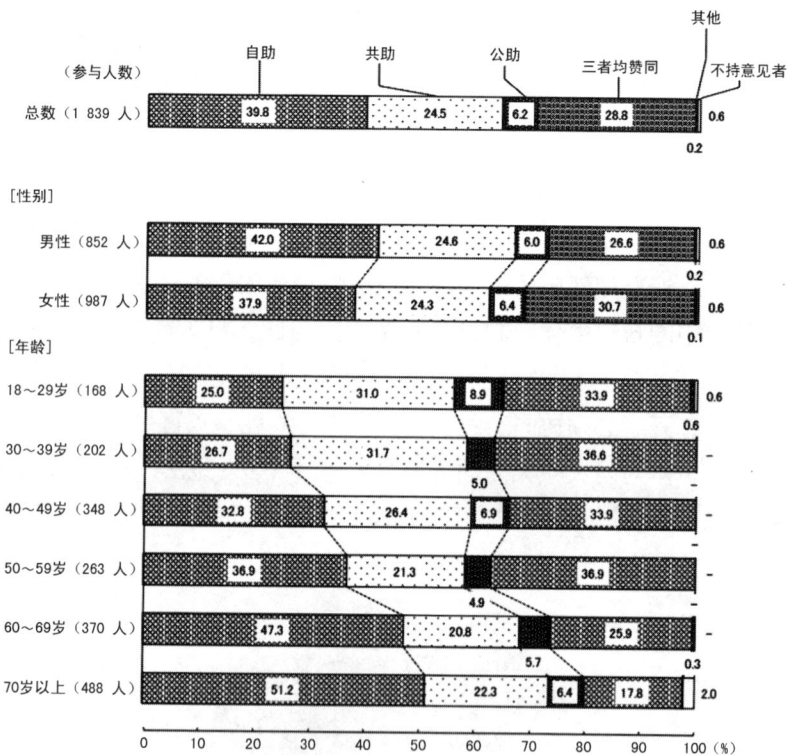

图 8-2 日本民众针对"自助"、"共助"和"公助"的看法

基于"自助-共助-公助"的理念,日本基层的防灾减灾救灾高度发达并发挥实效:一是日本家庭和生产单位在建筑防灾设计、应急物资储备、紧急自救能力等方面的意识强、储备足、水平高;二是建立了专职和兼职相结合的应急

队伍，地方政府的警察、消防署员、陆上自卫队等专职应急救援队伍高度发达并方便可及，在各地市町村和社区存在大量自治会、町内会、住民会组建的自主防灾组织和自卫队，兼顾常态防灾训练和危态应灾救援；三是应急避难场所及其标识标志、公共场所避难线路、建筑物消防通道等应急设施齐备；四是应急物资种类多、数量足、质量高，有完善的应急物资储备和定期轮换制度，充足的储备点（库）和调配机制，各种防震抗灾用品齐全，几乎每家每户均储备防灾应急用品用具。

（二）美国应急的"全社会参与"理念

2011年3月东日本大地震发生后，美国联邦政府着眼于国家安全的整体需要，对美国应急管理进行审视与检讨，正式提出了"全社会参与"的应急管理理念。

"全社会参与"的理念涵盖各种不同类型的社区，既包括不同地点、兴趣、信仰、环境的社区，也包括地理上的和虚拟中的社区。《全国应急准备系统》指出，国家应急准备系统的力量依赖于如何确保整个社会有机会参与实现国家安全和抗逆力的目标。一方面，明确界定了概念，"全社会参与"是指一种包括居民、应急管理实际工作者、组织和社区领导者，以及政府官员能够共同理解和评估各自社区的需求，并决定用最好的方法来组织和保护他们财产、能力和兴趣的方式[1]；另一方面，明确界定了具体的参与主体，全社会参与的主体既包括个体和家庭，也包括以信仰为基础的社区组织、非营利组织、学校和研究机构、媒体，还包括联邦政府、州政府、地方政府、部落政府、领地等在内的政府，并将其落实在具体的应急管理政策中。时任美国国土安全部助理部长戴维·考夫曼对此评价，"公众越了解我们的社区，公众就越能更好地了解他们的真实生活中所面临的安全问题，继而能够帮助我们更好地开展与应急管理有关的活动。"[2]

联邦紧急事务管理署（FEMA）在其战略规划制定中一直强调建立以社区为单位的防灾减灾机制，通过影响最基层的社会治理单元来改进应急管理与防

---

① FEMA A. Whole community approach to emergency management: principles, themes, and pathways for action. FDOC 104-008-1. 2011.

② KAUFMAN D. A whole community approach to emergency management. http://www.fema.gov/blog/2012-01-04/whole-community-approach-emergency-management.

灾救灾工作；2011—2014 年的战略规划，提出建立一个包括社区在内的整体应急管理方法，使社区领导人能够在必要的时候采取行动；2014—2018 年的战略规划，强调通过使整个社区防灾制度化，以改善社区和灾难幸存者在应对灾害时的自救及恢复能力；2018—2022 年的战略规划，将个体、社区作为构建国家综合防灾体系的基础，鼓励增加基础设施投入、购买灾害保险并帮助民众改善备灾方式。

（三）西方社区安全的"邻里守望"模式

"邻里守望"是西方社区安全模式和警务工作模式的重要内容之一，将社区等一定区域的居民联合起来、互相帮助，共同预防犯罪，改进当地治安状况，形成居民主动参与、与执法者积极合作的安全社区模式，让社区安全风险所有人各自负责、全员参与，落实社区安全风险防控责任。该模式是情境犯罪预防策略（situational crime prevention）中的一项具体措施。美国在 1972 年开始推行"邻里监督计划"，将其作为减少入室抢劫案件的数量的一项特别措施；英国在 1982 年实施第一个"邻里守望"项目，地点为米林顿郡（Mollington）和切斯特郡（Cheshire），之后的 10 年间全国的"邻里守望"项目发展到 8 万多个，覆盖了 400 万个家庭，平均不到 6 户当中就有 1 户是"邻里守望"项目的成员。

"邻里守望"的价值观是守信、负责、透明、关爱、真实、包容、可持续和独立。目标是通过提升公众警惕性，加强家庭安全措施，培育社区互助精神，密切伙伴间的合作，及时发现犯罪和可疑事件并向警方报告，帮助人们保护自身及他们的财产安全，抑制犯罪和不良行为，建设治安稳定、安全防范能力强、生活工作环境良好的社区，提高社区民众的安全感。"邻里守望"不仅仅是预防犯罪，更多的是关注社区安全。它引导当地民众团结互助，为改善他们的生活作出实际贡献。守望组织对那些易受伤害的邻居承担责任，帮助减少犯罪和对犯罪的恐惧，使居民们互为好邻居。"邻里守望"最初是为了减少入室盗窃，但是，随着时间的推移，邻里守望无论在形式和内容上都逐步有了新的发展。形式上，在继续做好邻里守望的同时，逐渐增加了农村守望、商务守望、河道守望、旅店守望、马守望等；内容上，在继续坚持以预防犯罪为核心工作的基础上，逐步增加了制止故意损坏公共或他人财物，禁止涂鸦、遗弃汽车，还负责上报照明设施差、缺乏便利设施和寻人等。

"邻里守望"组织是预防犯罪的群众性组织，由地方政府或警察部门发起，由市民志愿人员组织和参与，主要活动包括张贴"邻里守望"标志牌，出版"邻里守望"周报，定期召开讲座，组织形形色色的预防犯罪活动。以英国德文郡为例，这种"邻里守望"标志牌一般印有这样的一些话："你已走进邻里守望地区。我家所有物品都刻有姓名与邮政编码。"当犯罪分子走入邻里守望区，一见到标牌就会觉得有千万双眼睛在盯着他，从而起到震慑犯罪的作用。"邻里守望"的实质就是通过提高环境的可见性来减少犯罪的机会，它使公共空间中的陌生人处于住户或人们的监视之下。警务部门通常对"邻里守望"只要求为守望，如果发现了不法行为，人们只需要拨打报警电话即可，并不需要"见义勇为"，由此可见"邻里守望"制度只是预防控制犯罪的一个重要手段，并不履行打击犯罪职能。

（四）我国基层治理的"三治融合"模式

"三治融合"是指自治、德治、法治相结合。该模式起源于 2013 年浙江省桐乡市在"枫桥经验"基础上开展的治理实践：在乡村内部设立百姓议事会、乡贤参事会、法律服务团、道德评判团、百事服务团等组织，同时健全完善村级乡规民约，形成"一约二会三团"，这一实践形成了自治、法治和德治融合的治理模式，在化解乡村矛盾纠纷、解决安全生产和环境污染问题、提升村民道德素质等治理难题中发挥了积极作用，并成为自治、德治、法治相结合的乡村治理体系的制度蓝本，为乡村振兴和法治社会建设提供了有益的思路。在此基础上，浙江省全面推广"三治融合"，确定 11 个"三治融合"示范点；宁波、嘉兴等制定出台了"三治融合"村（社区）建设指导标准；各地还创新完善了村规民约（社区公约）、百姓议事会、乡贤参事会、百事服务团、法律服务团、道德评判团等新载体。全国范围内也在积极推广"三治融合"，2017 年党的十九大报告提出，"加强农村基层基础工作，健全自治、法治、德治相结合的乡村治理体系"；2018 年 1 月中央政法委提出坚持自治、法治、德治相结合，是新时代"枫桥经验"的精髓，也是基层社会治理创新的发展方向；2020 年 10 月 29 日，中国共产党第十九届中央委员会第五次全体会议通过的《中共中央关于制定国民经济和社会发展第十四个五年规划和二〇三五年远景目标的建议》进一步强调"健全党组织领导的自治、法治、德治相结合的城乡基层治理体系"。

自治、法治、德治相结合的基本内涵：一是自治，是指在基层实行群众自治，城市和乡村中由居民或村民选举产生的居民委员会或村民委员会是基层群众自治组织，居民委员会和村民委员会是基层治理的重要力量，直接面向人民群众、直接服务人民群众；二是法治，在基层治理中不单指遵守法律条文，也包括遵守村规民约、公共秩序等一整套规则体系，还包括在做群众工作和解决矛盾纠纷时树立法治观念，运用好法治思维和法治手段，法治为基层政府、自治组织和群众提供行为指引，确保基层治理规范有序；三是德治，是指强化道德教化作用，引导群众向上向善，结合时代要求对基层社会的道德规范进行创新，德治需要长期培育内化，让群众在参与道德实践中提升素养。自治是社会基层运行的基本方式和依托；法治是自治与德治的保障；德治是认同基础，在矛盾尚未出现或萌芽的时候能够发挥预防、调节作用，同时在自治与法治之间起到润滑作用。"三治"结合并非三者的简单相加，而是将三者的功能更好结合在一起，综合发挥作用。"三治"缺一不可：德治缺失，会导致治理成本大幅提高；自治或法治缺失，基层社会秩序就难以维持。

现以浙江省桐乡市的具体做法为例说明自治、法治、德治相结合的作用发挥和机制建构：

第一，发挥多方主体的共治作用。从社会管理向社会治理转变的一个重要特征，就是治理主体从单一向多方转变。"三治融合"理念的提出，有效地推动了政府、社会组织、村民等多方主体在社会治理中的作用发挥。一是在党委政府层面，在全省率先创立"依法行政指数"，建立法律顾问制度，提高依法决策、依法行政水平，利用文化礼堂、红色驿站等阵地，经常性开展"法律十进"、社会主义核心价值观等宣传教育活动，将法治意识、道德观念传递到田间地头。二是在社会组织层面，发挥好社会组织社会面广、专业性强的优势，大力推进社区、社会组织、社工"三社联动"，增强社团、商会、行业协会等组织的自我管理、自我教育、自我服务能力，推动政府向社会组织和社会力量购买服务。三是在群众层面，建立城乡社区工作事项准入机制，明确村（社区）依法履行职责事项和协助政府工作事项，开展清牌子、减评比、去台账等基层组织"去机关化"行动，推动自治职能归位，发挥村干部、党员、三小组长（党小组、村民小组、农村妇女小组）等的"微治理"作用，引导基层群众有序参与基层事务决策、管理和监督，创新"乌镇管家"等群防群治品牌，让群众做好大管家、当家人，实现了社会信息无盲区、网格监督全覆盖。

第二，发挥三种方式的协同作用。自治、法治、德治单独运用往往难以达到最理想的治理效果，只有综合运用、协同发力，才能释放出乘数效应。桐乡市将经过实践验证、行之有效的三治载体加以整合，形成了以"一约两会三团"为重点的三治融合创新载体，协同推动基层社会治理转型。目前，"一约两会三团"已覆盖全市所有村。"一约"即村规民约：让村民参与制定和监督，以"村言村语"约定行为规范、传播文明新风，综合运用物质奖惩、道德约束等手段保障落实，使村规民约发挥更好的治理效果。"两会"指百姓议事会和参事会：由村党组织书记担任百姓议事会的召集人，由村党组织书记或村委会主任兼任参事会的秘书长，发挥各类人才的感召力，通过专题会议、个别访谈等多种形式，解决和协调村里的相关事务，协助村"两委"做好群众工作，实现农村事务的民事民议、民事民办、民事民管。"三团"指百事服务团、法律服务团、道德评判团：以志愿服务、法律服务、道德评判为抓手，将定期坐诊、按需出诊、上门问诊相结合，完善志愿者组织体系、公共法律服务体系和道德评判体系，打造以市党群服务中心和"一米阳光""法律诊所"等为代表的市、镇、村三级服务组织；选派法律服务团中党员身份的"三官一师"（法官、检察官、警官、律师）到村担任"平安书记"，发挥专业优势，加强和规范基层组织建设，结合职能作用和日常工作，促进基层自治活力有效释放。

第三，发挥"三治融合"的全域作用，不断总结经验和推广模式。一是坚持党建引领是核心。桐乡市始终坚持党的领导，注重发挥好党组织的战斗堡垒作用和村书记的"领头雁"作用，构建了党组织引领下的"一约两会三团"模式，推进了乡村治理由"为民作主"向"由民作主""与民共治"转变，推动党群干群关系更加密切，对于巩固基层政权具有十分积极的作用。二是抓好体系机制建设是保障。在"三治融合"的推进过程中，桐乡市从试点出发，在治理模式、运转机制、基本保障等方面不断完善制度体系，已累计出台 40 余个文件、制度和方案，确保各项工作常态、长效推进。三是激发基层自治活力是重点。推动社会治理重心下移、找准自治发力点，以"三治融合"撬动基层社会治理的核心。"一约两会三团"、三小组长、网格长等"微治理"方式，打通了群众参与公共事务的渠道，唤醒了自治意识，由点及面，逐渐重燃群众对公益事业的关注和热情。四是形成文化氛围是长远目标。"三治"不会立竿见影、一融就灵，需要久久为功、不断积累。从一开始助力维稳需要，发展到目前涉及基层社会治理的各个领域，最终要把外化于"形"的机制内植于心、内化为人的自觉，融入"我自爱桐乡"的人文风气当中，形成具有桐乡特色和辨识度的文化内核。

第二节　公共安全风险共治的国际经验和研究方法

一、概述

在全球范围内，多个国家和地区已有许多风险共治的成功经验，证明了风险共治的科学性。美国政府在合并 22 个联邦机构的基础上，组建了联邦国土安全部（DHS），以提高国家安全整体风险管理能力，增强联邦层级各机构间横向政策的协调性和一致性，促进联邦政府预算对国土安全的重大风险治理项目和行动的有效配给；以英国蒙特塞拉特火山危机为例，在火山爆发之前，蒙特塞拉特在风险管理方面享有高度自治和财政独立性，但火山危机凸显了该方法的低效和不稳定性，此次火山爆发之后，英国建立了新的共同治理制度，使得地方融入区域和国际灾害风险管理系统，并且地方和中央的职责划分更加清晰。

风险共治可借鉴经济学和管理学的方法。例如，科-谢尔等人提出的基于绩效的风险共享安排（PBRSAs）[1]，可通过收集效果来减少不确定性；成本-效益分析法（cost-benefit analyses，CBA）可应用于共享治理[2]。金德等人认为传统的 CBA 低估了降低洪灾风险的社会福利价值，而 CBA 可用于减少洪灾社会脆弱性，因而提出一种基于社会福利的成本-效益分析法，即通过对消费的相对影响来分析个人的社会脆弱性，通过财务保护来减少社会洪灾脆弱性[3]。亚洲开发银行（ADB）在一项区域技术援助项目中对越南、尼泊尔和菲律宾进行了案例研究，从中央与地方、政府与企业、政府与社区的角度总结了防灾减灾的激励措施[4]。美国多灾害减灾委员会（Muti-hazard Mitigation Council，MMC）认

---

① CO-CHAIR L P G，CO-CHAIR A T M M，BRIGGS A D，et al. Performance-based risk-sharing arrangements—good practices for design, implementation, and evaluation: report of the ISPOR good practices for performance-based risk-sharing arrangements task force. Value in health, 2013, 16 (5): 703-719.

② DEBACA V，JONES K，TORNABENI J. A cost-benefit analysis of shared governance. Journal nursing administration, 1993, 23 (7): 50-57.

③ KIND J，BOTZEN W J W，AERTS J C J H. Social vulnerability in cost-benefit analysis for flood risk management. Environment and development economics, 2020, 25 (2): 115-134.

④ Asian Development Bank. Incentives for reducing disaster risk in urban areas. Working papers, 2017.

为，提高城市灾害韧性最具有成本-效益的方案是建立一套综合的弹性战略措施。

国际上现有的公共安全风险的多主体协同共治方法主要包括监督、激励、保险、文化等。

二、监督：公民评议政府

公共安全风险治理需引入社会管理的外部评价，即除党政机关以外的公民、企业作为评价主体，对社会管理进行评价的活动，主要针对公共服务的供给和公民满意度，一般采用民意调查的方式，并对外公布结果。公民评议政府是社会管理外部评价的重要方式。

在我国地方政府绩效评价的实践中，很多地区如沈阳、珠海、南京等地已纷纷开展了公民评议政府活动，即以公众为主体对政府绩效进行评价，并将结果作为考核各部门及其领导干部政绩的重要依据。如 1998 年沈阳市的"市民评议政府"，1999 年珠海市的"万人评议政府"，2000 年邯郸市的"市民评议政府及政府部门问卷调查活动"、广州市的"市民评政府形象"活动，2001 年南京市的"万人评价机关"、辽源市的"万名市民评议政府活动"，2002 年温州市的"48 个市级机关部门满意度测评调查"、邵阳市的"优化经济环境综合测评"，2003 年北京市的"市民评议政府"活动，等等。尽管各地活动的名称不尽相同，但本质上都可归结为公民评议政府。

目前，公民评议政府已逐步成为由国务院纠正行业不正之风办公室统一指导、各级党委和政府组织开展的常规性工作。其中，公民评议方式逐步走向规范化与科学化，评议内容从最初的满意度调查趋于更加精细化的分类评价，评议结果以公民满意程度为指标形成评议结论而向人性化方向发展。公民评议政府推动了我国政府风险外防，推动了我国政府风险管理迈上了新的台阶。

公民评议方式逐步走向规范化和科学化。初期一般采用发放问卷的方式，目前呈现多样化的评议方式。一是由统计部门的城调队随机抽取市民，电话访问或者在政府服务窗口随机选择服务对象填写问卷。二是地方政府组织的、由民营企业家和新闻界人士等组成的测评团或聘请的监督员到被评部门明察暗访，并给被评部门打分。如沈阳市 2007 年的评议政府活动，是由市监察局特邀监察员、社会各阶层人士组成 1 970 名评议代表，对 94 个被评议单位进行现场问卷测评。三是评议代表和市民通过政风行风热线网站参与评议。如"首都之窗"门户网站 2006 年发起"北京市政府服务满意度调查",询问受访者对该政府部门的了解程度,然后由受访者对该部门依法行政、政务公开、办事效率和服务态度四个方面进行评价。

评议内容从最初的满意度调查趋于更加精细化的分类评价。早期沈阳的"市民评议政府"、珠海的"万人评议政府"是评议政府当年主要工作的群众满意度,现在各地评议的内容主要有两类。一是按照国务院纠风办的要求,将政务公开、服务质量、党风廉政、执法形象、服务态度、办事效率和工作作风等作为评议内容;有的地方也将年度重要工作项目列入评议,如"年度十大实事"等。二是评议政府某项工作的成效,如 2007 年深圳市劳务工医保制度改革的成效评价。同时,各地也根据被评单位的工作性质进行分类评议。如可按工作性质分为窗口或非窗口、执法或非执法等,也可以按工作方式分为服务类和执法类等。分类评议有利于提高评议结果的客观性和公正性。

评议结果主要以公民满意程度为指标形成评议结论。结论可以直接公布,也可用于对具体部门和负责人员追责,还可与奖惩挂钩。例如,一些地方按照国务院纠风办的要求,上下联动开展行风评议,评议结果与当年本级、本部门绩效考评结果挂钩。

公民评议政府开创了我国地方政府由外而内评价政府绩效的先河,是对传统内部自上而下评价模式的有益补充。但同时,由于受到经济发展水平、民主政治建设等方面的限制,在评价机制等方面尚存在很多不完善之处,这使得公民评议政府活动的信度和效度受到一定影响。评议活动存在着一些问题,如评价对象和指标与评价主体的性质、能力不符,评价的组织和实施过程缺乏独立性和专业性,以及评价结果重考核本身而非绩效的持续改善等。从政府风险管理的视角看,公民评议政府实质上开启了政府风险外防的新篇章。政府开始尝试从公民的视角进行风险外防,在反观政府绩效的同时实际上也在反思政府的风险,这是历史性的一步。

三、激励:弹性战略激励

激励是指在多主体风险共治过程中采用激励措施进而获得较好的共治效果的过程。对于西方国家的治理体制来说,政府为风险治理付出努力的目的可能是拉选票，且对于防灾阶段的风险治理关注度较低[①]，治理效益评估[②]也会影响政府行为；对于居民来说，风险防治行为主要受其自身的影响，如受灾经验、自然环境、风险认知、性别、年龄和群体行为等[③]；对于企业来说，企业参与风险防治，有助于产生宣传效应，产生经济效益和社会效益，实现社会责任，能够有效消除社会责任与经济目标之间的矛盾，树立负责任的社会形象[④]；对于社会组织来说，其风险防治行为的积极性和成效会受到竞争关系的影响[⑤]，此外，政府部门的制度管理和引导也发挥着重要作用[⑥]。在具体的防灾减灾实践中涉及多个主体之间复杂的利益关系，将不同主体置于同一分析语境进行综合研究有利于更好地剖析背后的机制。亚洲开发银行在一项区域技术援助项目中对越南岘港、尼泊尔加德满都谷地和菲律宾纳加市三个地区进行了案例研究。从国家政府与地方政府、政府与企业、政府与社区的角度分别总结了这三个城市的防灾减灾的经济激励措施和非经济激励措施[⑦]。

具有代表性的是美国多灾害减灾委员会提出的弹性战略激励措施[⑧]，即可以通过抵押贷款和贷款、保险、金融、税收激励和拨款来实现。它从公共和私人利益相关者的角度分析探讨了房主、企业、开发商、公共事业、社区、私营部门、地方政府和国家政府的相关激励措施[⑨]。

① SOBEL R S, LEESON P T. Government's response to Hurricane Katrina: a public choice analysis. Public choice, 2006, 127 (1-2): 55-73.

② KEEFER P, NEUMAYER E, PLÜMPER T. Earthquake propensity and the politics of mortality prevention. World development, 2011, 39 (9): 1530-1541.

③ MERTENS K, JACOBS L, MAES J, et al. Disaster risk reduction among households exposed to landslide hazard: A Crucial Role for Self-efficacy?. Land use policy, 2018, 75: 77-91.

④ CHEN F F, DA Q, DENG Y. Realization of corporate social responsibility in natural disasters emergency management. 2012 Fifth International Conference on Business Intelligence and Financial Engineering. Los Angeles, IEEE, 2012: 247-251.

⑤ FATHALIKHANI S, HAFEZALKOTOB A, SOLTANI R. Cooperation and coopetition among humanitarian organizations. Kybernetes, 2018: 47 (8): 1642-1663.

⑥ BAJEK R, MATSUDA Y, OKADA N. Japan's jishu-bosai-soshikicommunity activities: analysis of its role in participatory community disaster risk management. Natural hazards, 2008, 44 (2): 281-292.

⑦ Asian Development Bank. Incentives for reducing disaster risk in urban areas: experiences from Da Nang (Vietnam), Kathmandu Valley (Nepal), and Naga City (Philippines). Philippines: Asian Development Bank, 2016.

⑧ Multihazard Mitigation Council. Developing pre-disaster resilience based on public and private incentivization. Washington D. C., 2015.

⑨ 翟国方，巫天豪. 多主体视角下的协同防灾减灾激励机制研究. 风险灾害危机研究，2019 (1).

四、保险：巨灾保险制度

保险作为市场经济风险管理的基本手段，通过市场机制引导商业保险公司积极参与巨灾风险管理，能够丰富灾害损失补偿渠道，健全灾害救助体系，提高巨灾保障水平，增强风险管理能力，平滑灾害引起的政府财政波动，是政府运用现代金融手段降低灾害损失影响的有效途径。

建立巨灾保险制度，能够较好地化解目前灾后重建过程中面临的压力，具体表现为：一是能够进一步转移行政和财政负担；二是能够进一步理顺转移支付的关系，缓解在大灾重建过程中中央和地方间的转移支付压力；三是有利于精简行政人员队伍；四是有利于防范金融系统性风险；五是有利于推广设防标准；六是有利于普及风险管理意识。

从全球的实践情况看，美国、英国、法国、日本、新西兰、土耳其以及加勒比海地区均建立了较为完善的巨灾保险制度，这种制度在社会巨灾风险管理，特别是灾后重建的过程中发挥了积极和重要的作用。一般发达国家各种自然灾害损失的保险补偿率均在 30％以上，而我国则大大低于这一水平，2008 年汶川大地震保险赔付仅占直接经济损失的 0.2％。各国在巨灾保险制度的建设过程中，基本采用了三种模式：政府主导型、市场主导型、政府与市场合作型。一是政府主导型，是指由政府负责提供巨灾保险服务，其最重要的特点是由政府机构，或者其指定的代理机构负责运营和管理，由财政负责经营，特别是赔付能力责任。二是市场主导型，是指由商业保险市场提供巨灾保险产品，即由保险公司按照市场经济原则和保险原理进行运营和管理，由保险公司独立承担经营，包括赔付能力责任。三是政府与市场合作型，是指由政府主导建立巨灾保险制度，同时，由商业保险市场负责经营管理，并承担相应的责任，包括赔付能力责任；政府通过政策引导、税收优惠、保费补贴等手段，鼓励投保巨灾保险，但政府不直接参与巨灾保险的经营。此外，巨灾保险还可以分为强制保险和自愿保险两种，强制保险则是国家通过法律要求相关区域的企业和居民必须办理巨灾保险，自愿保险则是企业和居民根据自身的需求和意愿办理巨灾保险。

从各国巨灾保险制度建设的成功经验看，"政府与市场合作型"成为一种普遍选择。在实施过程中，首先，政府主导和顶层设计很重要。巨灾保险制度涉及社会风险管理和公共安全，涉及社会管理的方方面面，不仅需要调整企业和居民的关系，更需要协调政府部门之间的职能和关系，因此，需要在政府的主导下进行建设，同时，作为一个社会风险管理的基础制度，系统性显得尤为重要，所以，需要顶层设计，确保结构合理。其次，相关法律法规制度建设很重要。作为基础制度，势必涉及众多利益调整和规范，尤其是巨灾保险制度可能面临收不抵支的"击穿"风险，均需要事前通过法律法规制度进行明确和规范，确保巨灾保险制度健康和有序运行。再次，需要不同形式的引导和强制。人们对于巨灾风险的意识相对淡薄，因此，如果采取自愿的形式，可能导致巨灾保险的普及率不高，一方面会给经营带来压力，另一方面一旦巨灾发生，其作用也不能得到充分发挥。同时，还可能产生逆选择和道德风险。最后，政府和财政"先进后退"。制度建设初期，需要政府相关部门的介入和主导，确保巨灾保险制度与社会管理的总体思路和框架的协调，同时，确保制度运行的安全性和有效性。鉴于巨灾保险的特点，初期还需要政府予以一定的投入和扶植，即"花钱买机制"。随着巨灾保险制度的发展，特别是基金的积累，就能够逐步替代政府和财政的重建资金保障的工作，最终实现财政的退出。

从国外的实践看，巨灾保险制度均发挥了非常积极的作用，确保了社会的和谐和稳定。如日本 2011 年"3·11"地震，住宅地震保险受理的报案数达到831 310 件，2011 年底就支付赔款达 11 930.93 亿日元，同时，体现了很高的运行和服务效率，赔案处理进度为：8 周为 60%、10 周为 80%、12 周超过 90%。再如 2011 年 2 月 22 日新西兰克莱斯特彻奇发生地震，导致直接经济损失 150亿美元，保险赔付达 120 亿美元，赔付比例达到 80%。

五、文化：公共安全文化建设

"安全文化"的概念起源于 20 世纪 80 年代的国际核工业领域。1986 年国际原子能机构（IAEA）的国际核安全咨询组（INSAG）在切尔诺贝利核电站事故评审会上首次提出"安全文化"概念，1988 年国际核安全咨询组在《核电安全的基本原则》中将"安全文化"作为一种基本管理原则，1991 年国际原子能机构首次定义"安全文化"的概念并组织编写《安全文化》小册子，1993 年第二届世界安全科学大会将安全文化的范围由核领域向其他领域进一步扩展，1994 年国际原子能机构出台用于评估安全文化的《ASCOT 指南》（Assessment of Safety Culture in Organizations Team Guidelines，于 1996 年进行了修订），1998 年发表《在核能活动中发展安全文化：帮助进步的实际建议》。

我国是世界上自然灾害最为严重的国家之一，灾害种类多，分布地域广，发生频率高，造成损失重。数千年的中华文明史同时也是一部安全文化史，在漫长的历史进程中，中华民族形成并积累了"赈济、调粟、养恤、安辑、蠲缓、除害、放贷、节约、仓储、治水"等安全思想、经验和传统。新中国成立后，我国跟踪国际核工业安全的发展，引进国际原子能机构的研究成果和安全理念，1992年翻译出版了《安全文化》，1993年在四川成都召开"亚太地区职业安全卫生研讨会暨全国安全科学技术交流会"，1994年国务院应急办公室召开全国核工业系统核安全文化研讨会，同年6月劳动部部长李伯勇在《安全生产报》试刊上发表了题为《把安全生产提高到安全文化高度来认识》的文章。自此我国引入"安全文化"，把核安全文化深化到一般安全生产领域，此后较长一段时间内，安全文化主要指安全生产领域的组织和个人文化，着重于企业安全文化培育。

根据安全文化的起源和发展，归纳国内外相关研究机构和学术专家的论述，"安全文化"的定义一般有"广义说"和"狭义说"两类。"狭义说"的定义强调文化或安全内涵的某一层面，如人的素质、企业文化范畴等。典型的狭义定义如1991年国际核安全咨询组提出的："安全文化是存在于单位和个人中的种种素质和态度的总和，它建立一种超出一切之上的观念，即核电厂的安全问题由于它的重要性要保证得到应有的重视。""广义说"把"安全"和"文化"两个概念都作广义理解，安全包括生产、生活、娱乐等多领域安全，文化概念含盖观念文化、行为文化、管理文化、物态文化、环境文化等多要素。典型的广义定义如英国保健安全委员会核设施安全咨询委员会提出"一个单位的安全文化是个人和集体的价值观、态度、能力和行为方式的综合产物，它决定于保健安全管理上的承诺，工作作风和精通程度。具有良好安全文化的单位有如下特征：相互信任基础上的信息交流，共享安全是重要的想法，对预防措施效能的信任"。

综上所述，安全文化横跨并包含于公共安全文化、社区安全文化、公共卫生安全文化、企业工厂安全文化，以及大中小学的校园安全文化等领域。应通过安全文化体系的建设，充分发挥文化的软实力作用，为应急管理工作提供理论支撑、目标导向、精神动力、智力支持。

第一，公共安全文化以安全生产为开端。2006年出台的《"十一五"安全文化建设纲要》（安监总政法〔2006〕88号）提出安全文化是安全生产在意识形态领域和人们思想观念上的综合反映，包括安全价值观、安全判断标准和安全能力、安全行为方式等。安全文化建设是以提高全民安全素质为目标，组织开展一系列宣传教育活动，旨在牢固树立安全第一的安全理念、遵章守法的管理理念、安全操作的工作理念，提高各类企业及全社会的安全意识，提高群众自我安全保护的技能。2011年颁布的《安全文化建设"十二五"规划》（安监总政法〔2011〕172号），从安全生产、安全发展、全民安全意识等方面，对安全文化的内涵进行进一步拓展和完善，提出坚持以人为本、安全发展的理念和"安全第一、预防为主、综合治理"的方针，以《中共中央关于深化文化体制改革 推动社会主义文化大发展大繁荣若干重大问题的决定》为指导，以深入贯彻落实《国务院关于进一步加强企业安全生产工作的通知》精神为主线，以促进企业落实安全生产主体责任、提高全民安全意识和防范技能为重点，突出事故预防，提高风险控制能力，推进安全文化理论和建设手段创新，增强安全文化建设工作的实效性和针对性，构建自我约束、持续改进的安全文化建设长效机制，不断提高安全文化建设水平，切实发挥安全文化对安全生产工作的引领和推动作用，促进加强和创新安全生产工作。

第二，公共安全文化以城市安全文化为支撑。针对现状和问题，培育城市安全文化的精髓在于"安全发展"。2018年1月中共中央办公厅、国务院办公厅印发《关于推进城市安全发展的意见》，该意见对城市的"安全发展"作出全方位、立体化的阐释，总体要求"弘扬生命至上、安全第一的思想，强化安全红线意识，推进安全生产领域改革发展，切实把安全发展作为城市现代文明的重要标志，落实完善城市运行管理及相关方面的安全生产责任制，健全公共安全体系，打造共建共治共享的城市安全社会治理格局，促进建立以安全生产为基础的综合性、全方位、系统化的城市安全发展体系，全面提高城市安全保障水平，有效防范和坚决遏制重特大安全事故发生，为人民群众营造安居乐业、幸福安康的生产生活环境"。"安全发展"的具体内涵由4大领域14个方面组成：一是加强城市安全源头治理，包括科学制定规划、完善安全法规和标准、加强基础设施安全管理、加快重点产业安全改造升级；二是健全城市安全防控机制，包括强化安全风险管控、深化隐患排查治理、提升应急管理和救援能力；三是提升城市安全监管效能，包括落实安全生产责任、完善安全监管体制、增强监管执法能力、严格规范监管执法；四是强化城市安全保障能力，包括健全社会化服务体系、强化安全科技创新和应用、提升市民安全素质和技能。全国各地在安全发展的实践中，结合地区实际情况和优势特征，探索出不同的路径和模式。例如，上海市以提供世界一流城市治理"上海方案"为目标，以绣花般功夫推进城市精细化管理，应用信息化平台将安全融入城市治理，以系统性思维强化整体协同，以全周期管理提升能力水平，探索超大城市安全发展新路子。

第三，公共安全文化以社区安全文化为落脚点。1989 年世界卫生组织第一届事故与伤害预防大会正式提出"安全社区"的概念，来自 50 个国家的 500 多名代表在会上一致通过《安全社区宣言》，宣言指出"任何人都平等享有健康和安全的权利"。此后多年，推广"安全社区"概念成为世界卫生组织在伤害预防和安全促进的一项重点工作，安全社区在欧洲、亚洲、美洲，在发达国家和发展中国家都得到了广泛的认同和快速发展。国际视野中的安全社区是指建立了跨部门合作的组织机构和程序，联络社区内相关单位和个人共同参与事故与伤害预防、控制和安全促进工作，持续改进地实现安全目标的社区。安全社区并非单以一个社区的安全水平高低作为衡量标准，而是取决于该社区是否形成一个实现资源整合、跨部门合作的组织机构并逐步建立和完善了有效的运行机制和工作模式，有清晰的组织机构、明确的目标职责、切合实际的实施项目以及积极的自我评估、自我检查、自我纠正、自我完善、自我改进机制，持续促进社区居民的安全与健康，全员参与、全员受益，实现社区安全与健康目标。社区安全的建设涉及民众日常起居和生产生活的各方面，涵盖交通、工作场所、公共场所、学校、老年人、儿童、家庭、体育运动等诸多领域。我国自 2002 年开始引入国际安全社区的理念和实践，直到现在各省市仍在积极响应国际安全社区的理念并开展相应的创建工作。与此同时，北京市、四川省等部分省市根据国际安全社区的理念，结合本地区的实际情况和建设需要，形成了本土化的安全社区建设标准和模式，并持续开展创建。

第三节　公共安全风险共治的经典案例分析或最佳标杆研究

◎ 四川省成都市曹家巷自治拆迁改造的风险共治

成都市北部地区是成都的老城区，由于成都自 20 世纪 90 年代开始优先发展城南、城西的战略，城北未得到有效发展。城北地区的曹家巷聚集着大量老国营工厂家属区，这些家属区房屋老旧，已经成为大片的棚户区，成都的火车站、汽车站与很多专业市场也坐落在此。曹家巷共占地 198 亩，共有 3 542 户居民，共计人口 1.4 万人，绝大多数是国有企业的退休职工及其家属。在曹家巷区域有各类型房产 3 756 套，涉及多家权属单位①。曹家巷内的房屋大多是修建于 20 世纪五六十年代的老式红砖房，房屋严重老化，住房拥挤，人均住宅面积小，公共服务设施陈旧，居住环境较为恶劣，这里已经成为成都"脏乱差"的典型。

为了改变现状，2012 年成都开始了"北改工程"，曹家巷片区就包含在内。在曹家巷项目区内绝大多数群众改造呼声强烈、改造意愿迫切，但是由于传统城市拆迁方式存在诸多不足，不同群体的利益诉求存在差异，且改造成本相对较高，曹家巷拆迁曾动议 10 年但最终拆迁未果。考虑到种种实际情况，成都市金牛区委、区政府在进行曹家巷片区的拆迁改造中采用了群众自治改造的方式，开创了多主体"共建共治"的新方案，最终实现曹家巷顺利拆迁，解决了曹家巷 10 年拆迁未果的难题。

（一）风险所有权的混乱导致了拆迁动议 10 年"僵局"

早在 2000 年初曹家巷所在区政府就组织过对片区进行系统改造的调研工作，但由于该片区人口众多，且需要改造的项目繁多，工程造价过高，如果投资难以回收成本，所以很多投资者都止步于此。曹家巷里的住房建筑是华西集团四川省建工医院、成都电力公司、成都市建工医院等国有或省属企业的公房，只是每月象征性地向职工收取几十元的租金。由于历史上的城市规划问题，曹家巷地区虽然面积相对较小但是住户较多，这导致安置成本相对过高。华西集团房地产开发公司曾计划改造曹家巷，但是经过经费评估计算后发现需要 30 亿的改造资金，企业和政府都无力承担。但是，曹家巷拆迁 10 年动议僵局的背后，除了巨额改造资金难以解决之外，还有一个重要的因素就是居民们出于各自利益而产生的诉求。

曹家巷是成都中心城区最大的棚户区，居民大部分是国企退休、下岗职工和家属，生活条件与环境较差，相当数量的住户仍共用厨房、卫生间等基本生活设施，这部分住户大多支持拆迁。但曹家巷还有少量的商品房住户以

---

① 奚源. 简析拆迁政策执行中的基层治理创新：以成都市金牛区曹家巷为例. 人民论坛，2014（2）：163-165.

及拥有商铺的住户等，利益构成复杂，不同住户的诉求也不同，这使得拆迁难度加大。自 2000 年到 2011 年，政府和企业都试图对曹家巷进行改造动议，但终因成本高、利益诉求难统一而失败。从公共安全风险治理的角度来看，曹家巷中各类型住户的风险利益以及态度分析如表 8-2 所示。

表 8-2　曹家巷中各类型住户的风险利益及态度分析

分析维度　风险利益群体	风险所有权分析	利益分析	态度分析
居住条件较差且无其他要求的棚户区居民	房屋产权归属模糊，不同住户共用设施风险所有权模糊	生活条件极大改善，利益关联直接	基本持支持态度
居住条件较差但有相关要求的棚户区居民	房屋产权归属模糊，居民违规搭建商铺等风险所有权模糊	收入来源受到影响，生活条件极大改善，利益关联直接	满足其提出的相关要求则持支持态度
居住条件较好且无其他要求的商品房居民	房屋产权归属明确，风险所有权明确	生活条件略有改善，利益关联直接	基本持支持态度
居住条件较好但有其他要求的商品房居民	房屋产权归属明确，经营合法商铺等风险所有权明确	生活条件无改善，收入来源受到影响，利益关联直接	基本持不支持态度或满足其提出的相关要求则持支持态度
居住条件很好的商品房居民	房屋产权归属明确，风险所有权明确	生活条件变差，利益关联直接	基本持不支持态度

注：根据央视《走基层·蹲点日记之曹家巷拆迁记》系列节目等资料进行分析，具有相应的误差。

分析维度说明：在风险所有权分析维度中，风险所有权明确指的是拆迁过程中对相应主体利益产生影响的相关资源归属明确且有关主体承担相应责任，风险所有权模糊则反之；在利益分析维度中，利益关联直接或间接是指拆迁所能带来的（经济）收益或损失与相应主体的关联程度；在态度分析维度中，态度指的是综合风险利益分析后相应主体对拆迁所持的态度。

风险利益群体说明：风险利益群体是指拆迁与自身有着直接利害关系的主体，主要包括曹家巷的住户。

　　根据上表的分析可知，在曹家巷的住户中存在多个不同的风险利益群体，不同群体的风险所有权明确与模糊的情况不同，且不同群体对于拆迁所持有的态度不同，部分群体对于拆迁抱有"讨价还价"的交易心理等等。上述情况反映了被拆迁者不同群体持有不同利益诉求，达成统一需要付出极大的协调努力，因此导致曹家巷 10 年拆迁动议未果。

（二）为了达成"风险共治"，成立拆迁"自委会"

　　为了彻底解决曹家巷的拆迁难问题，当地政府摒弃传统强制拆迁以及征收的两种方式①，开始探索一种新模式，即以曹家巷居民自治改造委员会（以下简称自改委）所代表的群众为主体，实现全主体共建共治。因此，本案例中改造的主体不是政府，而是实现了政府、群众、自改委、企业、新闻媒体等全社会共同参与的多主体。

2012年3月5日，自改委宣布成立，超过99.8%的住户签署授权委托书，13名在群众中有威望且热心公益的当地住户代表成为自改委成员，他们将代表曹家巷居民与政府及企业协商拆迁的相关事宜。自改委成员的选择采取差额选举的方式，先由曹家巷居民自主报名或群众推选产生候选人，再由社区工作人员逐一入户负责统计投票，从2 885家住户中选出65名楼栋代表。在此基础上，社区召开了一系列群众代表会对候选人的代表性和能力素质进行讨论，最后由社区居民以无记名投票的方式产生由13人组成的自改委，后又将整合片区内8名住户及时补充进来，共计21名②。经调查，片区共有实际住户2 885户，在接受调查的住户中，除3户不同意自改委成员候选人以外，其他住户均已签署自改委成员确认授权委托书。自改委成员候选人得到了片区绝大多数客户的承认。组织的成立公开透明、公平公正，全程伴随着政府有关部门的指导和广大居民的监督，保证产生的成员拥有相当的民意和代表性。自改委一方面与群众沟通，传达政府改造精神，做群众工作，另一方面向相关的领导反映当地居民的意愿，最终得到居民授权，代表全体住户行使自治改造权，曹家巷居民初步实现了"风险共治"的机构建设。

在拆迁动议过程中，曹家巷采用的是比较常见的"双百方针"，即政府和自改委在经过近一年调查摸底后，出台了一份尽可能让群众满意的搬迁补偿标准，然后限时100天，由群众自愿签约决定是否同意搬迁和接受相关补偿。如果100天内，签约率能够达到100%，则自治改造正式启动生效，改造继续深入进行；如果签约率没有达到100%，则改造项目终止。将签约标准定为100%的原因是自主改造作为民事收购行为，必须取得所有当事人的同意，有一个例外便不成立；而限定期限为100天则是因为数十亿的改造资金若不限日期的滞留会导致每天都会产生巨大的费用损失，而100天是一个相对合适的期限。

---

① 李月. 合作博弈视角下的社会治理模式创新：基于成都曹家巷居民自治改造的研究. 前沿，2014（Z7）：143-145.
② 高柱. 每进展一步都对住房居民公开透明. 工人日报，2013-01-03（1）.

自改委成立之后，居民面对的不再是自上而下的拆迁办，而是由街坊邻居组成的自治改造委员会。自改委的工作包括确认住户身份、统计房屋面积、委托成都北鑫房屋投资有限责任公司设计改造规划、返迁安置方案。面对居民的不同利益诉求，自改委对摸底情况进行分析后发现，居民的诉求主要集中于一套"两室一厅"的返迁安置房屋[①]。政府最初提出了补偿48平方米一室一厅的方案，但是曹家巷居民提出了更高的要求。金牛区政府在与自改委进行反复协商并与上级规划部门协调之后提出增大小区容积率，提高到58平方米两室一厅的户型方案，减少一部分商业地产面积，充分考虑了民众的利益。搬迁方案也按照"公开、公平、公正"的原则，最终达成了包括共有产权调换、货币补偿以及异地安置三种方式的搬迁方案，曹家巷民众的居住改善要求得到了充分的满足。最后，金牛区政府出台政策，曹家巷被搬迁居民将得到政策性补偿费、政策性补助费、政策性补贴、提前搬迁奖励等补偿。对于曹家巷的居民来讲，这次拆迁改造是他们改善居住条件的唯一机会，改造对于他们而言并不仅仅是以旧换新，还要能够实现生活条件"有所改善"。在此期间，自改委成员全程参与搬迁补偿安置方案的制定，多次开会对搬迁补偿安置方案提出意见和建议，为统一拆迁补偿和安置标准提供了基础。自改委、群众、企业以及政府经过一年时间的反复协商，最终敲定了拆迁方案，形成了"风险共治"的规则。

（三）形成"风险共治、利益共享"的格局：实现99.6％的签约率

拆迁补偿方案确定之后，2013年3月9日，自改委开始了与曹家巷住户的合同签约工作。群众对拆迁补偿方案满意与否，签约户数是最直观的体现。第一天签约了445户，占总户数的13％。不到10天，签约率超过50％。到了第80天签约率达到95％，其中棚户区居民的签约率高达97％以上，商品房的签约率也有70％。虽然总体上来看进展顺利，但仍然还有149户不愿意签约。根据百分百签约的原则，如果有居民不同意拆迁，改造就要终止。曹家巷绝大部分棚户区居民是计划经济时代以公房分配的方式从国有企业分得的住房，而少数居民则是在我国住房制度改革后，从市场上购买的商品房。前者是每月象征性地交一点房租和水电费，而后者则是按照市场规律付出了一定的金钱，现在

---

① 明亮，郝儒杰. 城市改造和发展中的公众参与机制研究：以成都曹家巷自治改造为例. 晋城职业技术学院学报，2014，7（5）：64-67.

却要按照统一的标准进行拆迁，部分住户的利益诉求无法得到满足，这导致签约工作一度进展缓慢。

未签约住户表达了不同的利益诉求，达成统一需要自改委付出极大的协调努力。有的被拆迁者认为拆迁后的房屋户型设计不合理，提出自己的要求，有一些产权不清或无产权商户要求得到商铺补偿，还有一些住户拆迁前在路边搭棚经商获利，现在要求补偿商铺，等等。同时，对于拆迁补偿"一把尺子量到底"的原则，不同住户的理解不一[①]。由于被拆迁者原有房屋面积不同，由小补到大的积极踊跃，而本来面积就很大的，却因为没有得到更大的面积补偿闹情绪。这些情况致使未签约住户对补偿单一化的拆迁方案产生不满。

针对未签约住户的不同利益诉求，自改委建立了矛盾争议调解小组，促使大多数签约住户去做少数未签约住户的思想工作，实现共建共治。政府也考虑到极少数人的特殊需求，在补偿框架内提供便利服务，但是并没有为了满足剩下未签约住户的诉求而突破原定的拆迁补偿方案。方案一旦更改，不仅会引起已签约的绝大多数群众的不满，产生社会负面影响以及影响社会秩序，同时也会使基层政府丧失在群众中的公信力，导致自治改造彻底失败。在签约过程中，新闻媒体也注重采访未签约住户的想法与态度，为其提供发声的机会与平台，确保签约的公开公正。100天签约期满，还是未能实现100%的签约率，区政府经过研究，决定将签约期延长30天作为最后的协调日期。经过政府与自治委反复协调，最终只有马鞍南苑独立的一栋楼的12户住户不同意签约以外，其他住户均签署了拆迁合同，实现了99.6%的签约率。自改委动议行动进程如表8-3所示。

表8-3　针对未签约住户动议期间自改委的行动进程及其效果分析

行动阶段	自改委行动	未签约住户反应	行动效果
第一阶段：争取政策支持	（1）在规划设计时考虑住户需求；（2）政府搭建换房平台提供便利。	坚持不签约态度。	行动效果不明显，签约进度推动不大。

[①] 杨意志. 公共政策视角下旧城改造的思变：以成都曹家巷拆迁为例. 赤峰学院学报（汉文哲学社会科学版），2015，36（11）：115-117.

续表

行动阶段	自改委行动	未签约住户反应	行动效果
第二阶段：发起"群众攻势"	(1) 组建义务宣传队对未签约住户进行宣传； (2) 采取围追堵截甚至限制行动等方式针对性做未签约住户的工作。	(1) 未签约住户的正常生活受到影响； (2) 部分群众之间出现肢体与语言冲突。	签约住户与未签约住户之间关系紧张，对立加剧。
第三阶段：采取"修正措施"	(1) 自改委与未签约居民开展座谈会，自改委检讨道歉； (2) 区委副书记登门道歉与劝说； (3) 与相关部门协调，在补偿框架内提供便利服务。	(1) 一部分未签约住户态度发生变化，谅解并同意签约； (2) 另一部分未签约住户坚持不签约。	除马鞍南苑一栋的12户外，曹家巷一、二街坊，整合片区和马鞍南苑二、三栋签约率均达100%。

2013 年 7 月 15 日，除马鞍南苑一栋外，曹家巷一、二街坊，整合片区和马鞍南苑二、三栋签约率均达 100%，签约工作完成[①]。为了稳定社会情绪，经自改委提出申请，项目指挥部和国土、规划等部门研究，决定顺应民意，调整整合区域范围，不同意改造住户较为集中的马鞍南苑一栋暂不纳入此次整体改造。7 月 16 日，曹家巷自治改造项目实施启动仪式举行，改造项目正式启动。在签约期内，政府与自改委坚持"双百方针"，没有为一个拒签约群众突破已经公布的补偿标准，坚持"一把尺子量到底"，营造公平公正的共建共治环境，最终形成了"风险共治"与"利益共享"的格局。

（四）曹家巷拆迁的自治改造和风险共治启示

10 年拆不动的曹家巷，这次终于拆迁成功。2017 年，一座由电梯公寓、商场、写字楼组成的城市综合体在这里建成，成为成都北部城区的新地标，曹家巷原地返迁的住户也搬入了"新家"。在签约过程中，政府最终延长了签约期，同时保留下了极少数不愿改造的住户。这既保证了大多数人要求改造的愿望，也是对没有签约的居民个体权利的尊重；既坚守了公平正义的原则，又顺应民意，满足了不同群众的利益与诉求。少数服从多数并不等同于要达成共识，多数群众去做少数群众的工作也不能意味着可以忽视个体的利益诉求，真正实现

---

① 钱璟. 我国棚户区改造中公民参与的有效性研究：以成都市曹家巷改造为例. 北京电子科技学院学报，2014，22（3）：51-59.

"共建共治"与"利益共享"应该在法律的框架内把保护"少数"与服从"多数"放在同等重要的位置。曹家巷拆迁风险治理过程中，改变了传统的政府主体改造治理模式，以群众为主体，以居民自治委员会为抓手，其他主体协同配合，从而实现共建共治，如图8-3所示。

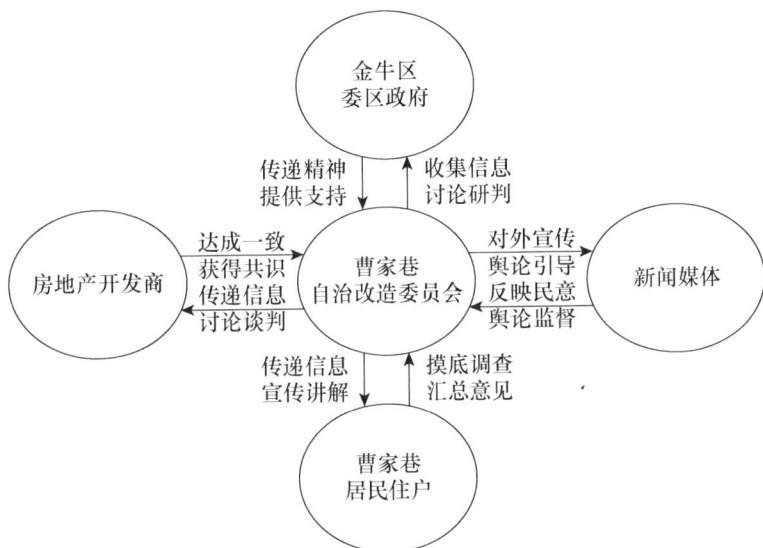

图8-3 曹家巷拆迁的风险共治关系图

从制度层面来看，曹家巷自治改造启示我们，进行公共安全风险的共建共治需要把握制度设计的三大原则。一是要守住"遵纪守法"的底线，群众自治过程中可能会出现部分违法违规行为，必须根据相关法律法规对其工作行为进行规范，保持社会稳定；二是必须以满足群众合法合理需求为出发点，这是实行群众自治模式的出发点与根本目的；三是必须以"利益共享"为导向，这是进行多主体共建共治的方向与目标。"共建"是化解重大社会风险问题的必然要求，作为社会成员的每个组织与个人在风险治理中都有各自的责任和义务；"共治"则是实现有效治理的最优选择，只有政府、企业、群众、媒体等各个主体各尽其责，协同合作，才能形成风险共治的合力，最终实现利益共享。

◎ 浙江省杭州市城市安全文化建设经验

《国务院安委会办公室关于大力推进安全生产文化建设的指导意见》指出，推进安全文化建设是实施安全发展战略的必然要求，是汇集参与和支持安全生产工作力量的必然要求，要进一步加强安全文化建设，强化安全生产思想基础和文化支撑。为此，杭州市综合应用了促进城市产业结构优化升级、加强城市风险治理、强化应急管理数字化建设、建设"线上＋线下"相结合的安全文化宣传教育四大手段，探索构建城市安全文化建设模式，有效提升城市安全文化建设水平，促进城市安全发展。

（一）杭州市安全文化建设总体模式

杭州市安全文化建设总体模式包括强化产业结构优化升级、强化城市风险治理、强化数字赋能、强化宣传教育四个维度。

第一，强化产业结构优化升级，是城市安全风险源头防控的重要举措。杭州市采取了打造数字消费之都、加快科技型企业成长、建设城市智慧商圈、推动高端服务业发展、建设临空经济示范区五大举措优化产业布局、推动城市经济转型。

第二，强化城市风险治理，提升行业安全水平，消除城市安全隐患。杭州市创新提出"60日隐患暗访督办闭环机制"，持续推进重点领域治理，建设以企业为主体的安全风险管控体系，为落实隐患排查常态化提供制度支持，推动行业做好安全生产常态化管理。

第三，强化数字赋能，提升应急管理智慧化水平，便于精准监管和防控风险。杭州市建设了全域覆盖、统一管控的应急指挥中心和城市大脑应急系统，有效支撑了危化品事故防控、防汛期、防台风、城市运行安全等应用场景，通过数据智能助力应急管理精准研判、精密智控、精准施策和服务，努力推进杭州应急管理体系和能力现代化。

第四，强化宣传教育，全面营造城市安全文化氛围。杭州市利用线下活动与线上宣传配合的模式，线上创新推出"应急户外媒体"、"云上安全生产月"和"云上公众开放日"三大"云上"宣传活动，线下开展"五进"活动、安全文化建设示范企业评审活动、应急体验馆建设活动，提高安全宣传覆盖面，提升群众安全素养。

（二）杭州市安全文化建设的主要做法和经验

1. 强化产业升级，提升源头防控风险能力

加快产业结构优化升级，是从源头防范和遏制事故的重要举措。为促进产

业结构优化升级，杭州市通过颁布相关产业政策，大力发展战略性新兴产业，以高端化、智能化、绿色化、集群化为发展方向，从源头提升城市风险防控能力，近几年来采取的具体措施如表 8-4 所示。

表 8-4　杭州市推动产业结构优化升级具体措施

时间	具体措施
2020 年	（1）杭州发布《建设国际消费中心城市三年行动计划（2021—2023 年）》，聚力打造数字消费之都，涌现出了一批能够扩大引领消费、促进产业结构升级、拉动经济增长的新载体和新引擎； （2）网上菜场、网上超市等数字生活新服务加速落地，直播经济呈爆发式增长态势，以在线量体裁衣、智能餐厅、夜经济等为代表的新模式、新场景、新技术尽展"云"端优势，个性化多样化需求千姿百态，新型消费加速发展。
2019 年	（1）开展 2019 年杭州市"雏鹰计划"企业和杭州市级高新技术企业认定工作，深入实施创新驱动发展战略，加快科技型企业成长，完善高新技术企业培育库； （2）杭州市人民政府办公厅印发《杭州市推动批发零售业高质量发展行动方案（2019—2022 年）》，加快推动传统商品专业市场"互联网＋"转型升级，建设城市智慧商圈。
2018 年	（1）杭州发布《杭州市深化服务贸易创新发展试点实施方案》，进一步落实服务出口免税和零税率政策，推动市政府产业基金和社会资本参与或创立服务贸易创新发展引导基金； （2）探索建设境外促进中心，积极推进服务全领域开放新格局； （3）建设一批主导产业突出、创新能力强、体制机制灵活的服务贸易园区、特色服务出口基地和服务贸易小镇，打造一批服务贸易发展聚集区，推进杭州高端服务业集聚区建设； （4）出台"高层次人才特殊支持计划"，实施"加快推进人才国际化的意见"等人才政策等。
2017 年	（1）杭州国家临空经济示范区获批，着力构建国际航空枢纽，打造千亿级临空产业； （2）加快发展以跨境电商、临空物流、临空高端制造等为特色的临空产业； （3）杭州国家临空经济示范区入驻国航浙江分公司、厦航杭州分公司等航空公司，建有中国（杭州）跨境电子商务实验区、空港园区等，集聚了联邦快递、顺丰速运、南车轨道、南车电气等物流和高端制造企业。

资料来源：根据杭州市政府官方网站公开资料总结整理。

2. 强化风险治理，着力提升行业安全水平

为全面排查城市安全隐患，提高城市安全风险防控能力，杭州市从建立隐

患暗访督办闭环机制、重点领域治理机制和以企业为主体的安全风险防控体系三个方面，为落实隐患排查常态化提供制度支持。

第一，建立"60 日隐患暗访督办闭环机制"，形成了定期排摸一批、曝光一批、督办一批、整改一批的工作常态和暗访查找问题、交办落实整改、督查推进工作的闭环机制。2018 年，杭州市下发《全市重大安全隐患暗访交办整改督办闭环机制实施方案》，创新提出 60 日隐患暗访督办闭环机制，每两个月挂牌督办一批隐患，聚焦消防、建筑施工、道路交通、工矿企业等四大重点行业领域及自然灾害领域中的事故隐患和痛点、难点问题，通过隐患暗访、曝光交办、挂牌整改、督办验收、通报问责等五个环节循环开展隐患排查治理。各区、县和有关部门同步建立工作机制，形成上下联动的常态化工作格局，按照"什么问题突出曝光什么问题"的思路，统筹暗访工作组和第三方机构有针对性地进行隐患曝光，倒逼管理部门实现隐患动态排查和整治。

第二，持续推进重点领域治理，防范安全风险。杭州市组建建设施工重大风险督查队，对重点项目、重点部位等进行 24 小时轮班盯防；投入专项资金 5 000 万元，购买轨道交通工程建设第三方机构监管服务；创新推广电梯全生命周期保险，率先出台电梯维保质量评价地方标准；大力推广餐饮场所用气"瓶改管"工程，构建气瓶配送、充装、监管一体化服务平台。

第三，建设以企业为主体的安全风险管控体系，做好安全生产常态化的管理，使企业能有效辨识风险，消除事故隐患。杭州市根据《浙江省应急管理厅关于印发浙江省企业安全风险管控体系建设实施指南（试行）的通知》要求，充分利用社会化服务、大数据平台等方式，并结合已有安全监管系统，多措并举，在全市范围内部署推进企业安全风险管控体系建设工作。

3. 强化数字赋能，提升应急管理智慧化水平

城市安全涉及交通运输、房屋建筑、危化企业、消防应急等多个行业领域，为了更加精准地监管和防控风险，需引入新模式、新技术。杭州市为了提升应急管理智慧化水平，建设了应急指挥中心和城市大脑应急系统，有效提升了应急保障、联动处置能力。

开展数字赋能杭州应急管理体系建设，建立杭州市应急指挥中心，提高应急联动能力。杭州市应急指挥中心包括应急指挥大厅、领导决策室、专家会商室、应急值班室、指挥作业室、新闻发布室和配套的音视频装置等硬件设施，以及应急联动指挥平台、视频监控系统、政务大数据决策系统、视频会商系统、

光纤通信系统等软件系统。建立多级联动应急指挥会商系统，上联省级相关部门，下联全市所有镇街、村社，并可接入单兵、无人机、手机等多种移动终端。

建设杭州城市大脑应急系统，有效支撑危化品事故防控、城市运行安全等多场景应用。通过数据汇聚、接口对接等多种方式，先后接入了横向部门、纵向部门、公共事业/企业的数据，经过数据清洗、跨部门数据融合、业务数据建模等手段，形成200多个接口服务，有效支撑了多种应用场景，通过数据智能助力应急管理精准研判、精密智控、精准施策和服务，努力推进杭州应急管理体系和能力现代化。杭州市应急大数据应用平台打造了应急资源全盘可视、整体联动、快速响应的数据应用平台，承载了杭州市危化品防控"看得见"、杭州城市大脑应急系统应急联动场景、杭州城市安全运行等多个重大业务应用场景。

4. 强化宣传教育，营造城市安全文化氛围

杭州市利用线下活动与线上宣传配合、现场直播与"网云"互动结合、实景操作与空间虚拟融合等形式取得了良好的安全文化宣传效果。线上通过自媒体、广播电视等平台，创新开展直播互动、网上展厅、线上安全体验、H5安全互动游戏等活动，普及安全常识、加大安全隐患曝光；线下通过开展"五进"活动、建设应急体验馆、评审安全文化建设示范企业等方式，提高安全宣传覆盖面，提升群众安全素养。

第一，利用"互联网＋"，创新推出三大"云上"安全文化宣传活动。杭州市依托互联网，在自媒体、抖音、广播电视等媒体平台，创新推出"应急户外媒体"、"云上安全生产月"和"云上公众开放日"宣传活动，普及安全知识、发布灾害信息、培训防范技能，提升公众的安全素质和应对能力。"应急户外媒体"是指利用6 000余辆公交车、16号线地铁电视以及近百艘西湖游船，共计13 000余块户外电视显示屏的独特宣传优势，打造杭城最具传播力的户外公共应急宣传平台。其作用体现在以下3方面：(1) 辅助紧急信息发布工作，一旦发生突发事件，能够将权威信息第一时间全面、准确地向社会公众发布；(2) 深入推动应急宣传"五进"活动，结合5·12防灾减灾日、6月安全生产月、国际减灾日、安全生产法宣传周等主题活动，推进应急安全宣传教育工作进企业、进社区、进学校、进农村、进家庭；(3) 进一步丰富宣传形式，通过多种形式增强应急科普宣教的知识性、趣味性和交互性，提高民众应急知识知晓度和应急自救能力。"云上安全生产月"活动，是依托互联网和新媒体平台，手机、网站同步推出的为期一个月的大型网络互动专题，打造了"6·16安全

生产宣传咨询日主播走现场"直播、安全知识"云"科普、应急体验"云"逛馆、事故隐患"云"曝光、防灾减灾"云"演练、铁军风采"云"展示等多项宣传活动，向社会广泛传播安全知识，促进安全生产水平提升和安全生产形势持续稳定向好。"云上公众开放日"活动，是将危化品事故防控"看得见"系统作为防范化解重大风险的有力措施向公众进行展示，将安全生产专家学者、地方政府部门领导、企业安全生产负责人和一线技术人员请进网络课堂，形成随时学、随地学、人人学的浓厚氛围。

第二，深入开展安全宣传"五进"活动，推进安全知识普及。在线下的安全宣传"五进"活动（见表8-5）中，杭州市针对企业、农村、社区、学校、家庭五大受众主体，举行了创建"青年安全生产示范岗"、安全文化下乡等10余项创新活动。同时，充分发挥地铁、电梯人流量大、人气高等特点，播放安全宣传公益视频，进一步提升全民安全素养。

表8-5　杭州市安全宣传"五进"活动具体措施

"五进"活动受众	具体宣传措施
企业	（1）举办"青年安全生产示范岗"创建活动、"安康杯"安全生产知识竞赛； （2）开展"三服务"、"助万企帮万户"、企业百万员工安全大培训等，组织应急演练、安全培训、专家指导进企业。
农村	（1）开展安全文化下乡、应急安全宣教产品进农村文化礼堂； （2）对返城复工人员、留守儿童、孤寡老人等特殊群体进行安全提示教育。
社区	（1）以居家安全、应急逃生自救知识等为重点内容进行宣传； （2）发挥社会基层治理网格宣传作用，开展入户宣传工作。
学校	（1）组织"童心绘安全"中小学生安全绘画比赛等竞赛活动； （2）编制《安安全全每一天》《水上交通安全知识教育》等手册； （3）组织消防救援队、交通大队、港航管理局等部门进校园宣讲。
家庭	（1）开展家庭安全隐患查找、邻里安全线上互助活动等； （2）创建"文明家庭""五好家庭"等评选活动。

第三，开展安全文化建设示范企业评审活动，引领安全文化建设。国家制定了《企业安全文化建设导则》《全国安全文化建设示范企业评价标准（修订版)》等文件，指导地方开展企业安全文化建设示范企业创建工作，杭州市参照国家关于开展安全文化建设示范企业创建活动的相关指导文件，开展"杭州市

安全文化建设示范企业"评审工作，推进企业安全文化建设创新，提高企业安全管理水平，选出了杭州地铁运营分公司、杭州杭氧股份有限公司、杭州传化精细化工有限公司等多家安全文化建设示范企业，发挥标杆引领和典型示范作用。以杭州地铁运营分公司为例（见表 8-6），运营分公司主要从安全管理架构、安全理念体系、安全规章制度、安全宣传活动、安全行为培训五个方面开展安全文化建设，提高了公司安全管理水平，提升了员工安全意识，实现了公司的稳定发展。

表 8-6　杭州地铁运营分公司安全文化建设的创新举措

安全文化建设维度	具体举措
安全管理架构	（1）成立专职的安全管理机构，全面负责分公司安全管理工作； （2）按照"谁主管、谁负责"和"网格化、细分化"的原则，建立安全管理网络，实行分级负责，分级管理； （3）逐级下达安全生产责任至每个岗位、每名员工，并签订安全生产责任书。
安全理念体系	（1）提炼凝聚安全观念，涵盖安全目标、安全价值观、安全愿景、安全方针、安全使命等； （2）编制安全文化手册，印发到每个部门中心，由部门中心组织全员学习。
安全规章制度	（1）针对不同专业、设备的特点，分公司辨识地铁运营中的不同隐患，并针对隐患的特性制定了相应的防控措施，形成相应的安全管理制度和应急预案管理体系； （2）编写了安全管理规章制度，涵盖了安全责任划分、安全考核奖惩、消防安全管理、安全培训组织、安全检查落实、安全投入保障、隐患排查治理等安全管理工作的多个方面； （3）建立了综合应急预案、专项应急预案、现场处置方案三级预案体系，涵盖不同突发事件的应急处置。
安全宣传活动	（1）根据不同专业作业的特殊性，开展职业健康及环境卫生检测，开展安全标语征集、安全征文比赛、安全生产知识竞赛等活动； （2）开展"青年文明号"评选活动，发挥标杆示范作用。
安全行为培训	（1）不同部室每月对危险源及环境因素进行更新辨识，由部门组织员工从自己岗位进行危险源及环境因素辨识，加深员工对本岗位危险源的印象； （2）分公司建立全员定期培训、考核与经常性安全宣传教育相结合的安全生产教育制度，所有需经三级安全教育的员工，必须考试合格后才能分配到岗位工作； （3）特种工作人员，必须接受专门的安全培训，建立员工培训档案，详细、准确记录培训考核情况。

第四，全面开展应急体验馆建设，增强体验馆吸引力。应急体验馆有助于人们在寓教于乐的体验中学习和掌握应急安全知识和技能，让人们更清楚地了解在灾难面前如何自救、互救，减少生命财产损失。杭州市为加强应急体验馆吸引力，主要采取了4个举措。一是制定应急体验馆建设规划，统筹推进建设工作。杭州市应急管理局高度重视应急（安全）体验基地建设工作，结合人口、需求、布局等因素，制定全市2020年任务清单并策划三年行动。为了确保工作切实落地，杭州市将责任落实到人，建立信息共享机制，及时交流工作进度、体验馆建设情况、新模块新内容等信息。二是以建设精品基地为目标，打造更多形式新颖、内容丰富、体验感好的应急宣教体验馆。杭州鼓励各区（县、市）充分发挥当地特色，设立一家综合性体验馆和若干家特色馆，推动形成"一区一品＋特色馆"的协同发展格局。为增强体验馆吸引力，杭州市应急体验馆既有面向全体社会公众的综合性体验馆，也有面向学生、企业员工等特殊群体的特色体验馆。三是充分利用社会资源，鼓励、支持社会团体、企业和个人参与到体验馆的建设与运营中来，形成社会力量广泛参与的良好局面。例如，与企业合作，建设装修应急（安全）体验主题餐厅，主题餐厅涵盖了交通安全、自然灾害应急、消防安全等多个体验模块，广大市民在用餐的同时便可以通过现场体验学习到应急安全知识。四是加强应急安全科普的数字支撑，运用VR、3D、流媒体等数字化高科技手段，提升体验效果。杭州市为市民提供了消防、交通等公共安全VR体验舱、交通安全体验舱、3D影院等设施，通过合理配置声、光、电、游戏等互动手段，实现丰富化、多样化的展示内容，提升了安防体验馆沉浸式、互动式的体验效果。

第九章
公共安全的应急风险防控

第一节　公共安全应急风险防控的机理和要务

一、公共安全应急风险防控的基本原理

公共安全应急是指针对突发公共安全事件所采取的一系列应急响应、应急处置、应急救援工作，具体包括：突发公共安全事件发生后，政府及其部门等应急处置主体，为尽快控制和减缓突发事件造成的危害和影响，根据监测预警立即启动相应等级的预案，召集应急救援队伍和社会力量，调动属地应急物资和设备，采取专业应急处置措施，开展应急处突与紧急救援工作，必要时开展区域之间的联动和部门之间的合作，寻求利用最优势的应急资源来应对危机，控制事态发展或者消除突发事件的危害，最大限度地减少突发事件造成的损失，保护公众的生命和财产安全的过程及其活动。

公共安全应急风险防控，是指对突发公共安全事件危机决策和应急响应的风险进行有效防范和控制的工作。公共安全应急风险防控，旨在尽可能减少应急处置过程中的失误和问题，控制、减轻和消除突发事件引起的严重社会危害，规范突发事件应对活动，保护人民生命财产安全，维护国家安全、公共安全、环境安全和社会秩序。《突发事件应对法》对此提出，"有关人民政府及其部门采取的应对突发事件的措施，应当与突发事件可能造成的社会危害的性质、程度和范围相适应；有多种措施可供选择的，应当选择有利于最大程度地保护公民、法人和其他组织权益的措施"。基于此，公共安全应急风险防控应遵循以下基本原则：

第一，以人为本，生命为先。突发事件存在多种威胁，会造成多种损失。因此，应对处置时，要坚持以人为本的原则，先救人，后救物，把挽救生命与保障人们的基本生存条件放在首要位置，而不是舍本逐末。同时，必须高度关注应急救援人员的人身安全，有效保护应急处置者，避免次生、衍生事件的发生，这是应急处置"以人为本"的当然表现。

第二，依法管理，科学处置。在应急处置过程中，要严格依照国家法律、法规、规章等采取应急措施处置。要充分利用和借鉴各种高科技成果，发挥专家的决策智力支撑作用，避免蛮干苦干。同时，也要充分利用专业人员的专业装备、专业知识、专业能力，实现突发事件的专业处置，体现专业处置的原则，

使突发事件处置能够依法、科学、有序地进行，进而减少不必要的生命、财产损失。

第三，科学决策，控制损失。危机决策贯穿应急管理的始终。应急管理部门都在决策的基础上开展和实施应急管理的具体工作。危机决策不仅要对现有危机状况提出有效控制的科学方案，还要对潜在危机进行评估预测，提出阻止危机升级或出现新生危机的方案，从而尽可能减轻人财损失和减少负面影响，达到保护人民群众的生命财产安全的危机管理目标。

第四，速度第一，快速反应。应急响应快速及时、效率为先，要以最快的速度到达现场并开展应急工作，具体表现在以下四方面：一是到达现场的用时短、速度快，例如最严格的消防灭火遵循"1分钟出警"准则①；二是现场处置及时高效，在最短时间内将灾害损害控制到最小范围，例如我国大力推行微型消防站的建设，旨在提高消防灭火现场处置的速度和效率；三是适应恶劣环境，以提升救援速度，例如航空救援具有快速高效、受地理空间限制较少的优势，可有效提升响应速度；四是短时间内并行处理多种救援任务，整体上提升应急响应和紧急救援速度。

第五，专业处置，高效有序。应急响应开展专业处置，不断提升专业性。专业处置通过专业操作规范、专业机构负责、专业人员培养和专业技术设备来实现。一是应急响应有关的法律法规、规章制度、应急预案、国家标准等，规定了应急响应的专业措施和处置方案；二是应急响应的专业处置对应急人员的智能、技能、体能、意志等方面均有专业要求，因此须对应急专业人员进行专业教育；三是应急专业处置需要与应急特点相适应的专业技术、设施、设备，须根据专业处置的不同性质和特点，提高应急的专业技术，配备装备精良的应急救援设施，增加专业器材的数量和种类，来提高应对突发事件的能力。

第六，统一领导，分级负责。应急处置工作通常需要跨部门、跨地域调动资源，因而必须具有高度集中、统一领导与指挥的应急管理指挥系统，实现资

---

① 在"1分钟出警、3分钟到场"的基础上，消防救援发展形成"一三五十"准则："一"是指在1分钟内着火部位就近执勤人员、安保人员和核心区消防执勤警力利用细水雾水枪、灭火器、室内消火栓等灭火；"三"是在3分钟内现场执勤消防车到位，实施灭火救援行动；"五"是在5分钟内辖区增援消防车辆、人员到场处置；"十"是在10分钟内支队指挥部调集中队增援作战力量到场，完成灭火救援任务。

源的整合，避免各自为战，确保政令的畅通。对于应急指挥来说，统一领导的关键是要在党委的集中领导下，发挥政府的主导作用，调动全社会的力量，形成应急的合力。同时，应急处置要坚持分级负责的原则，即按照突发事件的具体分级，依据各级各类应急预案要求，由相应级别的应急指挥机构作出决策，具体进行处置。

第七，属地兜底，先期处置。突发事件发生后，当地必须及时地展开先期处置，以防止突发事件事态进一步扩大、升级，尽可能地减少突发事件造成的损失。这是因为：属地是突发事件的事发地，熟悉当地的情况；属地政府及有关部门在第一时间内赶赴突发事件事发现场，有助于把突发事件消灭在萌芽状态。

第八，比例原则，分级响应。比例原则是应急响应的重要原则，是指应急人员的配备等级、操作方案的设置等级、资源保障的配置等级应与突发公共危机的事件等级相一致，既能有效处置危机，又不造成浪费。对此，应急响应按照"分级响应"的要求，根据突发事件的等级及其触发的危机预警等级，由相对应等级的主体采取相对应等级的应急响应措施，配置相应等级的应急资源，开展应急响应。

第九，广泛动员，协调联动。突发事件具有涉及范围广、社会影响大、破坏性较强等特点，一般超出了某个政府部门甚至某级地方政府的控制能力，需要广泛开展社会动员、实现协调联动。一是整合政府、企业和第三部门力量，形成共同应对突发事件的网状化格局，发挥整体效能和作用。二是突发事件发生地政府同相邻地区政府建立应急协调联动关系，统筹调动人力、物力、财力资源。三是充分发挥武装力量在应急救援中的突击队作用，体现军民结合、平战结合的精神。

第十，打破常规，迅速高效。由于突发事件的演化瞬息万变、不确定性强，这就要求根据实际需要，打破常规，大胆创新，务求应急处置的迅速和高效。例如，《湖南省实施〈中华人民共和国突发事件应对法〉办法》第38条规定，在紧急情况下，负责组织处置突发事件的人民政府可以灵活确定应急处置措施的步骤、顺序、方式、形式和时限，变通或者部分省略有关行政程序；应急处置措施可能影响公民、法人或者其他合法权益的，应当履行表明身份、告知事由、说明理由等程序义务。当然，在应急处置过程中，必须既要维护公共秩序、保证公共安全，又要维护公民权利、保障基本人权，防止行政紧急权力的滥用。

二、公共安全危机决策中的风险防控

危机决策是指决策者在有限的信息、时间、资源、人力等约束条件下，在监测风险、获取信息、了解情况的基础上，通过分析、研判危机并确定应对危机的具体行动方案的过程。

（一）危机决策的特征和要求

由于公共危机具有突发性、紧迫性和不确定性等特点，公共危机决策面临着环境复杂、时间紧迫、信息不对称、条件受限等挑战。

第一，危机决策的环境复杂。危机决策的环境复杂主要表现为组织外部环境、内部环境及决策者的心理环境三方面。外部环境通常指存在于组织外部并对组织直接或间接施加影响的因素，如政治、经济、人口、生态等；内部环境主要指组织内部的构成要素，如人员、物资、组织文化等因素；由于内外部环境的复杂，以及危机突发、时间紧迫、条件受限等多方面因素的影响，决策者承受巨大的心理压力，面临复杂的心理环境。

第二，危机决策的时间紧迫。常规决策中，决策方案正式出台之前，决策者往往有充足的时间对其进行反复修改；而危机事件的突然爆发，迫使决策者需要在不损害决策合理性的前提下，适度简化决策程序，在有限的时间内迅速确定决策方案并安排实施。

第三，危机决策的信息不对称。突发事件的突发特性导致其相关信息易以模糊、散乱、混沌等形式存在，使决策主体所掌握的信息与真实信息之间存在着数量、质量、时效等方面的"不对称性"，进而对危机决策的准确程度产生负面影响。信息不对称主要表现为不及时、不完全、不准确。

第四，危机决策的条件受限。现实操作中，危机决策过程中面临信息、时间、人力、技术等多方面条件受限的局面，具体表现为合格决策者的不足、专业人员的缺乏、技术支持的稀缺等。

（二）危机决策以信息为基础

1. 危机决策对信息的要求

"快真准全"的信息是危机状态下科学危机决策的重要前提。

第一，"快"，危机决策的信息应满足实时监测收集、及时传递报送的要求，以满足时间紧迫情况下危机决策所需的信息。

第二，"真"，危机决策的信息应满足真实展现现状、符合实际情况的要求，淘汰和筛除无关虚假的信息，并规避"信息噪音"给危机决策带来的干扰。

第三，"准"，危机决策的信息应精准有效，是可用于定性和定级，从而直接决定危机决策的信息，间接相关的信息应放在次级优先的位置。

第四，"全"，在满足快、真、准的前提下，危机决策的信息尽可能全面，以期提供危机定性定级、基本情况、就绪状况、应急能力等方面的信息。

2. 内部行政系统的信息收集经验

危机决策的内部信息包括两类：

第一类是应急管理部门内部环境的相关信息，主要包括：(1) 本部门、本事务的管理目标及管理现状；(2) 相关活动及工作描述；(3) 与本事务相关的组织结构、管理职责、管理流程、资源配置、成本约束等情况；(4) 与本事务相关的标准、规范、指南等及其执行情况；(5) 公共事务活动所需的技术、途径、人力等；(6) 本部门、本事务的重大合同、协议及其管理情况；(7) 本部门、本事务的风险事件历史记录；(8) 管理者的承诺及风险文化；(9) 与风险控制相关的奖惩机制；(10) 与本事务风险管理相关的其他信息等。第二类是通过内部人员和专业手段获取的信息。在具体操作中，应急管理相关部门根据公共危机的种类和特点，建立健全突发事件监测和内部情报系统，完善监测网络，划分监测区域，确定监测点，明确监测项目，提供必要的设备、设施，配备专职或者兼职人员，对可能发生的突发事件进行监测，获取信息。

3. 外部社会力量的信息收集经验

危机决策的外部信息包括两类：

第一类是应急管理部门外部环境的相关信息，主要包括：(1) 与本部门、本事务相关的法律法规约束；(2) 与本部门、本事务相关的监管体制、机构、政策以及执行等情况；(3) 可能涉及的利益相关者及其利益诉求、价值观、博弈能力和相互关系等；(4) 舆论关注情况及媒体监督机制；(5) 潜在的事态发展或升级情形；(6) 以往国际的、国内的、地区的和本地的相关事例；(7) 国内外政治、经济、社会、文化、科技等相关环境；(8) 影响本部门、本事务目标实现的外部关键因素及其历史和变化趋势等。第二类是通过外部人员和社会途径获取的信息。在具体操作中，应急管理部门加强信息收集的社会动员，建立健全突发事件信息外部收集的"信息报告制度"，在基层建立专职或者兼职信息报告员制度；获悉突发事件信息的公民、法人或者其他组织，应当立即向所在地人民政府、有关主管部门或者指定的专业机构报告，通过积极发动社会监督和民众举报，扩大信息收集的覆盖面。

（三）危机决策的"局限理性模型"

危机决策，不适用经济决策领域的"完全理性模型"和行为决策领域的"部分理性模型"，而适用"局限理性模型"。

"完全理性模型"是在"经济人"假设基础上形成的，认为"决策者具备完全的理性知识，追求效用最大，通过冷静客观的思考进行决策"。具备完全理性的领导者会根据问题确定明确且具体的目标，并且严格按照决策流程选择使决策效益最大化的方案。"完全理性模型"不仅能穷尽所有的备选方案，而且可通过精细量化比较其优劣性，从而确保决策者能够从中找到"最优方案"，作出"最优选择"。由于其对于决策情境的理性设计和苛刻要求，不适用于危机决策的现实环境。

"部分理性模型"是在"社会人"假设的基础上，认为决策者知识有限，不能完全掌握全部信息，也无法认识决策的所有规律，只能追求"满意方案"而非"最优方案"。"部分理性模型"符合常态决策的实际情况，但在危机状态下，"部分理性模型"仍然不适用于信息随时变化的危机环境。

"局限理性模型"更贴合危机决策的实际环境，由于突发事件信息较少、时间紧急、决策难度大等综合客观因素，不能盲目追求"最优方案或满意方案"，也难以做到统筹兼顾、考虑周全、集思广益、注重程序等科学性的标准。"局限理性模型"遵循"多害相比取其轻"的原则，甚至采取"排除法"的方案，抓住重点、当机立断，制订"可用方案"，并在执行时调整优化，如图9-1所示。

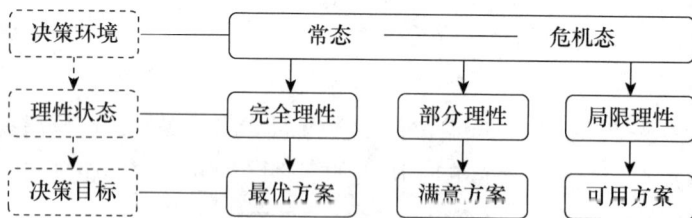

图9-1 危机决策的"局限理性模型"示意图

（四）危机决策的风险防控系统建构

危机决策的风险防控系统，也即科学危机决策的支持系统，需要实时的情报信息、详细的基础资料、专业的参考依据、精准的研判预警、科学的决策流程、切实的督导考核等要素。现对社会维稳风险治理与科学管理"一网、两库、三关"体系^①予以剖析和说明。

1. 危机决策的"情报信息网"

危机决策的风险防控系统需要"情报信息网",以保障科学决策为目标,以全面整合、共享情报信息资源为基础,以实现对危机情况信息实时侦控为核心功能。

信息工作贯穿于各类影响风险防范和危机处置工作的始终。基于此,应以信息主导工作为基本理念,通过建设全方位、多层级、立体化、动态性的信息收集、报送网络,达到对公共危机惯例形势的总体把控,具体要求包括:

第一,建立一体化的信息网络,全面整合信息资源,实现信息网多层级无缝衔接。以应急管理的基层单位——区(县)政府为例,一般应建设三个层面的信息网络:第一层面为区(县)级层面,由区(县)应急管理主责部门牵头,负责整体统筹全区(县)的信息管理工作,实现信息在区(县)级层面的综合利用和实时共享,实现全区(县)信息资源的纵向统筹;第二层面为区(县)属职能部门和街乡层面,在公安政法、国家安全、信访排查等多部门网络的基础上,建立部门与部门之间、部门与街乡之间、街乡与街乡之间的沟通机制,实现全区(县)信息资源的横向沟通;第三层面为基础层面,建立覆盖全区(县)各社区、村、企事业单位、社会团体的危机信息员队伍,实现对各类信息的全面掌握。综上,通过建立"纵向到底、横向到边"的三级信息网络,有效避免信息收集主体因条块分割造成各自为政的局面,实现信息的全区(县)统筹调度、部门归口报送、资源共享利用的一体化、无缝隙体系。

第二,建立全方位、立体化的实时监控,即全面整合信息收集途径、手段,实现立体化实时监控。仍以区(县)政府为例,在通过三级信息体系实现全区(县)内部信息有效收集的同时,信息网全面纳入互联网、移动终端、手机通信等新型媒介,电视、广播、报刊等传统媒体和 12345 热线、110、119、120、

---

① 从 2008 年起,为了顺应区域发展需要,巩固提升维稳成果,北京市朝阳区与中国人民大学危机管理研究中心合作,以高校专家提供理论指导、参与重点难点问题研究,地方政府提供实证支持与具体操作的方式,着手建设以专群结合为基础,以科技手段为保证,以"一网、两库、三关"为核心内容的社会维稳风险治理与科学管理体系,在优化基层维稳运行机制、深化社会服务管理创新方面进行了积极探索。

999等政府服务保障系统在内的多信息来源，全面整合信息收集的技术手段，实现人力情报与技术情报的有效结合、公开措施与秘密工作的有效结合、传统方法与现代科技手段的有效结合、网络监控与落地查实的有效结合，全面拓宽信息搜集的广度和深度，实现对风险信息的立体化实时监控。

第三，建立高效率的动态运行机制，即全面加强机制建设，实现信息传递的动态运行。信息在各级层面的及时传递是实现信息价值的必要要求。按照这一要求，信息网络应做到：一是形成信息的筛选过滤机制，找出真实的、相关的、对危机决策可能有用的信息，淘汰和去除无关、虚假的信息，规避"信息噪音"给危机决策带来的干扰和问题；二是建立培训机制，全面提升情报人员素质；三是通过设置考核奖惩、责任追究等机制，全面落实各项工作责任制；四是通过完善报送机制，明确信息的收集类别、保密级别、传递时限、报送方式等内容。通过完善工作机制实现信息传递工作的规范化、制度化，为信息高效、动态运行提供坚实保障。

2. 危机决策的"基本情况库"

危机决策的风险防控系统需要建立"基本情况库"，以全面系统掌握危机决策所需的危机本身、危机应对、应急准备等资料及相关知识为内容，以建设风险隐患资料库、重点矛盾纠纷资料库、基本情况资料库等三个子库为内在基础，在决策时提供全面准确的资料支持。具体要求有：

第一，全面。"基本情况库"应涵盖基本情况和应急就绪状况的全方位资料，包括重点的"人地物事环"情况，与公共危机相关的水电气热、广电通信、交通运输、食品供应、卫生医疗等，与就绪状况相关的机构设置、应急预案、人才准备、应急保障等。

第二，准确。应做到对基本情况和就绪状况的全面收集、翔实记录、合理分类、动态更新。

第三，实用。将各类资料通过技术手段转化形成"风险地图"①，直观反映全区（县）动态，具有资料留存、查询、比对等功能，并予以系统整合，形成动态更新，实现对总体情况的直观反映，为全面掌控形势、升展危机决策提供便捷化的支持。

___

① 一般而言，风险地图由"风险源地图""风险分布地图""趋势研判和风险预测地图""应急准备的就绪状况地图"组成，进而整合形成总的"风险地图"。参见：唐钧. 政府风险管理：风险社会中的应急管理升级与社会治理转型. 北京：中国人民大学出版社，2015.

3. 危机决策的"决策支持库"

危机决策的风险防控系统需要建立"决策支持库",以规范化的案例收集和标准化的应急处置为主要内容,以建设专业处置决策支持系统、现场应急和群众工作决策支持系统、媒体舆情风险应对决策支持系统等三个子系统为基础,在决策时提供可借鉴的辅助依据。具体要求有:

第一,分类收集掌握世界范围内已有的各种涉稳事件的典型案例,总结其发生原因、处置过程、成功经验和失败教训。

第二,根据各类典型案例,提炼总结形成针对各类涉稳事件能够采取的若干种标准化、规范化的处置方法,总结各种处置方法可能产生的效果和可能造成的负面影响。

第三,通过数据、内容的不断更新和技术支持,实现同类搜索、经验提示等功能,起到为政府科学决策提供支持的作用。

4. 危机决策的"研判预警关"

危机决策的风险防控系统需要建立"研判预警关",以对风险信息的有效鉴别为基础,分级评定风险程度,科学研判信息,准确分析趋势走向。具体包括两方面工作:

第一,设定科学的风险评估标准,以目前世界上通用的风险等级评定标准为基础,全面结合实际情况,对以往突发事件的危机预警进行规律性研究,建立一套符合实际情况和本土特点的信息风险指标评定标准,通过设定发生可能性程度、境内外舆论关注程度、人员规模程度、发生地点敏感程度、引发关联性程度、动因影响程度、防控难度等一系列量化指标,将风险程度定为三个级别,即:第一级为"不能容忍应立即处置的风险",第二级为"可容忍需重视的风险",第三级为"应关注需跟踪的风险"。

第二,信息风险指标评定标准在操作层面启动两级审核制度,即:街乡和职能部门进行初级审核,区(县)级层面由应急管理主责部门进行二级审核。通过两级审核制度实现对海量信息的有效过滤和大量风险的逐级分流。

5. 危机决策的"科学决策关"

危机决策的风险防控系统需要建立"科学决策关",以实现突发事件的标准化处置为核心功能,处置流程标准化、决策机制规范化、体系运行制度化,具体包括两方面工作:

第一,根据情报"研判预警关"所确定的风险等级,设计一套完善的标准化处置流程，该流程明确不同级别事件的处置责任主体、处置时限、工作标准；在发生不同风险等级的突发事件时，各级责任主体按照流程要求自动启动处置工作，形成各司其职、各负其责、责任明确、流程规范、机制完善、整体联动、高效运转的处置模式。

第二，针对标准化处置流程无法解决的个别重大突发紧急事件，建立专家评审分析、情况会商等一系列研判机制，确保对特殊类涉稳事件的科学决策。

6. 危机决策的"督察考核关"

危机决策的风险防控系统需要建立"督察考核关"，以落实应急管理责任为保障，实绩与政绩挂钩，责任与后果明确，奖励与处罚分明，具体包括三方面工作：

第一，建立一整套贯穿体系始终，涉及信息网络建设、风险信息预警研判，以及危机事件决策处置等各个方面的督察考核机制。

第二，建立责任追究机制，通过确定后果等级和责任等级，对因决策失误、政策制定失误、指挥失当、措施不到位、人员不到位等造成严重后果的，分门别类明确处罚标准，在进一步明确危机管理工作责任的同时，明确因工作失职、渎职所要承担的后果，起到事前警示作用。

第三，建立绩效考核机制，以全面应用绩效管理理论为基础，通过建立科学完善的绩效考评办法，定期对各部门、各街乡的工作成效进行考核，用科学的制度提升工作的积极性和主动性。

危机决策的风险防控系统机理如图9-2所示。

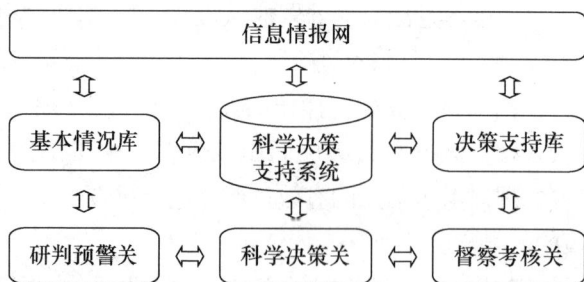

图9-2　危机决策的风险防控系统机理（以"一网 两库 三关"为例）

资料来源：唐钧. 政府风险管理：风险社会中的应急管理升级与社会治理转型. 北京：中国人民大学出版社，2015.

三、公共安全应急处置救援中的风险防控

（一）事前达成就绪状态，带动应急处置救援的风险控制

在公共安全事件发生之前，应急处置救援的风险防控，主要通过有效的防灾管理和备灾工作来实现，有助于在突发状况下迅速达成就绪状态（readiness）。就绪状态也指危机管理 4R 理论①中的"预备力"，是指各方面都能做好准备，以确保安全、平稳、有效地应对突发危机。

全面的就绪状态，既包括"人"方面的就绪，也包括"物"方面的到位。具体而言，一方面，相关的所有主体各司其职，组织和人员到位，启动相应等级的应急预案，制定具体的应急工作方案，迅速形成应急力量的到位；另一方面，相关的所有保障均已到位，动用防灾管理的资金和物资，确保应急队伍、装备、技术、通信、运输等多方面的保障到位，同步向上级有关单位上报信息，如有需要启动专家系统，咨询专家的应急意见和建议，确保应急响应得以有效推进。

就绪状态的达成，需在机构设置与职能设定、预案编制和演练管理、宣教培训和人才培养、综合保障和物资储备等四方面做好充分准备，如表 9-1 所示。

表 9-1　事前落实风险防控、达成就绪状态的基本内容及其评估指标

要素	就绪状态的内容和定性评估示例	就绪状态的内容和定量评估示例
机构设置与职能设定	（1）应急最高领导机构的设置和职能；（2）应急统一领导机构的设置和职能；（3）常设应急管理机构的建设和职能；（4）专项应急管理和指挥机构的建设和职能；（5）专家顾问组的建设、更新、运转、维护情况；（6）各类相关机构配备人员的数量和素质；（7）各类相关机构的配套物资、设备、资源和保障情况。	（1）属地政府公共危机管理办事机构人员到岗率；（2）属地政府公共危机管理领导机构组建率；（3）属地政府公共危机管理办事机构组建率。

① 危机管理 4R 理论认为"公共危机管理的能力由缩减力（reduction）、预备力（readiness）、反应力（response）、恢复力（recovery）组成"。参考：Robert Heath. Crisis management for managers and executives : business crises, the definitive handbook to reduction, readiness, response and recovery. London : Financial Times Pitman Pub, 1998.

续表

要素	就绪状态的内容和定性评估示例	就绪状态的内容和定量评估示例
预案编制和演练管理	(1) 应急预案体系的建设情况;(2) 应急预案制定小组;(3) 风险分析情况;(4) 应急资源调查情况;(5) 意见征求情况;(6) 应急预案评审;(7) 预案修订情况;(8) 预案演练规划;(9) 演练组织实施;(10) 演练总结评估与改进;(11) 预案改进和更新情况;(12) 预案的宣传、教育、培训情况。	(1) 预案涉及法律、法规、规章、制度等的监督检查覆盖率;(2) 属地的总体应急预案制定率和三年修订率;(3) 属地的专项应急预案制定率和三年修订率;(4) 属地政府的部门应急预案制定率和三年修订率;(5) 属地政府各部门联合应急预案制订率和三年修订率;(6) 属地一般性单位和基层组织应急预案制定率和三年修订率;(7) 属地的相关企业集团应急预案制定率和三年修订率;(8) 风险评估覆盖率;(9) 重大危险源普查覆盖率;(10) 危险区域普查覆盖率;(11) 重大危险源监测覆盖率;(12) 关键基础设施监测覆盖率;(13) 重大突发事件预警率;(14) 属地政府应急预案演练频率;(15) 属地政府应急预案演练部门参加率。
宣教培训和人才培养	(1) 应急救援专业人员培训情况;(2) 应急指挥人员培训情况;(3) 防灾减灾志愿者培训情况;(4) 社区减灾培训情况。	(1) 每十万人拥有综合应急救援人员数量;(2) 综合应急救援队伍覆盖率;(3) 每万人拥有执业（助理）医师数量;(4) 每万人拥有注册应急志愿者数量;(5) 中小学应急知识课开设率;(6) 每万人应急知识手册发放量;(7) 每十万人拥有公共安全教育基地;(8) 应急管理干部培训率;(9) 应急志愿者培训率;(10) 社区减灾培训率。
综合保障和物资储备	(1) 人力资源;(2) 财力保障;(3) 物资保障;(4) 医疗卫生保障;(5) 交通运输保障;(6) 治安维护;(7) 人员防护;(8) 通信保障;(9) 公共设施;(10) 科技支撑。	(1) 城市紧急避难场所人均面积;(2) 每万人口医院和卫生院床位数;(3) 救灾储备支出占地方财政支出的比重。

资料来源：根据相关公开资料整理总结，为不完全统计。

（二）事中科学实施应急，落实应急处置救援的风险控制

公共安全应急处置救援的具体工作内容繁杂，其风险防控主要通过科学应急的措施来实现，以尽可能降低突发事件危害、减少群众人财损失为目标。科学应急工作可概括为现场响应和管理、生命救援、专业处突、信息传递与危机沟通、防止次生灾害、有效联动响应等六方面工作。

1. 现场响应和管理

现场响应和管理是指"第一响应人"抵达灾害事故现场后开展的一系列应急响应和现场管理工作，具体包括以下六方面：

第一，现场评估，"第一响应人"到达现场后，应根据自身专业素质，及时开展初步判断和危险源评估工作。其中初步判断包括：应准确判断事件发生的时间、位置、造成事件的原因，根据事件的特征判断事件类型，并初步判断人员伤亡与财产损失情况；危险源评估包括对引起人财损失的危险源进行测评，确定危险源的准确位置和影响范围，评估人财损失的现状程度和发展演变程度。

第二，报警和求助，了解情况之后应有针对性地进行报警与求助。我国常用的报警求助电话有110治安类报警求助、119火警类报警求助、120医疗救护类报警求助以及122交通事故类报警求助，每一类有其特定的受理范围；遇险时的求助需根据自身的情况和周围的环境条件，通过常用声响、反光镜、抛物烟火、地面标志等方式发出求救信号。

第三，现场区域划分，寻找适宜涉灾群众临时安置的安全地带并对有限的安全地带进行功能划分。

现场区域划分旨在保障人财安全、提高应急效率，其前提是有利于施救、有利于疏散，应遵循规避潜在危险源、因地制宜、资源优化使用的三原则。根据实际需要，可将现场区域划分为人员聚集、设备存放、临时医疗救护、心理辅导、物资储备、隔离警戒、遗体临时存放、现场指挥等功能区。

第四，院前急救，开展初级医疗救护。在条件允许的情况下，应对伤员迅速开展伤情检查，并应遵循科学的原则和程序，在专业医疗救助人员未到达前实施院前急救，过程中应注意把握以下要点：一是在条件允许的情况下，尽快转移伤员脱离险区；二是先复苏后固定，先止血后包扎，先重伤后轻伤，先救治后运送；三是急救与呼救并重，搬运与医护一致。

第五，辅助逃生和隔离危害，尽量减少人员伤亡。一方面，将处于危险环境中的群众进行有效疏散，遵循先近后远、先易后难的原则，将群众紧急转移到安全地带并开展好临时安置工作；另一方面，注意隔离危害，以不引发再次损失为目标，通过鉴别危害物品和熟练使用工具，确保安全疏散地点远离危害、安全可靠，并在条件允许的情况下进行现场保护。

第六，事态控制和心理调适，维护现场秩序并积极调试现场各方面人员心态，营造安全和稳定的环境，具体应做好以下工作：一是保持人群秩序，避免因拥挤而发生踩踏等额外损伤；二是维护现场治安，防止盗窃等行为；三是为重点特殊人群提供专门环境；四是把握现场宣传纪律，避免信息报道不实；五是做好安全知识宣传；六是做好对群众的倾听沟通、互动交流、心理辅导等工作。

2. 生命救援

生命救援是指灾害发生后开展搜救伤员和医护救助等工作，以尽可能减少人员伤亡，保障群众的生命安全。

第一，搜救伤员，由专业队伍确定涉灾人员的定位，紧急搜救被困人员和受灾群众。搜救人员应综合经验、设备、技术，快速有序地组织和实施搜寻工作。就现代搜寻技术而言，一般可分为物理搜寻、生物搜寻和高科技搜寻三类。一是物理搜寻，营救那些可以看见或通过呼叫能够找寻并救助的涉灾人员；二是生物搜寻，主要是通过搜救犬搜寻废墟中的幸存者；三是高科技搜寻，如利用红外线、微波、声呐等技术，但需要专业技术人员和特殊配套设备。例如，地震生命救援的过程中，需根据地震级别，派遣公安消防部队、地震灾害紧急救援队、矿山和危险化学品救护队、医疗卫生救援队伍等各类专业抢险救援队伍，协调解放军和武警部队派遣专业队伍，调配大型吊车、起重机、千斤顶、生命探测仪等救援装备，抢救被压埋幸存者和被困群众。

第二，医疗救治，在院前急救的基础上，医疗队伍赶往灾区进行现场救护，或将伤员运往医院或医疗点救助。其中，现场救护的一般原则是先救命后治伤，先重伤后轻伤，先抢后救，抢中有救，尽快脱离事故现场，先分类再运送，医护人员以救为主，其他人员以抢为主，各负其责，相互配合，以免延误抢救时机；同时，现场救护人员应注意自身防护。例如，地震应急的生命救援工作主要包括：迅速组织协调应急医疗队伍赶赴现场，抢救受伤群众，必要时建立战地医院或医疗点，实施现场救治；加强救护车、医疗器械、药品和血浆的组织调度，特别是加大对重灾区及偏远地区医疗器械、药品的供应，确保被救人员得到及时医治，最大程度减少伤员致死或致残；统筹周边地区的医疗资源，根据需要分流重伤员，实施异地救治等。

3. 专业处突

专业处突是指通过一系列专业措施，控制危机源，处置突发事件，减少危害所造成的人员死伤、财产损失和负面影响。根据我国相关法律法规的规定，自然灾害、事故灾难、公共卫生事件、社会安全事件，应急响应的专业处突工作总体要求略有不同。

以社会安全事件为例，其专业处置的措施主要包括：（1）强制隔离使用器械相互对抗或者以暴力行为参与冲突的当事人，妥善解决现场纠纷和争端，控制事态发展；（2）对特定区域内的建筑物、交通工具、设备、设施以及燃料、燃气、电力、水的供应进行控制；（3）封锁有关场所、道路，查验现场人员的身份证件，限制有关公共场所内的活动；（4）加强对易受冲击的核心机关和单位的警卫，在国家机关、军事机关、国家通讯社、广播电台、电视台、外国驻华使领馆等单位附近设置临时警戒线；（5）严重危害社会治安秩序的事件发生时，公安机关应当立即依法出动警力，根据现场情况依法采取相应的强制性措施，尽快使社会秩序恢复正常。

以突发公共卫生事件为例，其专业处置的部门及其工作包括：（1）各级人民政府应组织协调应急处置，调集人员物资和设施设备，划定和封锁传染病疫区，采取措施控制疫情蔓延，预防和管理流动人口，实施交通卫生检疫等；（2）卫生行政部门应组织开展事件调查与处理，组织专家开展评估并提出响应级别，开展应急控制措施，开展督导检查，普及卫生知识等；（3）医疗机构应开展病人接诊收治和转运工作，协助进行标本采集和流行病学调查，控制医院内现场，进行消毒隔离，做好个人防护，处理医疗垃圾和污水等；（4）疾控机构应收集并分析突发事件信息，开展流行病学调查，提出并实施针对性防控措施，开展实验室检测并查找致病原因等；（5）卫生监督机构应督导检查应急处置工作，进行卫生监督和执法稽查，协助调查处理应急处置工作中的违法行为等；（6）出入境检疫机构应配合做好口岸应急处理工作，及时上报口岸突发事件信息和情况变化等；（7）非事故发生地区应与事故发生地区密切联系并获取信息，组织做好本行政区域应急准备，加强监测和报告，重点监测和预防控制，做好知识宣传和健康教育及交通卫生检疫等。

4. 信息传递与危机沟通

信息传递与危机沟通是指应急响应过程中政府部门、组织、媒体、公众等多方之间进行的信息传递与沟通交流过程，是确保信息上传下达和响应联动协调的重要环节，也是危机处置内部与外部建立信任和合作的桥梁。根据对象的不同，可分为应急部门系统内部的信息传递和外部的危机沟通。

内部的信息传递应遵守及时、客观、真实、准确，减少信息损耗、规避信息失真，不得迟报、谎报、瞒报、漏报等基本要求，对报送范围、时限、内容、程序等均规范要求，确保信息报送工作抓实、抓细、抓好，实现多部门、多层次、多主体之间的信息传递。(1) 给出报送范围和标准的明确要求①；(2) 给出报送时限的精准要求②；(3) 给出报送内容的细化要求③；(4) 报送程序应严格遵循相关程序要求④；(5) 信息传递应满足"四个合适"原则⑤；(6) 信息报送应满足"三同步"原则⑥；(7) 联动共享畅通；(8) 动态分析研判，以确保最新最真的信息传递到决策者。

外部的危机沟通应遵守及时、公开、透明的准则，做好三方面的工作：(1) 确定沟通群体的范围，一般包括处于突发事件范围内、直接受到影响的人群或处于事件范围相邻区域、直接受到影响的人群等直接利益相关群体，事件波及人员和参与处理人员的家属、处于事件范围内或相邻区域且暂未直接受到影响的人群等间接利益相关群体，关心事件发生发展的一般公众等旁观群体；(2) 确认沟通对象及其需求，包括公众的信息需求、认知需求、情感需求、信任

---

① 报送范围和标准：一般而言针对四类突发公共危机事件的影响范围和损失程度予以报送；对于未达到标准但发生地点敏感、人员身份特殊、持续时间较长、社会影响较大，或有其他特殊情况的也应当及时报告。

② 报送时限要求为：一旦发生重大紧急突发事件，按照"先报事、再报果"原则和"1个小时首报"的要求，第一时间报告值班领导及政府主要领导。

③ 报送内容要求为：一般而言须包括时间地点、信息来源、事件起因和性质、基本过程、已造成的后果、影响范围、事件发展趋势、处置情况、拟采取措施、下一步工作建议等，并对事件处置新进展、可能衍生的新情况及时续报，对事件处置结束进行终报。

④ 报送程序要求为：一般而言值班员须在规定时间内首先向值班领导报告，由值班领导分析研判并同步向属地党和政府的领导及办公室报告信息，并就事件的性质、规模、严重程度、人财损失、负面影响等核心要素进行核实统一，统一口径对外发声，不得单边越级上报。

⑤ "四个适合"是指，要把适合的信息，通过适合的渠道，在适合的时机，传递到适合的对象。参见：唐钧. 新媒体时代的应急管理与危机公关. 北京：中国人民大学出版社，2018.

⑥ "三同步"是指信息收集和报送的同步原则、信息报送和研判的同步原则、信息报送和应急处置的同步原则。参见：唐钧. 新媒体时代的应急管理与危机公关. 北京：中国人民大学出版社，2018.

需求等；（3）确认沟通的方式，包括媒体沟通和公众沟通，如现场新闻发布会、新闻通气会、向媒体发放新闻稿、挑选媒体进行联合采访、通过政府网站发布等媒体沟通，官方微信微博、手机短信、电话咨询热线、发放宣传页等公众沟通。

5. 防止次生灾害

防止次生灾害是指采取防止发生次生、衍生事件的必要措施，防止次生灾害的发生和危机影响范围的扩大。

针对四类突发公共危机事件，防止次生灾害的措施主要包括：（1）设立警戒，控制危险源，标明危险区域，封锁危险场所，划定警戒区，实行交通管制以及其他控制措施；（2）维护社会治安，依法从严惩处哄抢财物、干扰破坏应急处置工作等扰乱社会秩序的行为；（3）维护市场秩序，依法从严惩处囤积居奇、哄抬物价、制假售假等扰乱市场秩序的行为，稳定市场价格；（4）如有必要，开展卫生防疫，做好饮用水、食品、药品卫生监测，强化传染病的监测防控；（5）如有必要，加强涉外事务管理，包括涉外的信息通报、应急救援、物资管理、媒体采访；（6）采取防止发生次生、衍生事件的其他必要措施。

6. 有效联动响应

应急处置救援过程中需要多个维度的联动响应。一方面，一旦突发公共危机事件超出基层的响应范围，则需要向上一层级联动；另一方面，跨区域、跨部门的应急响应往往超出某一属地政府、部门单位的能力范围，需要及时开展区域、部门的联动。

一是跨层级的联动响应。坚持"属地管理为基础，按需联动上级和中央"的原则。具体而言，属地政府是应急响应的第一责任部门、领导机构、指挥机构，负责紧急救援、应急处置、防止次生灾害等工作，当突发事件的处置要求或难度超出某一层级的属地时，需通过信息上报、信息沟通等渠道，与上级单位和相关部门进行联动。跨层级联动的过程中，既坚持属地管理为主，让基层单位和属地政府能迅速反应、及时处理，同时不排斥上级政府及其有关部门对其响应工作的指导，也不免除其他部门或其他区域的协同义务①。

二是跨部门的联动响应。当突发事件的处置要求或难度超出单一部门的职责和能力时，需开展跨部门的应急联动。跨部门的联动坚持"主责部门为主导，关联部门配合"的原则，根据公共危机事件的性质确定某个主要负责的部门，

---

① 唐钧. 社会管理概论. 北京：中国人民大学出版社，2013.

以该部门为主导，其他关联部门各司其职、配合应急。

三是跨区域的联动响应。由各相关区域人民政府及有关单位建立长效合作、信息互通、资源共享、平台共建的组织形式和工作机制，形成互联互通、协同处置的格局。合法化是跨区域联动的前提，对此，属地政府之间通过签订应急联动协议，形成长效合作机制和管理制度，为共同应对区域性公共危机的制度设计和操作实施提供合法依据；信息互通和资源共享是跨区域联动的基础，一旦出现涉及跨区域的重特大突发公共危机事件，达成合作协议的各方应主动加强信息的互联互通，共享相关信息资料，并以此为基础开展协调处置，加强排查和控制危险源；在签署长效合作协议的基础上，还应建立跨区域联动的网格化组织机构，并形成工作机制和组织架构，该工作机制和组织架构可形成相对独立的治理结构。既要构建常态的日常联席会议模式，也要建立危态的临时会商机制。在常态情况下，设置联席会议制度，定期沟通与交流；在紧急情况下，随时组织开展临时会商，分析研判形势，提出应对突发公共危机事件的策略与措施。在现场的指挥中，根据实际情况，以有利于高效指挥和快速处置为原则，可采取调度指挥、联合指挥、统一指挥等多种模式，来进行现场指挥架构。

（三）事后落实追责机制，助推应急处置救援的风险控制

应急管理部成立后，确定"以防为主、防抗救结合，常态减灾和非常态救灾相统一，从注重灾后救助向注重灾前预防转变，从减少灾害损失向减轻灾害风险转变"的宗旨。基于此，事后追责机制的设置中应加强对应急处置救援中风险防范责任的调查和追究，以助推应急处置救援的风险控制工作。

第一，我国相关法律法规已对事前风控的责任明确追责要求，以《突发事件应对法》为例，具体包括：（1）政府及其有关部门违反规定，不履行"预防和应急准备"一章中法定职责的，由其上级行政机关或者监察机关责令改正；（2）政府及其有关部门未按规定采取预防措施，导致发生突发事件，或者未采取必要的防范措施，导致发生次生、衍生事件的，根据情节对直接负责的主管人员和其他直接责任人员依法给予处分；（3）有关单位未按规定采取预防措施导致发生严重突发事件、未及时消除隐患导致发生严重突发事件、未做好应急设备设施日常维护检测工作进而导致发生严重突发事件或者突发事件危害扩大的，由所在地履行统一领导职责的人民政府责令停产停业，暂扣或者吊销许可证或者营业执照，并处以罚款。

第二，实行党政领导干部任期安全生产责任制，日常工作依责尽职、发生事故依责追究。生产安全事故涉及规划布局、行政审批等方面的问题，这些问题往往在事故发生后才能暴露出来。例如，在深圳"12·20"事故调查处理中，深圳市原副市长和光明新区原党工委书记虽然在事发时已离任，但由于在任时对事故的发生负有责任，仍需依法依规追究其责任。

第三，建立企业生产经营全过程安全责任追溯制度。例如，部分省市建立企业生产经营全过程安全责任追溯的试行制度，以明确企业各岗位安全生产责任为基础，以各岗位履行责任的记录和监督检查履职情况为主线，实现生产经营单位内部和监管部门对标监督、检查各岗位履行安全生产职责情况，实现安全责任可追溯。生产经营单位为安全责任追溯制度建设的责任主体，企业法定代表人或者企业负责人为第一责任人，安全管理机构为直接责任人，企业内应明确安全责任追溯的管理部门，负责安全责任追溯制度的建立和组织实施，不定期以"倒查"的方式检验安全责任追溯制度运行情况，及时调整、完善相关环节。发生生产安全事故时，应根据安全责任追溯制度，迅速查找和确定事故发生的原因，追溯责任人员履行安全责任情况，并采取相应措施进行处理；发生生产安全事故后，还应当追溯安全生产领域项目审批、行政许可、监管执法中的失职渎职和违法违规行为。

第四，建立"上游-中游-下游"的三段式追责机制，对于可能产生或导致公共危机的"上游"规划和决策环节、"中游"执行和监管环节、"下游"应急和救援环节，均开展相应的追责工作。一是规划和决策的"上游"环节，追责以定责为基础，需采取设定责任目标、设置岗位及其职责、设置责任考核标准、制定"责任清单"、签订责任书等实施方法和配套方案，例如《国务院工作规则》（2018 年 6 月 25 日发布）要求"建立健全重大决策终身责任追究制度及责任倒查机制"；二是执行和监管的"中游"环节，追责与监督互补充，需采取内部督导、暗访检查、社会监督（新闻媒体、人民群众等）等实施方法和配套方案，例如国家安监总局颁布的《安全生产监管监察职责和行政执法责任追究的暂行规定》（2015 年 1 月 16 日最新修订），要求"对作出违法、不当的安全监管监察行政执法行为，或者未履行法定职责的安全监管监察部门及其内设机构、行政执法人员，实施行政责任追究"；三是应急和救援的"下游"环节，追责与考核相结合，需采取绩效考核、责任倒查、调查追责等实施方法和配套方案，例如《突发事件应对法》要求，地方各级人民政府和县级以上各级人民政府有关部门有下列情形之一的，根据情节对直接负责的主管人员和其他直接责任人员依法给予处分：（1）未按规定采取预防措施，导致发生突发事件，或者未采取必要的防范措施，导致发生次生、衍生事件的；（2）迟报、谎报、瞒报、漏报有关突发事件的信息，或者通报、报送、公布虚假信息，造成后果的；（3）未按规定及时发布突发事件警报、采取预警期的措施，导致损害发生的；（4）未按规定及时采取措施处置突发事件或者处置不当，造成后果的；（5）不服从上级人民政府对突发事件应急处置工作的统一领导、指挥和协调的；（6）未及时组织开展生产自救、恢复重建等善后工作的；（7）截留、挪用、私分或者变相私分应急救援资金、物资的；（8）不及时归还征用的单位和个人的财产，或者对被征用财产的单位和个人不按规定给予补偿的；等等。

第二节　公共安全应急风险防控的国际经验和研究方法

一、概述

公共安全应急风险防控通常是指风险管理者在灾害全周期内采取各种措施和方法，以消灭或减少风险事件发生的各种可能性，主要关注应急全过程。应急风险防控是公共安全风险治理的统筹视角，需考虑风险决策各个环节。桑滕等人认为应急环境下"指挥与控制"失效，决策团队的最佳方法是将综合谈判方法作为决策的共同心智模型[①]；雷恩构建了包括风险感知、风险评估、风险管理、风险沟通、风险参与在内的新型风险治理框架，并提出风险治理的社会和政治环境是有效应急风险防控的基础。此外，以经验为基础的系统研究方法，如结构化和半结构化访谈、头脑风暴法可应用于全过程之中。随着互联网时代的发展，应急风险防控不仅需要加强顶层设计，而且需要坚实的技术保障。应急信息系统集成平台的开发和使用可以推动部门间数据壁垒的打破，促使数据共享，实现应急信息一体化。

国际上现有的公共安全应急风险防控方式主要分为四种：情景、经验、决策、过程，各方式的情况对比如表9-2所示。

---

① SANTEN W V, JONKER C, WIJNGAARDS N. Crisis decision making through a shared integrative negotiation mental model. International journal of emergency management, 2009, 6 (3-4): 342-355.

表 9 - 2 公共安全应急风险防控的方式对比

	情景	经验	决策	过程
目标	列举应急风险情景	依据历史应急经验	形成决策智慧	指挥应急过程
类别	定性分析	定性分析	定性分析/定量分析	—
结果	情景	方案	方案	指挥系统
优点	灵活、便于理解	简单、适用范围广	专业、可用范围广	清晰、适用范围广
缺点	不够全面	主观性较强	计算量大	制作成本高
难度	偏易	易	偏难	难
示例	情景分析法、幕景分析法	结构化或半结构化访谈、德尔菲法	决策树分析法、头脑风暴法	现场指挥系统

二、情景：情景分析法

情景分析法（scenario analysis）又称脚本法或者前景描述法，由荷兰皇家壳牌集团（Royal Dutch/Shell）于 20 世纪 60 年代末基于脚本的战略规划首先使用，并由该公司的沃克于 1971 年正式提出。

情景分析法是指通过分析未来可能发生的各种情景，以及各种情景可能产生的影响来分析风险的一类方法。换句话说，情景分析法是类似"如果……，怎样"的分析方法。用情景分析法进行预测，不仅能得出具体的预测结果，而且还能分析达到未来不同发展情景的可行性以及提出需要采取的技术、经济和政策措施，为管理者决策提供依据。

情景分析法的结构可以是正式的，也可以是非正式的。有时，某种变化可能归因于另一个风险带来的结果。例如，气候变化的风险正在造成与食物链有关的消费需求的变化。由于情景只是一个估测，因此关键是要确定需考虑的正在发生的某个特定情景的可能性，最后根据不同情景结果进行风险预警，调整行动方案。图 9 - 3 为斯坦福研究院 6 步骤情景分析法。

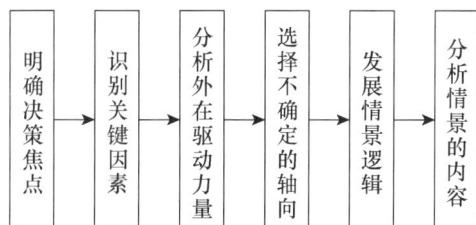

图 9 - 3 斯坦福研究院 6 步骤情景分析法

三、决策：决策树分析法

决策是指在应急过程中利用决策智慧进行科学应急决策的一类方法，决策树分析法即为其中一种。决策树分析法（decision tree）是将构成决策问题的有关因素，用树状图形来进行分析和选择决策方案的一种分析方法，也是风险型决策最常用的方法之一。它具有层次分明、逻辑清晰的特点，能够使决策者有步骤地进行决策。在复杂问题的决策上能让决策者进行周密的思考，形成科学的决策，避免单纯凭经验、凭想象而导致的决策上的失误，提高决策的有效性。决策树分析法示意图如图 9-4 所示。

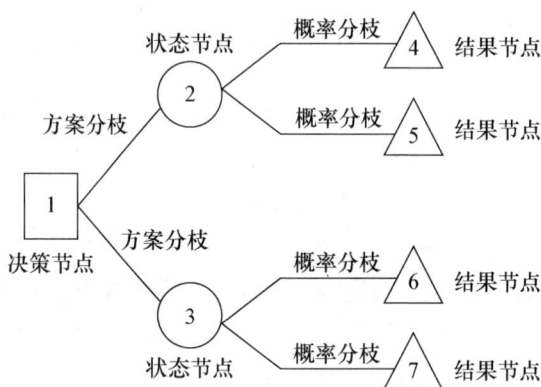

图 9-4 决策树分析法示意图

决策树分析法的实施可分为三个基本步骤：（1）绘制决策树图。从左到右画一个决策树，这本身是一个重新分析决策问题的过程；（2）从右到左计算每个方案的期望值，将结果写在对应的方案节点上方。期望值沿着决策树的相反方向从右向左计算；（3）比较每个方案的期望值，截掉期望值小的方案（劣质方案），剩下的最终方案就是最佳方案。

四、过程：现场指挥系统

过程是根据应急过程制定指挥系统的一类方法。突发事件发生后，为保证现场处置和救援工作的有效实施，须对事件现场的所有应急工作实施统一的指挥和管理，形成统一的现场指挥系统，国际上一般称为 ICS 系统（incident command system）。

应急响应的现场指挥系统相当于大脑和神经系统的集合体，应急有效与否，集中表现在指挥系统的有效性。基于此，现场指挥系统的基本要求是反应机敏、运转灵活、权威高效。在现场指挥系统的作用下，快速高效地完成突发事件现场的搜救伤员、医疗救治、安置灾民、物资保障、卫生防疫、抢修基础设施、设置和维护警戒、维护社会治安、监测和控制险情、调整应急方案、防御次生灾害、部门联动协调、区域协同、信息通报、信息发布、开展社会动员、管理涉外事务等一系列工作。

（一）现场指挥系统的基本原则

在具体操作中，现场指挥系统遵循统一性、标准化、灵活拓展的三原则。

第一，统一性原则。由于现场应急的目标多样、主体复杂，且面临随机性和多样化的应急问题，现场指挥系统需遵循统一性原则，具体要求如表9-3所示。

表9-3 现场指挥系统的统一性原则的要求

统一性原则的要求	统一性原则要求的具体阐释
通过目标实现统一管理	建立支撑性的任务目标来作为统一管理的工具，具体包括：制定和发布任务、方案、规程和协议；强加绩效考核，以成效衡量表现。
设定现场最高指挥员	现场最高指挥人员会被赋予重要职权，是突发事件现场负责统一组织、指挥应急处置工作的最高指挥者。
指挥的一元化	每一个现场应急人员仅向一位指定的人员负责和汇报，每一个人都有一个指定的主管人，必须在事件现场向他报告，避免由多重指示尤其是多重相互矛盾的指示引起的混乱。
联合指挥中的统一性	（1）将现场应急的组织机构、指挥场所、基本流程、资源管理纳入一个统一管理模式；（2）当事故涉及多区域或多部门时，在统一指挥下行动，并确保单个机构的权责义务；（3）所有参与部门需委派一名指挥员，组成突发事件管理小组，共同分担管理责任且行动一致。
适当管控幅度	现场指挥系统中的分部门主管可有效掌控的人数一般在3~7人，以5人为最佳，若数目有增减，救灾指挥官应重新考虑整个组织结构。

续表

统一性原则的要求	统一性原则要求的具体阐释
整合通信	整合相关的行动部门和支持部门，必要时可建立多条通信网路，建立和使用共同的通信方案，共享通信程序和系统结构，并在通信整合的基础上建立指挥功能。

　　资料来源：根据美国联邦应急管理局《突发事件指挥系统训练手册》、广东省政府办公厅印发的《广东省突发事件现场指挥官工作规范（试行）》（粤办函〔2015〕644号）相关资料总结整理。

　　第二，标准化原则。由于现场应急的部门职能和执行手段复杂，现场指挥系统需通过标准化来实现规范管理和处置，以确保应急响应的专业和高效，具体要求如表9-4所示。

表9-4 现场指挥系统的标准化原则的要求

标准化原则的要求	标准化原则要求的具体阐释
通用的术语	确定现场指挥中组织职责、资源分类、事件设施的通用术语，对人员职能、设备设施、应急资源、职位安排的描述予以规范。
模块化的组织	基于突发事件的规模和复杂性来建构模块化组织，事故指挥官负责模块化组织的建立和扩展，建立若干独立的功能单位，并可进一步细分。
标准化的行动方案	突发事件行动预案提供统一的行动方案来有效组织人员和设施设备、协调具体行动和资源调动，保证应急响应行动的统一高效。
预置的场所与设施	在公共危机事件发生地的临近地区，要建立相应的标准化行动场所和支持设施，一般包括指挥所、基地、营地、人员和物资集结地区、群体伤员分类救治区等，用于现场指挥系统能够及时调度、高效安排。
全面的资源及其管理	对于可用于或潜在可用于支持突发事件管理、能够分派或分配的人员、小组、装备、供给品和设施等资源进行标准化配置和管理。
调度	人员和装备的调度有其严格条件和程序要求。
信息和情报管理	形成收集、共享、管理情报信息的严格和规范程序。

　　资料来源：根据美国联邦应急管理局《突发事件指挥系统训练手册》、广东省政府办公厅印发的《广东省突发事件现场指挥官工作规范（试行）》（粤办函〔2015〕644号）相关资料总结整理。

　　第三，灵活拓展原则。应急现场的不确定性和变动性对现场指挥提出灵活变化的要求。对此，现场指挥系统应根据应急响应的需要灵活拓展，即时扩编或调整所需的操作小组和人员。在具体实施中，一般将现场指挥系统的模块和架构设计成"可扩展的树状结构"，从而具有灵活性。例如，美国现场指挥系统在计划、作业、财务、后勤的"组"（section）级设置下，细分为"部"（division）、"分部"（branch）、"小组"（group）、"小队"（unit），分别承担相应的职责与功能。根据突发事件的规模，组织结构可以自由增减，能够满足不同规模的应急需求。具体而言：（1）作业组的灵活性拓展：一般分为空中作业和现场作业两部分，下面细分战术小组、支持小组、任务小组、打击部队等。（2）计划组的灵活性拓展：一般包括资源、状况、文书、疏散等小组，如有需要，可增设特别技术专家。（3）后勤组的灵活性拓展：包含支持与服务两个分组，支持分组主要包含补给、设施、地面支持等，服务分组一般包含通信、医疗、粮食等。（4）财务组的灵活性拓展：通常是针对计时、采购、补偿与花费的处理进行编组。

（二）现场指挥系统的基本构成

现场指挥系统的模块化构成是指，提前设置现场响应所需职能小组，明确不同职能小组的职责分工、人员组成、资源配置等，作为现场指挥系统的模块化过程。在具体的应急响应中，根据突发公共危机事件的规模大小、复杂程度、环境情况，召集所需的职能小组模块并组建起现场指挥系统的整体。现场指挥系统的模块化构成一般包括如下五要素：

要素1：现场指挥部（官），统领现场应急指挥部的整体行动，职责主要包括：掌控事态发展，评估现场状态，确定行动优先级，下达任务命令，制定应急队伍与资源的调配行动方案，监督行动执行，保持现场同上级、外界的信息交流，确保现场指挥部有序运作。

要素2：综合研判职能小组，简称"综合研判组"，承担研判和计划的职能，负责搜集多方面信息，根据事件的性质组织涉事单位和相关专家进行研判会商，开展信息互通、技术协同、资源联动等工作。

要素3：应急作业职能小组，简称"应急作业组"，负责突发事件的处置、救援等具体的执行活动，同步匹配相应的组织资源。

要素4：资源保障职能小组，简称"资源保障组"，负责组织协调相关部门以确保交通、通信、医疗、技术、救灾、生活、环境以及区域性资源调配等多方面保障。

要素 5：财务控制职能小组，简称"财务控制组"，负责制定总体预算、审批和执行物资征用采购、监督事故赔偿的商定和执行、对全过程经费执行进行实时审计等。

五要素共同组成现场指挥系统的基本框架，如图 9-5 所示。

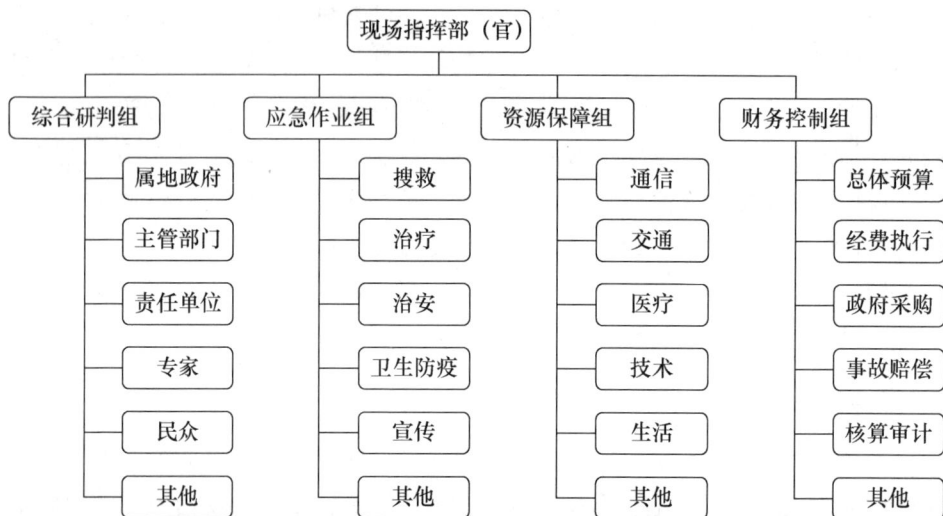

图 9-5 现场指挥系统的基本构成

（三）现场指挥系统的美国操作

美国基于现场应急指挥的需要，构建了"1＋3＋4"的现场指挥体系，如图 9-6 和表 9-5 所示。

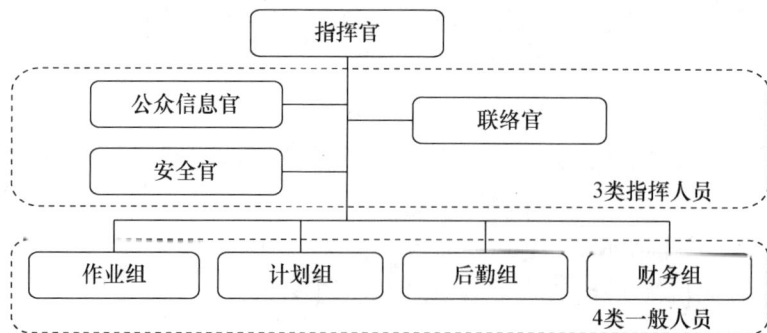

图 9-6 美国"1＋3＋4"的现场指挥体系示意图

表 9 - 5　美国"1＋3＋4"的现场指挥体系组成

模块	组成人员	职责简介
1 名指挥官	指挥官	应急响应的领导者和管理者，在小规模事件中可一人承担所有职责；在大规模事件中可通过一般人员或指挥人员共同处理，判断有必要则设立各独立的职能部门。
3 类指挥人员（每一类一般由1 名官员担任）	公众信息官	信息收集和整理，对内与相关机构沟通联系，对外与公众沟通和媒体信息发布。
	安全官	安全监控与评估，确保应急行动和应急人员安全，有权终止不安全的应急行动。
	联络官	与涉及的外界各部门、机构、私人组织的联络协调。
4 类一般人员（每一类一般由1 名组长、1 名副组长和若干名成员构成）	作业组/行动部	执行并协调应急行动。
	计划组/规划部	态势监控、预测分析、资源跟踪、计划方案制订。
	后勤组/后勤部	应急队伍的通信、食品、医疗、设施、交通运输保障。
	财务组/行政组	监控应急过程产生的人力、物力费用，管理采购过程。

第三节　公共安全应急风险防控的经典案例分析或最佳标杆研究

◎ 泰国睡美人洞救援事件中的应急风险防控措施

2018 年 6 月 23 日下午，泰国清莱省美塞县某学校足球队的 12 名少年结束训练后，在教练的带领下进入睡美人洞地下洞穴探险，因突降大雨（此时正值泰国雨季）导致水位上升而受困于洞穴内。足球队少年和教练一同进入睡美人洞后，当晚少年未回家，家长迅速报警；与此同时，公园巡逻员在洞穴入口发现 11 辆脚踏车和一辆机车，并进行了汇报。接到报警和汇报后，泰国的警察、部队人员等搜救队伍迅速到达现场展开救援。

（一）应急决策注重风险控制，基于充分信息进行科学论证

危机决策是指应急救援的决策者须在有限的信息、时间、资源、人力等多方面约束条件下，在信息收集的基础上，分析研判危机并确定应对危机具体行动方案的过程。由于突发事件信息较少、时间紧急、决策难度大等综合客观因素，难以做到统筹兼顾、考虑周全、集思广益、注重程序等，需要遵循"多害

相比取其轻"的原则，甚至采取"排除法"的方案，抓住重点、当机立断、制定"可用方案"，并在执行时调整优化。

1. 救援现场的信息收集和情况评估

第一，救援环境信息收集。环境在很大程度上影响着救援行动，因此在开展救援活动之前需要充分地收集事故发生区域的地形、气候、土壤、植被、水文等自然特征信息，并且分析这些特征可能给救援工作带来的问题和风险性。在泰国洞穴救援中，陡峭且崎岖的洞穴内部环境、极低的水下能见度以及长达4公里的救援距离，都是需要深思熟虑的重要环境因素。

第二，救援对象信息收集。救援对象是救援行动中需要关注的重要因素。本案例中，受困的大多是11~16岁的少年，在被寻获之前已经受困长达9天；同时一般的食物很难送达洞内，他们在被寻获之后也只有营养膏可以吃，所以无论是体力还是健康状况都堪虑，在此状况下要开展救援，存在较高的难度。

第三，救援资源信息收集。救援资源主要包括救援所需的人力、物力、财力、设施、技术等多方面保障性物资和资源。本案例中，救援资源主要包括救援专业人员或队伍、非专业的其他社会力量、通信系统、救援装备和设施等。

2. 制订决策方案的要求

第一，安全性要求。必须同步保障受害者和施救者、救援对象和救助人员的安全，尽可能减轻已有死伤状况的同时尽力确保不再新增死伤人员。

第二，科学性要求。救援需要遵从事故的发生演化规律、救援对象的特征以及事故发生现场周边环境等特征，进行科学有序的处置。

第三，可行性要求。方案决策中必须考虑现实实施的操作难易程度，综合考虑能否适用于具体的救援环境和救援对象的情况。

3. 根据情况制订应急方案

明确救援信息以及确定相关的救援准则之后，通过以往的经验和实际情况，可以归纳出多种救援方案，并从中选出相对安全、科学、可行的方案。

方案1：等待雨季过去。让洞穴里的水面完全褪去或下降至被困人员可轻松出洞的高度，预估耗时4个月。其间不确定因素较多，包括空气水源食物等供给能否充足供应、水面是否会再次上涨等问题。

方案2：寻找其他的出口。在丛林中搜寻气穴和竖井等其他可以出洞的通道，但在探寻过程中预估会消耗一定的人力物力。

方案3：山顶凿孔，垂直救援。从山腰处凿井、为被困人员开辟新的出洞道路，对此需要精准掌握被困人员的确切位置，立即提供重型钻井设备，同时确保不偏离洞穴且不导致溶洞发生坍塌，存在多方面的难度。

方案4：制造救生潜水艇，潜入后装载被困人员潜出。由美国某科技公司提出订制潜水艇的方案，设计打造一艘可容纳少年的潜水艇，穿过洞穴内的隧道来实施营救。理论上密闭性好且配有压缩气缸的潜水艇即可作业。但洞穴内部结构复杂，需要潜水艇至少具有一定的长度并能转过转角或通过刁钻角度，实际设计和操作起来存在较大困难。

方案5：潜水出洞。让潜水员牵引被困人员潜水出洞，但13名被困人员基本不具备潜水能力，如何由潜水员带领其穿过4公里的水下路程，如何确保其生理状况和心理状况能够完全承受，需要评估考量。

综上，依照救援准则和现场的信息，在救援行动中能够推行5种不同的方案，分析考量如表9-6所示。

表9-6　五种可选方案的分析比较一览表

方案名称	安全性分析	科学性分析	可行性分析
等待雨季过去	短期较安全，但是如果持续时间过长，被困人员容易出现安全问题。	未能充分考虑救援对象身心俱疲的状况，违背科学性。	操作简单，等待雨季过去再确定救援路径，但是雨季持续时间不确定，是不可行的。
寻找其他的出口	短期较安全，但是如果较长时间寻找出口，被困人员容易出现安全问题。	未能充分考虑救援对象身心俱疲和环境的复杂性，违背科学性。	操作困难，洞穴狭窄，以现有的技术难以短时间内找到合适的出口，是不可行的。
山顶凿孔，垂直救援	不安全，如果凿孔可能造成溶洞坍塌，造成巨大的生命安全威胁。	环境复杂，不容易找到救援点，违背科学性。	操作困难，缺少基础设施以及机械作业的条件，故不可行。
制造救生潜水艇	安全，对被困者的生命几乎不造成威胁。	洞内环境复杂，潜水艇探索困难，违背科学性。	操作困难，同时需要投入大量的人力财力物力去制造，成本较高，故不可行。
潜水出洞	比较安全，但是需要考虑洞穴地形以及救援者和被困者的身体素质。	较为充分考虑了时间和救援对象的具体状况，较符合科学性。	操作简单，只需要救援者潜水带领被困者出洞，是可行的。

经过分析，潜水出洞方案更为可行，在实际操作中更能保障救援者和被困人员的安全；在科学性上，充分考量了潜水员的技术和救援物资保障，符合救援的客观规律；在可行性上，操作方便，成本较低。所以根据三大准则，并结合安全、技术、物资和成本四大因素，选取潜水出洞的救援方案，同时在操作中调整优化，如图 9-7 所示。

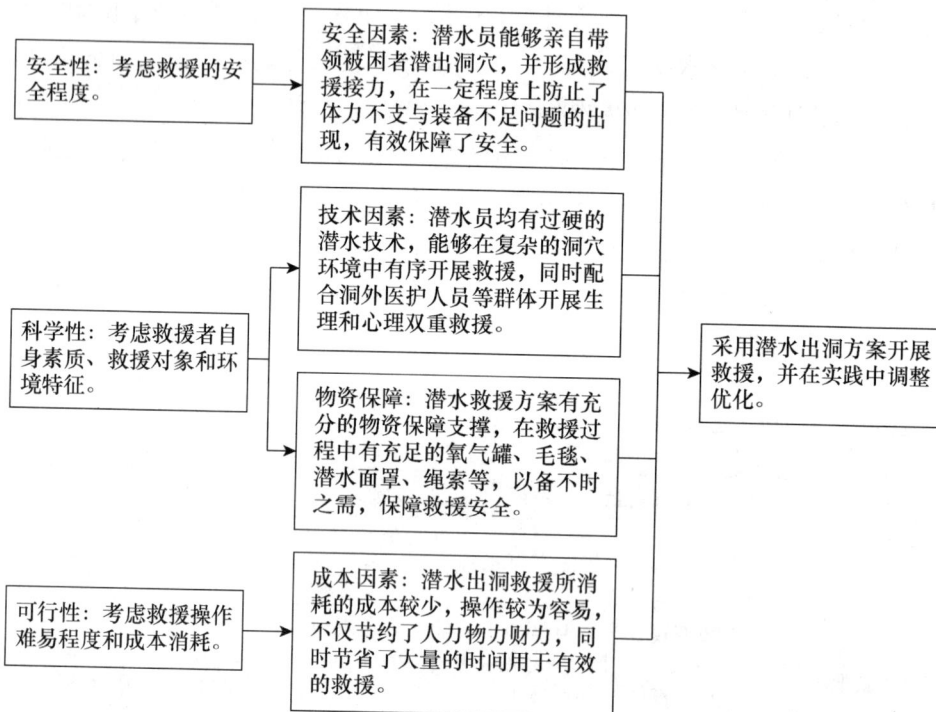

图 9-7　潜水出洞方案的确定流程

（二）应急救援过程中全面风险控制，谨防人员伤亡

制订应急救援方案之后，迅速部署力量开展应急救援。在救援过程中，需要全面加强风险控制，防止风险的扩大化与升级，谨防人员的伤亡。

准备就绪和保障到位是救援过程中提升风险防控能力、防止人员伤亡的重要条件。本案例中，主要落实通信保障、人员保障、装备保障、物资保障等四方面工作，提升风险防控能力。

1. 通信保障

确保通信系统的畅通性是掌握基本情况的重要支撑条件。通信系统能够实现洞穴内、外的人员的有效联络，确定被困人员的所处环境状况和安全状况，给洞穴外的救援人员提供精准的被困人数、生命体征、所处位置等信息，从而有助于救援队员有针对性地展开救援行动。

本案例中，两名英国潜水员最先找到了被困的 13 人，精准地定位到了被困人员的所在位置，并第一时间确认了他们的人数及身体状况，同时拍摄了洞穴内的视频，以便于地上救援人员掌握基本情况，他们打开了救援行动的突破口。在随后的物资输送阶段，潜水员们在每一次运送氧气罐和生活物资时，都会携带水下相机拍摄少年们的洞内生活情况，代替被困人员给他们的家属传递信息，以及让专家和医生对他们的精神、身体状况作出实时的判断。

2. 人员保障

多种专业人士加入、多种社会力量参与、多种形式组织组成是保障救援力量充分发挥作用的有利条件。

第一，救援行动相关研究领域的救援专家或者专业的救援队伍参加救援有助于提高方案决策和实施的安全性、科学性和可行性。顶尖的洞穴潜水员、洞穴水文地质学家、泰国当局的海豹救援队、水务专家、身心健康专家等专业人士综合他们的经验及知识，分析救援中的难点与安全问题，为救援提供辅助决策。第二，社会组织、志愿者、民族宗教等社会力量能够为救援提供后勤支持，壮大救援队伍，抚慰受害者家属，平复社会情绪。多国的志愿者队伍、泰国高僧等参与引导人员运送物资、协助排水、为救援人员做饭洗衣和诵经祈福；第三，多种形式组织组成的救援队伍具备较高的灵活性和联动性。泰国应急管理部门、海豹突击队，以及大部分基于人道主义前来的国际救援队伍、志愿者们，他们实际上构成了由不同组织模式组成的临时性组织，这种特征使得他们能够灵活地发挥各自的优势，从而又能在不破坏各自组织类型的前提下确保行动的联动性。

3. 装备保障

确保装备的安全性、适用性、充足性是救援行动的关键，先进的救援装备不一定是最好的装备，而安全性和适用性较高的装备才是最适合的选择。泰国政府派出了直升机 9 架，C-130 飞机 1 架，潜水坦克 600 辆，救护车 13 辆，还有热力感应无人机等。多方国际救援力量也带来了各国最先进的救援设备，如水下呼吸全面罩、水下潜水艇，这些都为救援起到了重要的作用。

4. 物资保障

物资充足是救援行动得以有效、安全展开的重要基础。救援物资的输送不仅关系着救援对象的生命维持，也关系着救援者的安全。救援队将物资运输作业中心转移至前端，即洞穴内的大本营处。他们先往洞穴内运送了基本的物资，如食物、毯子、灯等，主要靠潜水员来回运送，让被困人员在等待救援时能维持自己的生命体征。然后还将通往洞穴出口的路线分割成很多区域，每个区域都会安排一位对该区域驾轻就熟的潜水员，他们会在固定的区域内准备好充足的氧气罐、毛毯、多余的面罩以备不时之需。此外，在之后的救援过程中，由于水底能见度极低且水流湍急，铺设充当"扶手"的绳索系统也为救援安全提供了保驾护航的保障。

（三）善后阶段展开生理和心理的双重"医护"

生理救援能够挽救生命，是救援的基础性工作和最终目的。随着危机的复杂化与救援对象的心理复杂程度加深，为有效开展救援，心理救援同样需要发挥作用。心理救援能够在救援过程中稳定救援对象情绪，促进生理救援的展开。所以应将生理救助和心理援助同步进行，确保受害者在生理和心理方面得到双重"医护"。

1. 生理救援

泰国方面派出了专家团队教给孩子们潜水的技巧，做好充分的救援行动准备；经医生判断他们的身体状况可以进行潜水活动等。13 辆救护车原地待命确保获救的孩子们能被及时送往距离 55 公里的大医院接受专业的检查和治疗，另有救援直升机随时等待起飞以开展紧急救援。

2. 心理救援

与被困人员获取联系后，通过通信装置使其与洞外的亲属取得联系；国际足联主席致信泰国足协预祝救援行动顺利完成，并且表示如果小球员们身体状况允许，想邀请他们赴莫斯科观看 7 月 15 日的世界杯决赛；阿根廷球员梅西以联合国儿童基金会亲善大使的身份，向泰国驻阿根廷大使发送了一段鼓励视频等。

3. 救援多方力量的统一指挥和联动配合

突发公共危机事件发生后，为保证现场有效处置和开展生理和心理的双重

"医护"工作，必须对事件现场的所有应急工作实施统一的指挥和管理；与此同时，应急救援还面临多维度的联动。

来自不同国家、不同性质的救援力量需在遵循统一规则基础上开展分工协作。在语言不同的情况下，在确定救援方案和明确分工后，每支队伍和每个工作点的人员遵守规则有序开展救援，形成联动配合的救援工作机制。救援在统一的领导和目标管理之下，顺利开展。

◎ 加强综合性消防救援应急通信保障能力研究

消防部队转制后作为应急救援综合性常备力量，发挥国家队、主力军的作用。这是党和国家赋予消防救援队伍的职责使命和新的历史定位，消防救援队伍从过去承担以"重特大灾害事故和其他以抢救人员生命为主的应急救援"为主，正逐步向承担"各类自然灾害、灾难事故以及突发事件的综合性应急救援"转变。消防应急通信保障面临的作战环境更加复杂，保障条件更加恶劣，公网瘫痪、道路损毁、信号无覆盖等通信保障的不利因素急剧增多；同时，保障对象和范围也扩大了，除了自身灭火救援指挥体系和救援队伍的通信保障以外，上至中央、下至地方应急管理有关部门、参与救援的各类应急力量，都需要通信保障，都要确保各类指令、信息和指挥调度的畅通。

（一）几起重大抢险救援事故应急通信保障经验

黑龙江、山东、广东、云南、新疆、宁夏等省（区）曾相继发生地震、洪涝、火灾等灾害事故，其间，各级消防救援应急通信保障队伍严密组织、多点响应、无缝对接、立体协同、全程保障，较好地完成了各项应急通信保障任务。从灾害事故应急通信保障工作整体情况看，好的方面主要有：

第一，响应迅速，保障力量调集充足。接到增援山东寿光抢险救灾的命令后，应急管理部消防救援局当日通信值班人员5分钟内即到达预定岗位，启动直调直报机制，第一时间获取灾害现场音视频图像；应急通信保障大队一次性从山东周边调集天津、河北、江苏3个总队、45支应急通信保障分队、140名通信官兵，22辆通信指挥车遂行救援力量全程保障；在保障过程中，前方保障小组紧急调集上海、河南、湖北、广东4个总队20名官兵赶赴山东，执行无人机航拍影像地图任务，河南总队5名官兵星夜兼程，10小时内即到达灾害现场，投入战斗。前方保障小组接到成立应急管理部前方指挥部的命令后，连夜协调各方力量，10 小时内完成光纤架设、开通指挥视频、安装灯光音响、背景墙及力量部署图绘制上墙等系列任务。在云南、新疆等地灾害事故通信保障中，通信保障力量到场后，第一时间通过手机微信上传灾害现场微视频。据统计，7 次救援行动中，各地前突分队均在 5 分钟内回传了现场图像，上报了现场灾情，为领导决策提供了有力支撑。

第二，组织有序，应急指挥体系高效。在山东寿光抗洪救灾中，应急通信保障大队前后方分工明确、紧密配合，首次实行了"后方、前方、遂行小组分工协作"的通信保障模式。前方保障小组建立综合通信保障中心，下设组织指挥、图像导调、语音调度、遂行保障等 8 个小组，快速建立纵向贯通"部（局）、前指、分指、救援队伍"4 级，横向联通各协作单位的可视化、扁平化指挥调度网络；前方保障小组调配 3 支应急通信保障机动队，保障前方指挥部总指挥员随时随地与部指挥中心和作战单元的通信畅通。各地前突分队坚持落实日常点名测试制度，强化人员值守，通信调度指令响应时间基本在 10 秒以内。

第三，创新手段，服务指挥决策有力。山东寿光抗洪救灾现场，前方保障小组通过无人机航拍高分影像地图，对参战单位、力量分布等进行标识、标注，测算积水区域面积和深度，每日进行数据比对。云南普洱地震救援现场，后方保障小组合成现场拍摄的多维度图像，形成灾害现场三维全景鸟瞰图，直观显示灾区损失情况。山东、广东总队通过实战指挥平台，精准定位人员、车辆信息，实时掌握力量动态。

第四，应急联动，协同保障无缝对接。后方保障小组及时启动与工信部门的协同保障机制，协调地方三大运营商紧急调派通信设备，安排专人驻点值守、抢修，快速恢复公网通信。关键通信设备厂家积极响应，派出技术骨干第一时间赶赴现场提供技术支持和运行保障，确保了各通信系统持续稳定运行。

（二）综合性消防救援应急通信保障工作存在的主要问题

第一，部分队员业务能力还不能完全胜任岗位要求。各级消防救援应急通信保障队伍刚刚成立，多数人员近期才从其他岗位调整到位，通信保障实战经验不多，业务素质不过硬，在一定程度上影响了保障效果。其间，有的人员对装备操作不熟练，导致图像资源树显示终端在线，但无图像回传；有的上传的图像逆光，选取角度欠佳，不能全面反映灾情态势。

第二，装备建设和管理维护还有差距。部分单位没有编配越野车、轻型卫星便携站等关键设备，在公网瘫痪、道路损毁等情况下，无法快速到达灾害现场，建立与后方的通信联络。图传设备缺少三轴稳定器，导致上传的图像晃动剧烈。个别总队不按统一技术要求配装，自购装备不符合入网标准，传到后方的图像卡顿，声音断续。部分总队装备运维管理工作不落实，导致关键时刻设备用不上、通不了。

第三，现场通信组织能力有待加强。有的通信组织能力相对薄弱，在力量统筹、资源调度方面能力不强，没有对图像采集进行组织策划，没有建立通信人员调度专线。有的灾害现场无线通信频率缺乏统一管控，作战单位之间出现串频干扰。

第四，个别单位现场作风纪律不严。个别单位缺乏命令意识、号令意识，执行命令不坚决。有些单位在抢险救援过程中没有按照前方保障小组的指令统一行动，电台、微信、电话、音视频值守要求不落实，应答响应不及时；有的缺乏请示、报告意识，队伍出动、途中、到达等环节没有及时请示报告。

（三）低温雨雪冰冻灾害救援的应急通信保障工作重点

低温雨雪冰冻灾害具有受灾范围广、持续时间长和破坏力强、救援难度大等特点，可能造成通信保障人员冻伤且行动不便，通信车辆动力不足甚至无法启动，通信设备损耗加大，性能下降，线缆硬化易折，显示器开启困难，摄录镜头冷凝结雾，电池活性降低，使用时间骤降等问题。同时，低温严寒易导致"断路、断电、断网"现象发生，给通信保障工作带来巨大障碍。为科学应对低温雨雪冰冻灾害，我们在总结东北、西北等严寒地区应急通信保障经验做法的基础上，提出了针对性应对措施，以切实提升低温严寒条件下应急通信保障实战能力。

第一，全面落实各项防寒保暖措施。扎实做好通信保障人员防寒、车辆防滑、装备防冻准备，发挥人员装备最大效能，提高严寒环境下应急通信保障能力。一是配齐个人防寒保暖装具。针对户外长时间通信作业需要，为广大通信人员配备棉帽、头套、羽绒防寒大衣、防寒雨衣、加厚加绒战斗靴、毛袜子、雪地护目镜、单兵防护霜、半指皮毛手套、野战冬季热水壶、电热吹风机、酒精喷灯，酌情配备皮大衣、皮工作服、牛皮羊毛骑兵靴等防寒保暖衣物和护具。

二是做好通信车辆低温防护。车辆平时存放于车库内，根据气象预警信息，提前为发动机加注防冻液，液压装置加注防冻润滑油，电源插头采用防冻快速接头，随车配备低温发电机（－40℃能有效启动）、便携式发电机、柴油喷灯，更换雪地轮胎，安装防滑链，每天早晚进行一次检查，每周进行一次维护保养。三是强化通信装备低温防护。为对讲机、卫星电话、摄像机、4G 单兵图传、布控球等量身定制防寒保暖套；配备具备电池自加热功能的无人机（－30℃可正常飞行）；显示器使用"自发热贴"或"暖宝宝"，电池外包保温铝箔，并采用电加热型设备保温桶、外卖保温箱、医疗药品保温箱、血液运输箱存储（室温25℃的电池放置其中，可在－20℃环境下保温 4 小时），酌情配置便携式电热宝、电暖手宝。天线馈线、音视频线、网线等采用耐低温橡胶电缆或尼龙线缆，野战光纤采用军用软光缆。通信设备充电须在室（车）内温暖环境下进行，充好的电池贴身携带或存放于保温桶内；使用前先在室内开机，用完后先加热吹干后再充电维护。

第二，加强通信装备物资储备。统筹总队、支队通信装备和资源，按照战区划分合理布局，重点区域和偏远地区装备前置。卫星电话配备全向天线，单兵图传优选免线缆连接的 DV 单兵，摄录设备优选全景摄像机，夜间拍摄优选星光夜视布控球，警戒桶加装北斗高精度定位联网模块，自动向导航地图发布事故灾害位置、距离等信息，主动提醒社会车辆减速慢行，保障救援人员安全；对讲机、摄像机、无人机等用电设备按照 1∶4 配备备用电池。结合航空救援和重型工程机械大队建设要求，在无人机、直升机、工程车上加装照明布控球、自组网、中继台等通信设备。针对"断路、断电、断网"难题，重点加强卫星电话、北斗有源终端、宽窄带自组网、超轻型卫星便携站等卫星和专网通信装备配备，以及食品、药品、油料、照明、储电塔等物资储备，满足 72 小时自我保障需要。组织研发适用于低温严寒环境下的应急通信装备，开展小革新、小发明、小创造活动，提升装备器材的实战效能。

第三，健全应急通信联动机制。建立与相关行业部门和社会单位的应急联动机制，强化灾情监测，共享预警信息，实施联勤保障。一是加强预警信息监测。与气象、自然资源、住建、地震等部门联系，获取灾害预测预警信息；与供电、工信、通信运营商联系，了解电力、通信运行状态、影响范围、恢复时间等信息；与遥感部门协作，获取灾区卫星影像地图，并与灾前影像比对，辅助指挥决策；与水利部门沟通，了解江河湖泊水面冰冻情况；与应急、公安、交警、交通、市政、高速公路管理等部门协作，获取道路、桥梁、隧道等视频监控和路况信息，"两客一危"相关数据；同时，能够接入、调取交通枢纽、人员密集场所等社会单位的视频监控图像资源。二是加强灾情信息收集。收集汇总辖区街道乡镇干部、派出所负责人、乡镇专职队负责人、网格员等人员联系方式，建立灾情信息直报制度，一旦发生冰冻雨雪灾害，迅速核实并了解详细情况。建有"轻骑兵"前突小队、消防志愿速报员的地方，要第一时间启动应急响应机制，上报现场情况、上传现场画面（或图片）。三是加强社会力量联动。与相关设备厂家建立合作机制，强化长航时大载重无人机、机器人、边坡雷达等智能化、无人化应急通信装备的实战应用；与无人机应急救援联盟等社会力量合作，确保一旦发生灾害事故，能够迅速响应、协同保障；深化与航空、空管、通航、铁路、物流等单位的战略合作，着力提升快速投送和空中侦察能力。

第四，强化应急通信测试性训练和实战化演练。根据监测预警信息，深入分析研判，了解高风险区域范围、持续时间以及道路交通、公网通信、电力设施运行情况，结合道路交通事故、建筑物倒塌、冰面人员遇险、道路桥梁铲冰除雪等救援任务，从最不利情况出发，统筹队伍内外力量与资源，分类制定应急通信保障预案。开展超轻型卫星便携站架设、雨中直调直报、夜间前突通信、24小时拉动演练等科目训练；针对国道、省道、高速公路、江河湖泊、山区，以及偏远地区隧道、桥梁等重点地区、路段，实地开展无人机（机器人）＋自组网＋卫星等关键通信装备测试性训练，强化无人机在低温严寒情况下超视距侦察能力、机器人在冰雪路面持续通行能力、通信中继网络覆盖能力测试，检验、掌握极寒条件下通信装备性能；模拟开展"三断"环境下全流程、全要素演练，启动"四项机制"，按照"一部六组"指挥架构（前方指挥部下设综合信息组、指挥协调组、应急通信组、战地政工组、战勤保障组、新闻宣传组）、"挂图作战"指挥模式，实地搭建前方指挥部（通信控制中心）—前沿指挥所（前突通信分队）—现场指挥员（遂行通信员）应急通信保障体系，磨合流程、强化养成、固化机制。训练演练期间，卫星便携站搭建、液压设备升降等动作要迅速，避免润滑油凝固，必要时携带充电宝、电吹风机等工具，做好解冻准备；铺设线缆的过程中，不要打结或缠绕，回收时动作要"轻、慢、稳"，防止线材断裂损坏。评估训练演练成效时，要进一步修订完善通信保障预案，优化力量部署、装备配置、物资储备，建立协调有序、高效运行的应急联动机制。

第五，建立"上下联动、前后协同"的指挥通信体系。根据气象预警信息，在重点区域或对象周边预置执勤力量前置备勤时，通信队伍要遂行保障。加强通信人员值班值守，严格落实设备巡检、网络巡查、系统测试、主备切换、抽查点名、请示报告等制度。牢固树立"通信先行、以快制胜"理念，遇有突发灾害事故，立即启动应急通信保障预案，一次性、整建制调派多支应急通信保障队伍出动，多路并发，多点建立与部、局指挥中心的可视化指挥体系，第一时间报送灾情信息、回传现场图像；同时，充分借助城市高点、道路等社会视频监控，或通过查询风险监测预警信息、重点单位预案、网络图文消息，第一时间获取灾情。遇有道路受阻等情况，可借助无人机、机器人等抵近侦察，为指挥决策提供支撑。加强现场通信组织，统筹力量与资源，采取"卫星应急、专网优先、公专互补"的方式，快速搭建前方指挥部，实现通信网络全覆盖，保障指挥通信畅通、指令上传下达。

2020年冬季受拉尼娜现象影响，全国大部分地区经历了超长寒冬。全国消防救援队伍在复盘分析2008年低温雨雪冰冻灾害应急通信保障工作的基础上，立足灭火救援任务需要，深入研判、积极应对，及时修订预案、完善机制、落实各项对策措施，使应急通信保障能力大幅提升，经实地测试验证，可有效确保北方严寒、寒冷地区−30℃、南方冬暖、温和地区−20℃条件下的指挥通信畅通。

表9-7为通信装备在低温严寒条件下的性能测试情况。图9-8为空天地一体化应急通信系统组网拓扑图。

表9-7 低温严寒条件下通信装备性能测试表

环境温度 \ 工作时间 \ 设备名称	−20℃	−25℃	−30℃
对讲机	12小时20分钟	10小时10分钟	9小时12分钟
卫星电话	11小时20分钟	10小时08分钟	8小时13分钟
北斗有源终端	12小时	10小时42分钟	8小时20分钟
4G单兵	6小时14分钟	5小时	4小时22分钟
4G布控球	11小时37分钟	9小时21分钟	6小时30分钟
卫星便携站	4小时12分钟	3小时52分钟	3小时35分钟
无人机	28分钟	25分钟	22分钟

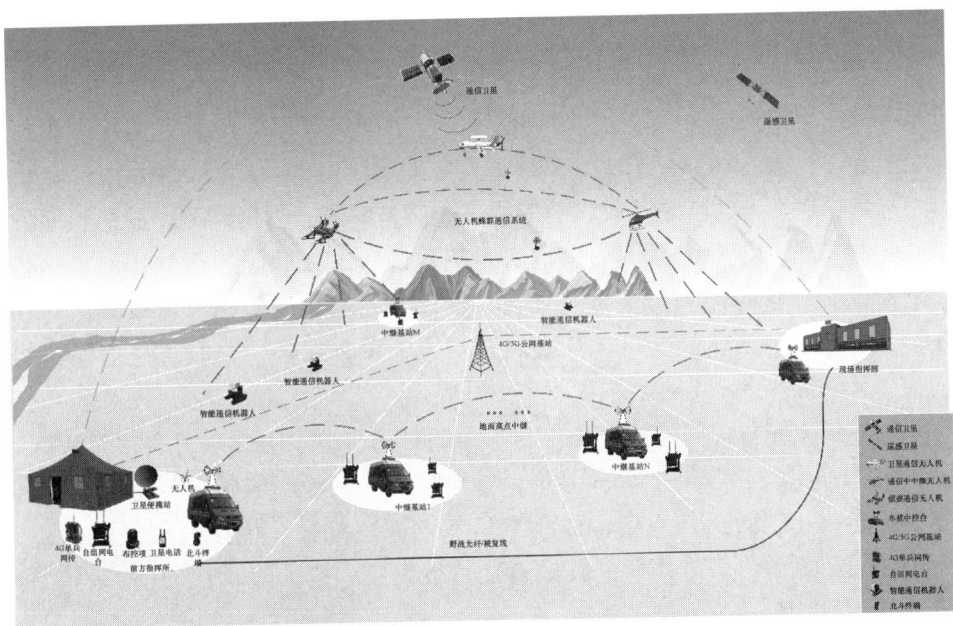

图 9-8　空天地一体化应急通信系统组网拓扑图

（四）加强综合性消防救援应急通信保障能力的对策和措施

（1）多种手段齐抓并举，加快推进应急通信建设。各级消防救援队伍要立足"国家队、主力军"的高站位扎实推进应急通信保障队伍、装备、机制等建设工作，着力打造一支"业务精湛、装备精良、作风过硬、训练有素、敢打必胜"的国家综合性应急救援通信保障队伍。

一是继续建强各级应急通信保障队。前期各级抽调精干力量，组建了应急通信保障专班，按照前突、后方和遂行领导 3 个通信保障小组，专人专用，定人定岗，细化职责，规范流程，实行实体化运行。针对部分人员通信保障实战经验不足、组织能力弱的实际，各地要成建制开展轮训。

二是加快推进应急通信装备建设。各级要进一步提高站位，对照清单加快推进应急通信装备建设；要重点加强通信越野车、轻型化卫星便携站、三轴稳定器、无人机航拍建模等装备配备[1]；各总队要摸清现有应急通信装备底数，建立总队统筹维护调配制度，对故障设备要限时维修，同时总队要统筹装备调

---

[1]　金京涛. 无人飞行器在消防应急救援领域的应用探讨. 消防科学与技术，2016（8）：1139-1141.

配，合理布局。

三是建立健全应急通信机制。各地要按照联合通信、协同保障的要求，根据应急管理部与工信部联合印发的《关于加强灾害事故应急通信保障工作的意见》（应急〔2018〕51号），建立与工信部门、三大运营商协作保障机制①，明确联络人、联系方式、响应程序、装备编成、力量调度和通信组网方式等。要充分发挥社会保障力量优势，整合设备厂家等应急通信资源，不断提升应急通信保障能力。要针对火灾、地震、危化品泄漏等灾害事故，建立本级应急通信响应机制规范，切实做好"全灾种、综合性"应急通信保障响应准备。

（2）优化完善保障模式，满足新形势新任务要求。各地要按照"组成网、随人走，不中断、联得上，听得见、看得清，能图传、能分析"的要求，拓宽保障思路、创新工作举措，成立专班专门研究细化、优化通信保障模式，着力建强应急通信保障体系，确保满足"救大灾、抢大险、打硬仗"的实战需求。

一是争分夺秒，快速响应，提高保障的时效性。灾害发生后，各级应急通信保障队要在5分钟内响应，10分钟内出动，在到达灾害现场后30分钟内上传灾害现场全景图，90分钟内上传无人机航拍高分影像图。根据保障需要，一次性成建制调派多支应急通信保障队，兵分多路挺进灾区，搭建多个通信节点，第一时间上传灾害现场图像，上报现场灾情。

二是统筹组织，统一调度，提高保障的规范性。各地要将应急通信力量纳入指挥体系，明确通信保障重点方向。前方保障小组要成立通信保障中心，设主任、副主任各1名，统筹组织现场所有参战通信力量，实施统一调度②；现场划分若干小组，明确工作职责、任务要求，其中要建立无人机航拍专组，开展无人机航拍、地图合成、力量标绘、上屏展示和打印出图等工作。后方保障小组要合理调配内外部通信资源，及时启动与工信等相关联动单位的协同保障机制，第一时间调派属地三大运营商遂行，优先保障前方指挥部和作战主攻方向通信畅通。

三是明确任务，突出重点，提高决策的科学性。各地要牢固树立"通信服

---

① 滕波. 关于提高信息化条件下灭火救援应急通信保障能力的思考. 消防技术与产品信息，2011（11）：25-26.

② 公安部消防局. 消防信息化技术应用. 北京：化学工业出版社，2015.

务作战指挥"的理念，紧密围绕指挥部决策部署和作战任务重点，按照"固移结合、点面配合、空地同步"的图像信息采集模式，科学统筹无人机、单兵图传、高清布控球等通信资源①，全方位、多维度采集现场信息，做到构图合理、图像清晰、重点突出，全面反映灾情整体态势。要第一时间获取相关专业部门的监测预警、灾情评估、分析研判等信息，并建立电话或视频汇报机制，为部领导、指挥部的作战指挥、力量部署提供有力的信息支撑。

（3）抓严抓实训练演练工作，全面提升应急通信保障能力。各级要紧紧围绕打造一支"综合性应急救援队伍"的要求，进一步加强和改进应急通信工作，聚焦应急救援主业主责，大力开展练兵工作，着力强化应急通信保障能力，切实承担起"国家队、主力军"的重担。

一是强化日常通信养成。各级要强化报告意识，做到发生重特大灾害时，第一时间向部指挥中心报告灾情、第一时间建立通信联络。要从细节着手，从小事做起，在日常工作、训练中要落实装备测试、运维巡检、会前调试、设备值守等操作规程，强化保密意识、安全意识和应急响应意识，提高应急通信保障标准化、规范化、精细化水平。要开展队列训练，强化军姿、口令等军事素质，规范请示报告程序、用语，着力强化命令执行意识，树立应急通信队伍的良好形象。

二是加强应急响应训练。各级要坚持问题导向，围绕"直调直报、前突通信、指挥体系和现场通信保障中心搭建"等关键环节，有针对性地开展单兵、班组及合成训练。

三是开展多灾种、全要素演练。各地要按照应急通信保障响应规程、调度方案和训练标准，加强应急通信保障队伍拉动训练考核，开展有针对性的拉动演练和联合通信演练，全面提升"多部门联合指挥、联合通信"能力，确保圆满完成各类灾害应急通信保障任务。

---

① 滕波. 3G通信在灭火和应急救援中的应用. 消防科学与技术，2012（8）：228-229.

图书在版编目（CIP）数据

公共安全风险治理 / 唐钧编著. --北京：中国人
民大学出版社，2022.4

（新时代应急管理学科建设丛书）

ISBN 978-7-300-30412-0

Ⅰ.①公⋯ Ⅱ.①唐⋯ Ⅲ.①公共安全-风险管理-
研究 Ⅳ.①D035.29

中国版本图书馆 CIP 数据核字（2022）第 040028 号

新时代应急管理学科建设丛书

公共安全风险治理

唐　钧　编著

Gonggong Anquan Fengxian Zhili

出版发行	中国人民大学出版社				
社　　址	北京中关村大街 31 号		**邮政编码**	100080	
电　　话	010 - 62511242（总编室）		010 - 62511770（质管部）		
	010 - 82501766（邮购部）		010 - 62514148（门市部）		
	010 - 62515195（发行公司）		010 - 62515275（盗版举报）		
网　　址	http://www.crup.com.cn				
经　　销	新华书店				
印　　刷	固安县铭成印刷有限公司				
开　　本	720 mm×1000 mm　1/16		**版　　次**	2022 年 4 月第 1 版	
印　　张	20.25 插页 1		**印　　次**	2024 年 8 月第 3 次印刷	
字　　数	320 000		**定　　价**	118.00 元	